国家重点研发计划项目"跨部门跨地域社会信用治理关键技术研究与应用示范"
（项目编号：2022YFC3303200）
课题"社会信用治理范式研究"资助出版

个人信用信息隐私保护研究

白 银◎著

法律出版社 LAW PRESS·CHINA
北京

图书在版编目（CIP）数据

个人信用信息隐私保护研究 / 白银著. -- 北京：法律出版社, 2025. -- ISBN 978 – 7 – 5244 – 0552 – 8

Ⅰ. D923.04

中国国家版本馆 CIP 数据核字第 2025DJ8002 号

个人信用信息隐私保护研究
GEREN XINYONG XINXI YINSI BAOHU YANJIU

白　银　著

策划编辑 孙　慧　余群化
责任编辑 孙　慧　余群化
装帧设计 贾丹丹

出版发行 法律出版社	开本 710 毫米×1000 毫米 1/16
编辑统筹 司法实务出版分社	印张 14.75　字数 223 千
责任校对 张翼羽	版本 2025 年 8 月第 1 版
责任印制 胡晓雅	印次 2025 年 8 月第 1 次印刷
经　　销 新华书店	印刷 北京盛通印刷股份有限公司

地址:北京市丰台区莲花池西里 7 号(100073)
网址:www.lawpress.com.cn　　　　　　销售电话:010 – 83938349
投稿邮箱:info@ lawpress.com.cn　　　　 客服电话:010 – 83938350
举报盗版邮箱:jbwq@ lawpress.com.cn　　 咨询电话:010 – 63939796
版权所有·侵权必究

书号:ISBN 978 – 7 – 5244 – 0552 – 8　　　　定价:58.00 元

凡购买本社图书,如有印装错误,我社负责退换。电话:010 – 83938349

序

PREFACE

社会主义市场经济是信用经济、法治经济，以数据为核心生产要素的数字经济更是高度依赖信用与法治的新型经济形态。数字经济框架下的数字产业化、产业数字化、数据价值化和数字化治理，都需要通过建立完善的信用信息系统来实现，来保障数据产权交易、可信流通和隐私安全。中国数字社会的发展也需要通过构建自主的社会信用体系，以改良社会信任关系，促进现实世界和虚拟世界健康有序发展。

2023年12月，国家数据局等部门印发的《"数据要素×"三年行动计划（2024—2026年)》指出，要"加强供给激励，制定完善数据内容采集、加工、流通、应用等不同环节相关主体的权益保护规则，在保护个人隐私前提下促进个人信息合理利用"。2025年3月，中共中央办公厅、国务院办公厅印发的《关于健全社会信用体系的意见》在第二部分"构建覆盖各类主体的社会信用体系"中指出，"有条件的地方和部门可以开展自然人信用评价，用作为守信主体提供激励政策的参考，严禁将非信用信息和个人私密信息纳入信用评价"。以上两个文件均将隐私保护作为数据价值最大化和构建覆盖各类主体的社会信用体系的基本前提。

构建覆盖各类主体的社会信用体系当然包括建立系统的个人信用信息系统。个人信用信息往往涉及隐私信息，在现实生活中，完全不涉及隐私信息的个人信用信息，也可能会因为其内容欠缺完整性，从而难以据此准确判断信用主体的信用状态。虽然《民法典》第 1032 条第 2 款明确规定"隐私是自然人的私人生活安宁和不愿为他人知晓的私密空间、私密活动、私密信息",但个人信用信息的范畴在理论和实践中均未形成统一标准,个人信用信息与隐私保护的边界仍然不清晰。因此,如何在便捷处理个人信用信息的同时保护好隐私信息,是一个十分值得研究的课题。

个人信用信息隐私作为个人信用信息和隐私的交叉领域,需要花力气研究。之所以将个人信用信息从个人信息中分离出来,是因为此类信息反映自然人信用状态,对其加工利用能够满足社会信用体系建设优化市场经济和社会治理的需求。个人信用信息的利用依赖于海量信息的采集、大数据的自动化处理和储存系统的长期保存,此过程中的每个环节都存在隐私信息被非法利用或泄露的风险,可能给信用主体的生活安宁、人身和财产利益带来难以修复的损害。但这不能作为禁止个人信用信息隐私被充分利用的理由,因为绝对的隐私保护不利于数据价值最大化,不利于充分发挥数据要素乘数价值,也无法满足个性化信用记录制度的发展、构建覆盖各类主体的社会信用体系的需求。个人信用信息隐私的保护应当立足于数字经济时代和人工智能时代,在个人信用信息的全生命周期的处理之中,应当遵循社会公益原则,这要求信息处理者为社会公益和信息主体的利益行事,信息主体则须基于数据红利和信用资本提升隐私利用容忍度。

白银博士的专著《个人信用信息隐私保护研究》是在其博士学位论文的基础上修改完成的。主要讨论了个人信用信息与信息隐私的关系、个人信用信息隐私侵害样态的三阶段、个人信用信息隐私的法律保护现状与困境、个人信用信息隐私保护的理论反思与原则设计、个人信用信息隐私保护的权责制度构建、个人信用信息隐私保护的信息管理制度设计。重点对"收集""采集""归集"等概念进行了辨析,对个人信用信息的范畴进行了功能论和信息规则的限缩,对个人信用信息进行了类型化设计。该书提出对个人信用信息隐私不应当止步于传统的严格保护主义,而应当秉持开放利用的态度,以促进信用经济和数字经济的发展。该书指出在数字经济时代和人工智能时代,信息处理者和信用主体处于不对等的地位,需要转变传统强化信用主体隐私保护权利的理念,更为关注信用信息处理者的信息隐私保护义务,继而提出了"信用信息处理者中心"模式，在以信用信息处理者的保护为中心的基础上，引入信义义务规则，赋予信用信息控制者对信用信息利用的"自由裁量权"，及时明确信用信息控制者严格的信义义务，对违背义务者追究信托责任，使"知情同意"规则能够更好地解决信用信息的利用与信息隐私保护之间的利益平衡问题。基于制定宽进严出的个人信用信息认定标准与目录、构建个人信用信息开放利用下的隐私去标识化机制以及完善个人信用信息隐私的场景化保护与分层级保护制度，多维视角下设计了个人信用信息隐私保护的信息管理制度。

该书认识到现阶段的隐私保护，不仅需要保护传统的关上门窗即可排除干扰的物理隐私，保护网络留痕难以遗忘的信息隐私，还需要保护生成式人工智能嵌入的合成隐私。同时，提出应当建立独立于个人信息保护体系之外的个人信用信息利用友好性隐私保护体系。这些观点满足了数字经济、信用经济发展的需求。总体而言，这是一本难得的研究著作，期望这部著作能够为中国构建覆盖各类主体的社会信用体系贡献智慧，为数字经济的健康有序发展提供理论参考。

白银博士是我在湘潭大学信用风险管理学院担任院长期间招收的首位信用法博士，也应该是全国"信用法博士"学位首位获得者。他在读博期间，勤学好问，刻苦钻研，思考积极，撰写勤奋，有思想、有理想，是一位优秀的博士毕业生。为此书作序，是我的福分与荣幸。我祝贺他出版此书，更真心祝福他迅速成为一名优秀学者。

是为序！

顾敏康教授
香港太平绅士
香港教育大学应用政策研究及教育未来学院联席副院长
2025 年 6 月 18 日

前言
FOREWORD

社会信用体系背景下的个人信用信息利用，是围绕海量信息的收集、批量处理和精准应用展开的，不仅需要满足市场经济的发展需求，还需要服务于社会治理。由于当前个人信用信息范围被不断外推扩大，信息隐私界定主观且变动性强，两者处于动态交融状态，这增加了准确界定信息隐私的难度。不仅如此，随着信用资本的最大化利用，个人破产制度带来的暂时性举债风险上升，以及公权力机关对失信行为的治理需求，个人信用信息的社会需求将不断增加，这种信息需求也刺激着信用信息处理者非法收集和利用信息隐私，增大了信息隐私被侵害的风险。而且，由于个人信用信息的利用本身无法回避信息隐私，不同场景中信息隐私认定标准不一，以及公益需求弱化了信息隐私保护观念等原因，信用主体信息隐私保护在实践中困难重重。

个人信用信息的处理过程主要包括信息的收集、加工和应用三个阶段，在此过程中隐私侵害行为具有争议性、模糊性、隐蔽性等特征，增加了信息隐私保护的难度。然而，反观我国法律现状，私法关注的"知情同意"规则，公法强化监管与提高责任的方式，均强调的是隐私保护形式上的合法性，在实质意义上很难保护信用主体隐私。信息专门法关注的是信息处理的合法性，在隐私保护上尚存阙如。以《征信业管理条例》和地方先行的信用法规、规章为代表的信用专门法，采用的是"同意—禁止"管理和目录制管理相结合的模式，也无法解决信用主体信息控制能力弱以及个人信用信息需求多的问题。在理论上，"核心领域保护理论""信息自决保护理论""公平信息实践原则保护理论"等隐私保护理论各存利弊而有待反思，我国应在此基础上重新进行法价值平衡，并明确"在开放与利用中保护""以信用信息处理者为中心""公私融合"的宏观保护思路，遵循限制"二次使用"原则、个人信用信息质量原则和全过程信息隐私保护原则。

具体而言，在权责制度构建上，我国宜引入信义义务规则，赋予信用信息处理者对信用信息利用的"自由裁量权"，同时明确其严格的信义义务，对违背义务者追究信托责任，以更好地解决信用信息的利用与信息隐私保护之间的利益平衡问题；完善信用主体包括知情同意权、异议权、被遗忘权等在内的权利体系；在司法救济中适用集体诉讼、公益诉讼制度，并采用过错推定责任原则和因果关系举证责任倒置规则。为避免信息隐私侵害后损害结果难以控制，应构建信息隐私侵害风险防控机制。在信息管理制度设计上，应制定个人信用信息目录，明确个人信用信息基本范畴；应规范信息去标识化，降低信息隐私侵害风险；应根据个人信用信息的利用类型和场景，适用不同的信息隐私保护范式。

目录

CONTENTS

第一章 绪 论 1

第一节 研究背景及意义 / 1
　一、研究背景 / 1
　二、研究意义 / 4

第二节 文献综述与问题提出 / 6
　一、国内外现有研究综述 / 6
　二、问题提出 / 18

第三节 研究方法与创新之处 / 20
　一、研究方法 / 20
　二、创新之处 / 21

第二章 个人信用信息与信息隐私的关系 24

第一节 个人信用信息的内涵与外延 / 24
　一、信用的释义与历史发展 / 25
　二、主要信用理论中的个人信用信息范畴分析 / 28
　三、社会信用体系下个人信用信息的范围与分类 / 32

第二节 信息隐私的内涵与外延 / 45
　一、域外信息隐私的内涵与外延 / 45
　二、我国以人格权利为核心的信息隐私 / 56
　三、信息社会性日益加强后的信息隐私 / 59

第三节 个人信用信息利用对信息隐私保护的特殊挑战 / 61
　一、个人信用信息与信息隐私处于动态的交叉关系 / 61
　二、利用过程中的信息隐私侵害风险较高 / 62
　三、利用过程中的信息隐私保护困难重重 / 66

第三章 个人信用信息隐私侵害样态的三阶段分析 ‖ 72
第一节 信用制度建设模式及其阶段化分析 / 72
第二节 收集阶段的隐私侵害分析 / 74
　一、"收集""采集""归集"的辨析与适用 / 74
　二、"须同意收集"阶段的隐私侵害 / 76
　三、"无须同意收集"阶段的隐私侵害 / 79
　四、收集阶段的隐私侵害特征 / 82
第三节 加工阶段的隐私侵害分析 / 83
　一、人工分析个人信用信息的隐私侵害 / 83
　二、自动化分析个人信用信息的隐私侵害 / 84
　三、加工阶段的隐私侵害特征 / 86
第四节 应用阶段的隐私侵害分析 / 86
　一、查询个人信用报告的隐私侵害 / 86
　二、使用个人信用信息的隐私侵害 / 87
　三、披露个人信用信息的隐私侵害 / 89
　四、应用阶段的隐私侵害特征 / 92

第四章 个人信用信息隐私的法律保护现状与困境 ‖ 94
第一节 我国立法保护的现状与主要不足 / 94
　一、我国立法保护的现状 / 94
　二、我国立法保护的主要不足 / 106
第二节 我国司法保护的现状与困境 / 115
　一、个人信用信息隐私侵权的司法保护现状 / 115
　二、个人信用信息隐私侵权的司法保护困境 / 116

第五章 个人信用信息隐私保护的理论反思与原则设计 ‖ 121

第一节 信息隐私保护理论的评析 / 121
一、核心领域保护理论 / 121
二、信息自决保护理论 / 123
三、公平信息实践保护理论 / 125

第二节 个人信用信息利用与隐私保护的法价值考量 / 128
一、个人利益和公共利益的选择与协同 / 129
二、公众知情和个人私密的侧重与均衡 / 132
三、行为自由和人格尊严的倾向与调和 / 134

第三节 个人信用信息隐私保护制度的原则设计 / 137
一、个人信用信息隐私保护制度的宏观思路 / 137
二、个人信用信息隐私保护制度的基本原则 / 144

第六章 个人信用信息隐私保护的权责制度构建 ‖ 148

第一节 引入以信义义务为基础的个人信用信息隐私保护框架 / 148
一、信用信息隐私保护制度的构建依赖于信任关系的重建 / 148
二、信用信息处理者与信用主体之间信义关系的证成 / 151
三、信用信息处理者与信用主体之间设定信义关系的优点 / 153
四、信义关系下信用信息处理者的义务责任框架构建 / 157

第二节 完善公私并用趋势下的信用主体权利体系 / 160
一、信用主体的权利体系保护 / 160
二、信用主体的程序性救济措施 / 170

第三节 建设个人信用信息隐私侵害风险防控机制 / 176
一、源头控制损害的信息隐私侵害风险防控机制 / 176
二、构建信息隐私侵害风险防控机制的必要性 / 177
三、信息隐私侵害风险防控机制的具体设计 / 178

第七章 个人信用信息隐私保护的信息管理制度设计 ‖ 183

第一节 制定宽进严出的个人信用信息认定标准与目录 / 183

一、个人信用信息的认定标准 / 183
　　二、个人信用信息目录的规制与应用 / 184
　　三、个人信用信息目录的局限与弥补措施 / 187
　第二节　构建个人信用信息开放利用下的隐私去标识化机制 / 188
　　一、未去信用识别性的个人信息属于个人信用信息 / 188
　　二、去标识化的信息具有"重标识"性 / 190
　　三、个人信息去标识化的具体制度设计 / 191
　第三节　完善个人信用信息隐私的场景化保护与分层级保护制度 / 193
　　一、个人信用信息隐私的类型化和相对性 / 194
　　二、个人信用信息隐私的场景化保护 / 196
　　三、个人信用信息隐私的分层级保护 / 198

结　论 ‖ 202

参考文献 ‖ 204

第一章 绪 论

第一节 研究背景及意义

一、研究背景

罗伯特·迈克威尔曾说过:"任何成长的事物最初都是在黑暗里萌芽的,之后才向光明伸展它的枝叶。"[1] 自然人的独立人格和创新之源同样也是在不愿被他人知晓的内心深处萌芽的,保护自然人不愿为他人知晓的隐私,对于自然人健全人格的养成和创新意识的培养都具有至关重要的作用。然而,大数据时代个人隐私信息的泄露是一个需要全球共同关注的重大社会问题。[2] "我们身处的这个世界已经变成了一张吸墨水纸"[3],在我们未完全意识到的情况下,吸收和获取了我们在数字世界留下的一切印迹。实践中,个人(信用)信息的不当利用或者泄露,已经给社会公众的正常生活带来了巨大的负面影响,轻则生活安宁被侵扰,如通信设备中的陌生电话和骚扰短信不断;重则人身和财产安全受到侵害,如已经

---

[1] [美] 阿丽塔·L. 艾伦、理查德·C. 托克音顿:《美国隐私法:学说判例与立法》,冯建妹等译,中国民主法制出版社2019年版,第53页。
[2] 参见金元浦:《大数据时代个人隐私数据泄露的调研与分析报告》,载《清华大学学报(哲学社会科学版)》2021年第1期。
[3] [法] 马克·杜甘、克里斯托夫·拉贝:《赤裸裸的人:大数据,隐私和窥视》,杜燕译,上海科学技术出版社2017年版,第38页。

发生的电信诈骗经典案件"徐玉玉被电信诈骗案",就始于受害人的个人(信用)信息隐私被他人非法获取。① 在这种情况下,信用主体对信息隐私持审慎态度,不敢轻易透露。即便如此,包括个人信用信息在内的个人信息依然是一项类似于煤炭和石油的资源,为社会所迫切需要。因为"数字数据的生产和可用性的增加激发了一种新的思维,即认为数字数据是一种洞察、解决问题和提高流程效率以及有效性的资源。私主体和公共机构都认识到从原始数据中可以获得的潜在价值,并试图实现相应价值"②。继续封闭或无序地利用这些信息都不利于经济的发展。因此,在当前所处的信息时代,个人信用信息需要得到合理的开发和利用,但也应当注意隐私的保护,即在利用中保护,在保护中利用。

功能聚焦于利用的个人信用信息处理存在着更大的隐私侵害危险。其一,个人信用信息是社会信用信息的重要组成部分,将其从个人信息中分离出来的根本目的就是实现信息聚合分析(或信用画像),以服务于私人或市场信用服务机构的私益目的和社会治理的公益目的。鉴于此,个人信用信息的收集和利用相较于个人信息的收集和利用,本身存在更多的隐私侵权责任的豁免事由,如个人信用信息的处理行为,可能属于《中华人民共和国个人信息保护法》(以下简称《个人信息保护法》)所规定的"国家机关为履行法定职责处理个人信息"的行为。其二,个人信用信息作为一种信用识别性的个人信息,其落脚点在于信用识别性。而客观上能够最为准确地反映信用主体信用状况的信用信息,不是信用主体或者与信用主体存在利害关系的第三人故意"制造"或"释放"出来的信息,而是基于对信用主体日常生活、交易行为的分析产生的。故信用信息涉及信用主体的私生活,特别是能够真实反映信用主体主观状况的私密行为活动的信息,这导致信用价值大的信用信息

---

① 该案中用于诈骗被害人徐玉玉的个人信息,源自主犯陈某从杜某手中以每条0.5元的价格购买的高中毕业生信息。而杜某则是利用技术攻击"山东省2016高考网上报名信息系统",并植入木马病毒获取的信息。该案主犯陈某最终构成侵犯公民个人信息罪等罪。参见《"徐玉玉被电信诈骗案"二审宣判:驳回上诉》,载中国法院网2017年9月15日,https://www.chinacourt.org/article/detail/2017/09/id/2998784.shtml。

② [荷] 玛农·奥斯特芬:《数据的边界:隐私与个人数据保护》,彭诚信、曹博译,上海人民出版社2020年版,第32页。

往往会涉及个人隐私。其三，为各国普遍适用的处理个人信息的"告知同意"规则，虽然目的在于控制"信息流"的入口，防止不愿为他人知晓的信息隐私流入相关数据库之中。但目前发生的典型的信息隐私侵权案件，实际上都是信息处理者的违规处理或者存在黑客攻击行为导致相关数据库里的信息被盗用，如高考考生信息被泄露、购房合同的合同编号被泄露。这不仅对信用信息处理者，也即在个人信用信息处理活动中自主决定处理目的、处理方式的组织、个人[1]所承担的隐私保护义务和责任提出了更高的要求，也对个人信用信息数据库[2]的安全保护等级提出了新的要求。

国务院提出了关于社会信用体系建设应加强个人隐私保护力度的要求。2014年国务院印发的《社会信用体系建设规划纲要（2014—2020年）》（以下简称《规划纲要》）第四部分"加快推进信用信息系统建设和应用"指出"在保护隐私、责任明确、数据及时准确的前提下，按照风险分散的原则，建立信用信息交换共享机制……"；第五部分"完善以奖惩制度为重点的社会信用体系运行机制"指出"加大对贩卖个人隐私和商业秘密行为的查处力度"。2016年国务院办公厅《关于加强个人诚信体系建设的指导意见》分别在第一部分"总体要求"中将"保护个人隐私和信息安全"作为基本原则；在第四部分"完善个人信息安全、隐私保护与信用修复机制"中重点提出"加强隐私保护"；在第七部分"强化保障措施"中要求"建立和完善个人诚

---

[1] 《个人信息保护法》第73条对"个人信息处理者"的定义为"在个人信息处理活动中自主决定处理目的、处理方式的组织、个人"。应当说目前的法律法规中主要使用了两种概念：一种是"信息处理者"，除了《个人信息保护法》使用这一概念外，还有《民法典》第1037条和1038条也采用了"信息处理者"这一概念，而且《民法典》第1030条规定："民事主体与征信机构等信用信息处理者之间的关系，适用本编有关个人信息保护的规定和其他法律、行政法规的有关规定。"这里还提出了"信用信息处理者"这一概念。另一种是"信息控制者"，如《信息安全技术 个人信息安全规范》（GB/T 35273—2020）第3.4条规定"个人信息控制者"是指"有能力决定个人信息处理目的、方式等的组织或个人"。应当说两者的区别相对较小。欧盟也使用了"控制者"这一概念，欧盟《一般数据保护条例》第4（7）条规定，"控制者"是指"那些决定个人数据处理目的与方式的自然人或法人、公共机构、规制机构或其他实体"。但是从语义上看，两者并没有很大的差别，区分必要不大。为与《民法典》和《个人信息保护法》等法律相衔接，本书采用的是信用信息处理者这一概念。

[2] 《征信业管理条例》第2条第3款规定："国家设立的金融信用信息基础数据库进行信息的采集、整理、保存、加工和提供，适用本条例第五章规定。"本书认为未来社会信用体系中应当至少存在储存个人信用信息的数据库，这里简称为个人信用信息数据库，指代的是个人信用信息的集合系统。

信体系建设法律法规，加强对个人信息安全和个人隐私的保护"。2020年国务院办公厅《关于进一步完善失信约束制度构建诚信建设长效机制的指导意见》（国办发〔2020〕49号）（以下简称国办发〔2020〕49号文件）第三部分"规范公共信用信息共享公开范围和程序"中指出"公共信用信息公开不得侵犯商业秘密和个人隐私"；第七部分"加强信息安全和隐私保护"中专门强调"加大个人隐私保护力度"；第八部分"着力加强信用法治建设"之"严格依法依规推动社会信用体系建设"中强调"坚决查处和打击各类侵权行为，依法依规保护信用信息安全、商业秘密和个人隐私"。可见，加强个人隐私的保护是建设社会信用体系需要研究的重要问题之一，也是国务院提出的基本要求之一。

二、研究意义

社会信用体系的建设要求社会信用信息互通共享、惩戒机制联动。在这种情形下，个人信用信息的流动、披露、共享不可避免。而信用信息既要服务市场经济又要服务于社会治理，其范围在实践中仍然呈现扩大趋势，所面临的信息隐私泄露和不当利用风险持续上升。加之信息社会中信息隐私侵权现象此起彼伏。这些都对社会信用体系的建设提出了迫切的需求，需要深入研究个人信用信息收集、管理、加工、应用等与信息隐私保护的关系。

（一）理论意义

其一，促进隐私核心领域保护理论和信息自决理论的高度融合，推动个人信用信息社会性理论的发展。一方面，要绝对保护核心信息隐私；另一方面，在保护一般信息隐私的过程中，也不能阻碍对个人信用信息的利用。将信息隐私根据私密程度的不同划分最为核心信息隐私和一般信息隐私，然后承认一般信息隐私和个人信用信息的"共生关系"。国外有学者提出保护网络隐私与通信安全之间为共生关系（symbiotic relationship），[①] 即不能完全基

[①] See Adamantia Rachovitsa, *Engineering and Lawyering Privacy by Design: Understanding Online Privacy Both as Technical and an International Human Rights Issue*, 24 International Journal of Law and Information Technology 374 (2016).

于隐私的保护而阻碍个人信用信息的利用，应当理性地看待信息隐私必然存在于以利用为目的的个人信用信息之中。

其二，立足于包含社会治理和市场经济在内的社会信用体系，寻找合适的个人信用信息等基础信用概念，为个人信用信息制度，甚至整个社会信用体系建设提供更为科学的基础概念，并基于个人信用公私并用的预期，构建系统性的信用主体权利体系。

其三，引入信义法理论重构信用信息处理者的责任。将域外衡平法中的信义关系援引到信用主体和信用信息处理者关于个人信用信息的收集、处理和应用的关系中，重构信用信息处理者的信义责任，并以此作为试点，推动个人信息处理者信义责任的发展。

其四，推动个人信用信息管理制度的理论发展。通过法学和管理学的结合，探索推进信息管理法学的理论发展。

（二）实践意义

第一，推进个人信用信息的收集和利用的有序进行。目前我国国家层面和地方层面立法中的信息隐私保护规则，基本上是以"不得侵害个人隐私"为典型的原则性规定。这种规定不仅没有明确隐私的具体范畴，也没有为信用主体提供实质性保护。反而基于法律禁止性规定的缘故，束缚或者阻碍了个人信用信息收集和利用。研究个人信用信息隐私的保护界限和方式，就是为了明确禁止收集和利用的范围，然后在"法无禁止即可为"的基础上充分利用个人信用信息。不仅如此，加强信息隐私的保护是捍卫公民基本人权的应有之义，也可以降低信用主体源自隐私被泄露和不当使用的担心和焦虑，以提高信用主体对信用信息处理者的信任度，保障个人信用信息体系有效运转的信息来源。

第二，完善个人信用信息利用过程中的隐私保护措施。与最新技术发展相结合，关注个人信用信息利用对信息隐私保护形成的典型威胁。分析大数据、人工智能技术下个人信用信息的收集、处理和应用过程中的侵权样态；积极规制并应用个人信息去标识化技术，采用个人信用信息的场景化隐私保护。这样不仅可以引导信用信息提供者和公共信用信息管理平台在不侵害信用主体隐私的情况下收集、加工、应用个人信用信息，而且有助于信用主体及时地发现隐私被侵害,并基于相应的个人信用信息和隐私认定标准主张权利。

第三,构建以信用信息处理者信义义务为核心的隐私侵害责任体系。区别于传统社会"个人—政府"的二元结构,形成"信用主体—信用信息处理者—政府"的三角生态结构。在提高信用信息处理者的责任意识的同时,本书将通过证成信用主体和信用信息处理者之间形成的信义关系,提出信用信息处理者具有"避免利益冲突",为维护信用主体利益而行事的忠实义务。这样不仅可以对信用管理机构侵犯信用主体的权利具有一定的预防作用,还有助于通过信义义务的设定,让信用管理机构逐渐形成主人翁精神,在保护中利用个人信用信息。

第二节 文献综述与问题提出

一、国内外现有研究综述

(一)国内研究现状

1. 关于个人信用(信息)定义和范围的研究

目前信用的定义尚未达成共识,主要有五种学说:其一,信誉与商誉说。该学说是依据经济学和信用管理理论定义的,认为信用是对信用主体在特定期限内付款或还款能力的评价。传统的征信研究学者基本持此观点(杨立新、尹艳 1995,白云 2013)。其二,守法与履约说。该学说为当前地方立法普遍采用。认为社会信用是指信用主体在社会和经济活动中履行法定义务或者约定义务的状况(姚辉 2008,罗培新 2018)。其三,信誉及社会责任说。该学说认为信用包括传统建立在一般经济能力基础上的"履约能力"和"对履约的信赖或信任",也包括信用主体对其他社会主体的"社会责任"或社会其他主体对信用主体"社会责任的社会评价"(门中敬 2021)。其四,"拆分"说。该学说认为应当割裂诚信和信用,分离存在巨大差异的社会和经济两类问题(林钧跃 2021)。其五,三维信用论。即信用由诚信度、合规度和践约度三个维度构成（吴晶妹 2016）。关于个人信用信息定义和范围研究仍然囿于资信领域，对社会信用体系下的个人信用信息讨论不够。在当前有限的研究成果中，冯湘君（2011）认为现代市场经济下的个人信用信息是指与个人信用能力和个人信用行为相关的信息。翟相娟（2021）提出个人信用信息是指所有能够证明个人身份和信用状况、与个人信用能力和个人信用行为相关的信息。关于个人信用信息的范围，翟相娟认为根据个人信用信息的内容，中国个人征信信息的范围至少应包括个人身份识别信息、个人信用交易信息、社会公共记录以及经个人同意的其他与信用相关的信息。白云（2021）认为个人信用信息的范围不是固定的，而是动态的、差异化的。林钧跃（2021）认为界定信用信息主要受到法律和政策条件的限制，提出将个人信用信息划分为个人身份辨识信息、个人与商业机构发生信用交易行为的记录、社会公共记录等类别。

2. 关于个人信用信息性质的研究

关于个人信用信息性质的研究成果较少，主要围绕着人格利益和财产利益展开论证：白云（2021）认为个人信用信息既包括人格利益也包括财产利益；龙西安（2003）和姚朝兵（2013）认为个人信用信息在性质上属于个人隐私的范畴；张勇（2019）认为个人信用信息不仅包括人格权及其衍生出来的财产权益，还包括保护国家和社会公共安全、利益及秩序的"超个人法益"。但关于个人信息性质的讨论则开始更早且文献更多，传统的争论主要围绕人格权说、财产权说以及人格和财产权综合说展开。近年来还形成了一些新的观点，有学者认为个人信息权具有超越人格权和所有权的独立地位，如马改然（2015）认为个人信息权是个人对本人信息的控制权和支配权等权利的总和。有学者认为个人信息权属于新型的具体人格权。如王利明（2021）认为法律对个人信息权益的规范面临更为多元化的利益冲突，进而指出"相对于隐私而言，个人信息仍然属于一种崭新的权益类型"。汪东升（2019）认为个人信息权具备人格利益是前提，对人格利益的保护是个人信息权的首要任务，据此将个人信息权定位为一种具备财产利益的新型人格权。除此之外，有学者提出了个人信息的社会性，如徐艺心（2019）指出个人信息因其封闭、静态的天然倾向，只能代表个人信息利用关系中最传统的部分；

而财产属性论由个人充当信息处理者的路径涉及，无法在财产权理论和实践中获得支撑。进而提出个人信息的社会性，即个人信息作为个人识别符号就是个人参与社会交往的前提条件和主要形式，这些观点对个人信用信息的定性具有一定的借鉴价值。

3. 关于信息隐私的定义和范围的研究

在信息隐私的定义方面，徐艺心（2019）认为信息隐私是指与个人信息相关的那部分隐私，其范围就是个人信息和隐私的交叉域。白云（2013）认为，信息隐私权是权利主体对表征为信息的个人隐私所享有的隐瞒、维护、控制、利用和支配的权利。《中华人民共和国民法典》（以下简称《民法典》）第1032条第2款对隐私的定义为"自然人的私人生活安宁和不愿为他人知晓的私密空间、私密活动、私密信息"。可见，个人隐私包括私人生活安宁的"空间隐私"、不愿被他人知晓的"私密活动"以及不愿被他人知晓的"私密信息"三个维度，其中不愿被他人知晓的"私密信息"实际上就是信息隐私。在个人信用信息与信息隐私的关系方面，白云（2021）认为个人信用信息原则上不包含隐私信息；龙西安（2003），姚朝兵（2013），陈莹（2015）认为个人信用信息属于个人隐私的范畴；章政、张丽丽（2019）认为信用经济中的信用信息与隐私信息之间并无绝对的界限，两者是相对的关系；孔德超（2017）和张勇（2019）认为在大数据征信、互联网征信开放、信息共享的模式下，个人信息、信用信息与隐私的边界进一步模糊化，存在交叉关系。而关于个人信息和信息隐私的关系，目前形成的主流观点为个人隐私与个人信息属于交叉关系。徐艺心（2019）认为信息隐私的范围就是个人信息和隐私的交叉部分。汪东升（2019）认为个人隐私是个人信息的下位概念。王利明（2021）认为从《民法典》的上述规则来看，我国的隐私和个人信息存在重合。两者之间属于交叉包含关系（张新宝2015，王利明2021等）。

4. 关于个人（信用）信息利用与隐私保护平衡的研究

一直以来，学界主要围绕个人利益和集体利益、个人利益和公共安全等利益的平衡，以及自由与安全、自由与秩序、公平与效率、平等与公平等法律价值的平衡展开的。当前主要形成了以下观点：（1）不应过度保护隐私。

过度保护隐私权给个人征信带来诸多负面影响，如降低信息的真实性和准确性、提高信用产品成本（翟相娟2021）。(2) 隐私和知情权都要保护。邢会强（2021）认为我们固然需要保护个人的隐私，但也应该保护社会公众的识别权和知情权，这构成了对个人隐私权的限制。王利明（2021）认为隐私和个人信息在权利归属、客体内容、侵害形式、交互性功能上存在一定程度的重合，但在权利性质、权利内容、保护强度、侵权方式、保护方式、损害证明等方面存在不同，进而提出了以"隐私权规则优先适用"为核心的法律适用规则。朱宝丽、马运全（2018）认为应当在保障金融隐私的基础上兼顾信用信息利用和披露的公共利益。(3) 隐私让渡的相对隐私观。该观点认为隐私权在必要时应向个人征信机构的信息收集权益作出适当让渡。如果将其成文法和判例法确认的基本权利推而广之，很可能是一种乌托邦式的空想，也可能与其他国家的国情、实践和法律体系发生冲突和碰撞（周辉2018）。因此让渡非核心利益作为他方实现其核心利益的条件和基础（张新宝2015）。(4) "两头强化"和"三方平衡"的理念。张新宝（2015）提出强化个人敏感隐私信息的保护和强化个人一般信息的利用的"两头强化"和个人、信息业者以及国家"三方平衡"。(5) 采用"一口采集，多口共享"的信息共享机制，以避免信息重复征用，降低信用信息被非法侵害的可能性（杨尚东2021）。国办发〔2020〕49号文件也提出了这一要求。(6) "前门严、后门也严"。个人信息保护立法的合理范式应是"前门严、后门也严"，即对保护的个人信息范围进行严格界定；对符合识别能度标准已界定为个人信息之信息进行较为严格的保护（任龙龙2017）。

5. 关于个人信用信息和个人信息保护的研究

当前关于个人信用信息保护的研究，主要集中在传统的征信领域：包括比较研究域外的信用管理运行模式（刘焕成、温芳芳2008，曾江2009，杨曦2020）；个人信用的民法、刑法等传统部门法保护（胡大武2008，陈禹衡2019，张勇2019，尚国萍2018）。而针对具体领域的保护，主要包括：信用主体的权益保护研究（任宏涛2011，毕强、白云峰2011，翟相娟2012）；个人信用信息的公开、披露和共享中的信息保护研究（张周2005，刘骁2007，王鹏鹏2020）；我国个人信用信息隐私保护立法选择（姚朝兵2013）；个人信用信息保护意愿的实证研究（白云2012）；个人信用信息保护原则的研究（张晓军2006，周晚香2008）；有学者提出个人信用保护应由"公权力制约私权利范式"转向以"权利制约权力范式"，即通过创设个人信息权，塑造个人信用保护的新路径（杨帆2021）；有学者提出通过去标识化保护，提出引入韩国"假名信息"的概念，适当放宽经过一定程度脱敏处理的征信信息的使用限制（宋慧中、吴丰光2020）；等等。对于个人信息的保护，目前成果相对较多，主要包括法律基础理论研究（孔令杰2009）；个人信息保护法的专家建议稿（周汉华2006，张新宝、葛鑫2021）；个人信息保护的一些具体制度（齐恩平2013），如应当采取举证倒置的证据规则（谢远扬2015）；个人信息的保护应当注意区分类别，并在此基础上施行分层级保护（任龙龙2017，齐英程2021）；个人信息的保护应当建立基于风险的数据保护规则与基于场景的商业模式行为规范（谢尧雯2021）。个人信息的知情同意保护模式研究，其中"知情同意"的研究成果相对较多；郑佳宁（2020）提出择入为主的知情同意规则；吕炳斌（2021）提出依据不同类型的处理行为是否触及人格尊严和自由发展这一核心利益，区分适用明示同意与默示同意；万方（2021）指出"告知"实际融合了公法和私法的双重属性，而"同意"属于受限的私权处分；等等。还有学者提出个人信息的保护无法适用侵权法、消费者保护法以及行政法与行政规制，而应当在传统的保护方式上推陈出新（丁晓东2020）。整体上，这些个人信息保护的研究可以为个人信用信息隐私保护的研究提供理论支撑和新的思路，具有一定的参考价值。

6. 关于信息隐私保护的研究

尽管隐私难以界定且不易保护，但是主流学说依然否定了"隐私已死"的论断，形成了即便是大数据时代隐私也需要保护的共识。王泽鉴（2008）认为隐私权旨在维护人之尊严及个人自由，但亦具达成其他价值的功能，包括民主社会的维持、个人的社会参与、对国家权力的限制等。徐艺心（2019）认为隐私是人类社会形成之初便已存在的朴素价值，互联网改变不了社会对隐私的珍视，也改变不了法律对这项个人基本权利和自由的捍卫。白云（2013）认为隐私权纯粹消极性权利的性质发生改变，开始具有积极性权利的性质，表现为对隐私的控制、利用和处分。陈美、谭纬东（2020）提出我国应当借鉴新西兰政府开放数据的隐私风险评估与防控的经验，在各级政府设立如政府CPO（首席隐私官）一职，加大对个人信息保护的执法力度。范为（2016）提出信息企业要进行隐私风险评估，并根据风险等级的不同采取不同程度的管理措施。丁晓东（2021）认为隐私保护的目的在于促进公共社群更好地运转与个人在公共社群中更好地生活，而不是希望每个人都变成一座"信息孤岛"。邢会强（2021）认为对信息主体权利的保护，不应局限于严格的保密，而应该是数据全生命周期管理和全方位保护。在间接识别性个人信息的保护上，齐英程（2021）指出，我国司法实践对间接识别性个人信息的规制规则并未得到法院和信息处理者的落实与配合，进而提出我国个人信息保护立法应当基于对我国社会现实的充分理解，对间接识别性个人信息的规制规则作出调整。余成峰（2021）指出"我国信息隐私法的体系重构也迫切需要寻找宪法层面的根基，以信息权利保障与信息权力制衡为基本目标，为信息隐私的民法、刑法和特别法保护建立一个统合于宪法的客观价值秩序框架"。

7. 关于信用权创设和构建的研究

信用权应否独立成权目前还争论不休。其中支持者认为信用权与名誉权存在差别，独立确认信用权与名誉权持衡有必要（苏号朋、蒋笃恒1995，吴汉东2001，王利明2020）；反对者认为，信用权益应当纳入名誉权中保护，我国《民法典》采用这一观点。而关于信用的法权性质与权利归属，财产权说认为，信用权是受到法律保护的资信利益，是一种与所有权、债权、知识产权与人身权相区别的无形财产权（吴汉东2001）；人格权说认为，信用权属于一种具体人格权（李红玲2006，曾言2008，张新宝2012，王利明2019，杨立新2019，姜爱茹2021）；混合权利说认为，信用权是一种兼具人格权和财产权的混合性权利，如姚辉（2008）认为信用权在定性和法律关系调整上更接近于财产权的性质，其与人格利益关联的部分则可由名誉权规范加以调整。李晓安（2020）认为，信用权是涵盖了信用主体的精神利益与经济利益的混合权利。新型权利说认为，信用权无法归入现有权利体系。如丁晓东（2021）认为，无论是个人信息权利保护中的知情权、选择权、纠正权、删除权，还是被遗忘权和携带权，都属于特定信息关系中的新型权利，无法简单地纳入民法权利和宪法性权利之中；徐元彪、梅术文（2004）认为，信用权虽然涉及人格权和财产权的部分理论基础，但是无法在性质上完全对应传统二元框架下的人格权和财产权的特征，而是一种新型权利。还有学者在论证信用权独立成权的必要性之后，提出构建信用权的具体内容（李建革、刘文宇 2016，蒋丽 2016）。

8. 我国关于信义义务的研究

信义义务作为西方法律的舶来品，目前在我国主要集中在公司法和证券法等研究领域，也有为数不多的学者在这一领域之外进行了延伸研究，包括：信义义务的一般性理论研究（楼建波、姜雪莲 2017，王莹莹 2019，陶伟腾 2020，徐化耿 2020）；未成年人监护法中引入信义规则（朱圆 2019）；在公务员法中引入信义义务（王继远 2016）；在医疗领域引入信义义务（徐化耿 2020）；在个人信息隐私保护中引入信义义务（解正山 2020，丁晓东 2021）等。整体上，可谓一般性基础理论研究和与具体领域相结合研究并行的模式。

综上所述，目前国内关于个人信用信息的研究，主要集中在征信领域的资信信息层面，且主要围绕个人信用信息收集、管理与应用方面的困境和解决办法展开，而其中针对信息隐私保护的研究还相对较少且不够深入。主要围绕着信用主体相关权利的保障、信用信息利用与保护的平衡、个人信用信息的保护原则构建、个人信用信息的传统部门法保护以及我国未来立法模式的选择等方面展开。这些问题虽为征信领域所面对的核心问题，但当前的研究相对分散，缺乏立足于征信整体并进行体系化研究的成果。不仅如此，这些个人信用信息的研究通常与个人信息（数据）的研究混同，在研究的过程中就直接按照个人信息的思路进行了研究并得出结论。虽然个人信用信息属于个人信息的一部分，参照个人信息保护的理论进行研究本身无可厚非，但若在研究过程中完全忽视了个人信用信息相对于个人信息所具有的特殊性。一方面，这会增加个人信用信息单独研究必要性的疑虑；另一方面，从个人信息中分离出的个人信用信息目的在于利用，同个人信息一样注重保护可能阻碍个人信用信息的利用。我国《征信业管理条例》立法时未考虑到大数据征信这一背景对传统隐私观的冲击，而继续严格恪守对隐私权的绝对化保护方式（翟相娟 2021），存在与实际脱节的问题。因此，盲目地适用个人信息理论显然会得出不够科学的结论。除此之外，即便是现有的征信领域的资信信息，也在社会信用体系下的社会信用信息（或简称为"大信用"信息）范围之内，[①] 而该部分之外的个人信用信息隐私保护研究可谓正在起步，尚存在巨大的研究空间。

（二）国外研究现状

1. 隐私的定义和范围

（1）国外关于隐私定义的文献汗牛充栋，但并未形成确定性的结论。其中极其具有代表性的观点包括：沃伦（Warren）和布兰迪斯（Brandeis）（1890）将隐私解释为"独处的权利"；普罗斯（Prosser）（1960）否认了沃伦和布兰迪斯"独处的权利"的观点，认为隐私权包括他人人格特征不被擅用、生活安宁不被侵扰、私人事务不被公开披露、形象不被丑化的权利；艾伦·F. 韦斯廷（Alan F. Westin）（1967）认为隐私权是指他人所享有的对其信息予以公开的权利；理查德·B. 帕克（Richard B. Parker）（1974）认为隐私权是一种控制权；格里蒂（Gerety）（1977）认为，隐私是指他人控制个人身份的亲密度；等等。丹尼尔·J. 索洛夫（Daniel J. Solove）（2002）将现有的主要理论总结为"独处权理论"、"限制接触理论"、"私密理论"、"个人信息的自我控制理论"、"人格权理论"和"亲密关系理论"六种。大卫·文森特（David Vincent）（2016）对隐私的发展进行了梳理，分为前隐私时代（1300—1650）、隐私与交流（1650—1800）、隐私与大繁荣（1800—1900）、隐私与现代性（1900—1970）和隐私与数字时代（1970—2015）五个阶段，每个阶段都有其特殊性。（2）信息隐私权的提出主要集中在计算机、大数据时代：一方面，作为隐私的下位概念，可以置于隐私中理解；另一方面，亦有不少学者对信息隐私权进行了定义，但未达成共识。一般认为，1977 年美国法院通过判例确立了信息隐私权。理查德·C. 图金顿（Richard C. Turkington）

[①] 社会信用体系的建设涵盖政务诚信、商务诚信、社会诚信以及司法公信力等领域，该体系下的社会信用信息呈现收集范围大、适用领域广、功能价值高等特点，为方便与传统征信业中的金融或商业领域的"小信用"信息相区分，可以简称社会信用体系下的社会信用信息为"大信用"信息。

(1990)认为,个人的"控制"、"限定获取"或者"自己决定何时、如何、在多大程度上传达给他人"的权利可统称为信息隐私权。关于信息隐私(Informational privacy)的定义,艾伦·F. 韦斯廷(1970)认为指控制自己信息的权利,以及防止他人未经同意获取自己信息的权利。尤金·F. 斯通(Eugene F. Stone)和哈尔·G. 格蒂塔尔(Hal G. Gueutal)等(1983)认为信息隐私是指用户对企图获取和使用其个人信息的控制能力。安妮塔·L. 艾伦(Anita L. Allen)和理查德·C. 图金顿(2019)用"个人信息隐私"表示"现实生活中只有个别熟人知悉的个人私事的事实状况"。可见,上述学者认为信息隐私是一种对(私密)信息的控制权。

2. 信息隐私的保护理论

关于信息隐私保护的研究,国外主要形成了以下几种理论:(1)隐私领域理论(phärentheorie),该理论又被称为同心圆模式,即将隐私比喻为环环相套的圆圈,最里面圆圈涵盖我们自己的事务,不会告诉任何人。第二靠里的圆圈里包括的事务,仅为那些我们最为熟悉的人知晓。圆圈不断延伸,直至其中的事务可以广为人知。该理论由德国首先提出,并由该国联邦法院发展而来,即依据信息与人格尊严的密切关系,将隐私的保护分为"隐秘领域(Intimshäre)、秘密领域(Geheimshäre)及私人领域(Indivdualshäre)"三个阶层。(2)信息自决(informational self-determination)保护理论。1967年由美国学者艾伦·威斯汀提出强化信息保护的自我决定理论。在1983年德国联邦宪法法院"人口普查案"中得以应用并定义为信息自决权(informationelle Selbstbestimmung),即"何时以及在何种范围内公开自己生活事实的自我决定"。该理论旨在赋予信息主体对其信息处理的绝对控制权,并对各国的数据保护立法产生了巨大的影响。如欧盟《一般数据保护条例》(General Data Protection Regulation,GDPR)把个人信息控制原则简化为"通知—同意"机制。(3)公平信息实践(the fair information practices)保护理论。贝娅塔·A. 萨法里(Beata A. Safari)(2017)指出欧盟GDPR将为隐私与个人信息或个人数据保护设立一个新的全球性标杆。保罗·M. 施瓦茨(Paul M. Schwartz)(1999)指出公平信息实践"是现代信息隐私法的基石"。马克·罗滕伯格(Marc Rotenberg)(2001)指出公平信息实践不仅在美国扮演了关键性角色,而且已经成为全球隐私保护的重要国家准则。公平信息实践诞生于美国政府医疗、教育与福利部成立的"关于个人数据自动系统的建议小组"在1973年发布的"公平信息实践准则"报告,由最初的五项原则发展到2004年亚太经济合作组织制定的《APEC隐私框架》(APEC Privacy Framework)规定的九项原则,实质上既涉及领域保护理论中保护核心隐私的最小化干预原则,也涉及包括"知情—同意"等在内的信息自决理论,内容日益完善。(4)信息信托(Information Fiduciaries)保护理论。肯尼思·C.劳顿(Kenneth C. Laudon)(1993)首次对信息信托概念进行了论述。目前对个人信息处理者信义义务研究影响最为广泛的是耶鲁大学法学院教授、耶鲁信息社会中心主任杰克·巴尔金(Jack Balkin),杰克·巴尔金认为,信息信托的主要观点为用户将自己的个人信息委托给网络平台进行管理,使用户与网络平台之间形成信义关系,网络平台具有保护隐私的忠实义务:一方面,具有管理信息的自由裁量权;另一方面,具有较为严格的审慎义务与忠诚义务。(5)其他理论。包括"二元治理"(Binary Governance)理论。该理论认为个人信息权利保护法应当将个人正当程序权利与合作治理方法结合起来(Margot E. Kaminski 2019)。"隐含的合同理论"(the implied contract theory),即可以基于习俗的合理期待或者双方默示解释合同来保护隐私(Volokh & Eugene,2000)。"隐私权情境脉络完整性理论"(privacy as contextual integrity),该理论认为界定隐私性个人信息,重点在于寻找情境脉络,必须探究个人信息处理者为谁(Helen Nissenbaum 2009)。正如特伦斯·克雷格、玛丽·E.卢德洛芙(2016)所言,在技术驱动的数字世界中,针对隐私权方面的法律保护还远没有建设完善,需要不断地探索。

3. 隐私保护的方式

除了传统的采用人格权保护外,学界还形成了一些新的观点:(1)通过财产权来保护隐私。保罗·M.施瓦茨(Paul M. Schwartz)(2004)认为当前的法律,无论是美国还是欧洲,对隐私提供了基于责任规则的保护,而没有提供基于财产规则的保护,未来有必要以财产规则来对隐私进行保护。(2)履行保护自己隐私的道德义务。安妮塔·L.艾伦(2013)认为公平的"美德"和尊重个人的"义务"或"责任"可能是其他关于保密和数据安全责任的基础，提出用一种新的、多样的方式来思考消费者与企业和政府的道德关系——作为道德上善良的伙伴关系。（3）加强公司治理（corporate governance）来保护信息隐私。玛西·E. 皮克（Marcy E. Peek）（2006）认为信息隐私不仅应当受政府的管控，也应当受公司"私人治理"的管控，因而有必要充分发挥两者的协同作用。（4）构建集体诉讼制度。玛农·奥斯特芬（2018）认为，数据保护法的执行也可以得到改进。提高执法效率的方法是对违反数据保护法的行为实施更为严厉的制裁，并为集体诉讼创造可能性。（5）设立实体权利来保护。除了讨论传统的健康权、自由权等基本的民事权利或宪法权利外，近年来理论界和立法实践中还形成了一些新型权利，如被遗忘权（Daniel Solove 2012，Eric Posner 2014，Eliza P. Friedman 2017），再如数据携带权，库尔特·奥著萨尔（Kurt Opsahl）（2010）认为数据携带权应该是"社会网络用户隐私权法案"的一个组成部分。海伦娜·乌尔西奇（Helena Ursic）（2018）认为，数据携带权可以增加数据处理的透明度，也有助于增强诸如自由、平等的权利和原则，等等。

　　由于本书使用信义义务的相关理论，这里仅对该理论的国外研究情况进行简单的介绍。信义义务的引入主要是用来解决信息处理者和信息主体之间持续性信息不对等关系的困境。在信息处理者和信息主体之间建立的信义关系成立后：一方面，受信人（信息处理者）被施加主要包括忠实义务和注意义务的信义义务，而应当为他们的受益人（信息主体）利益行事。另一方面，受信人享有对受益人的权利，对他们的权利享有自由裁量权。保罗·B. 迈尔（Paul B. Mile）（2011），塔玛尔·弗兰克尔（Tamar Frankel）（2014）对信义法的起源、信义关系、信义义务和信义责任相关的基本理论进行论述。关于在信息隐私的保护中引入信义义务的讨论，支持者如杰克·巴尔金（Jack Balkin）（2016、2020）结合美国《宪法》第一修正案关于公民自由权利等内容提出在信息处理者和信息主体之间引入信义关系，并通过论证关系的不平等性、脆弱性和依赖性来予以证成，提出了相关的信义义务和责任的承担方式。阿里尔·多布金（Ariel Dobkin）（2018）提出通过对信息处理者施加信息受托责任可以确保他们只以符合用户期望的方式使用信息，并指出通过法律变革和行业变革来确定信息处理者的信义责任。反对者如莉娜·M.

汉（Lina M. Khan）和戴维·E. 波森（David E. Pozen）（2019）对信息信托制度提出了质疑，认为信息处理者无法类比医生、律师、会计师和房地产经理等，难以基于其身份形成信义关系。基于信义义务，信息处理者需要对信息主体承担为信息主体利益而行事的忠实义务，导致信息处理者陷于为信息主体还是公司股东之利益行事的矛盾中。而且包括谨慎、保密和忠诚在内的信义义务标准是模糊的，很难确保信息处理者全面地履行忠实义务。可见，受信人享有对受益人的权利、对他们的权利享有自由裁量权的观点目前也不乏反对声音。

总体而言，在国外个人信用记录是个人征信局（公司）的产品。实践中主要是通过规范个人征信机构的业务，保护个人隐私不因个人征信局（公司）的服务而受到侵害，有关的法律大致有数据保护法、个人隐私法、信用报告法、个人破产法等。典型的包括意大利制定的《个人数据保护法》、英国的《信息保护法》、国际经合组织（OECD）的《个人隐私保护及个人数据国际交流准则》、欧盟的 GDPR、日本的《个人信息保护法》、美国的《公平信用报告法》（Fair Credit Reporting Act，FCRA）、韩国的《信用信息使用及保护法（修正案）》（2020），等等。在这些法规中，虽存在少量的信用信息专门性立法保护，如美国的 FCRA，该法规范了个人征信信息的范围和禁止收集信息的范围，从信用报告使用目的、信用报告机构和个人的义务、消费者权利及法律责任等方面作了详细规定和要求，但大多是在保护个人数据（信息）的基础上保护隐私的。如德国没有专门的信用管理法律，而是依靠民法、商法、信贷法和数据保护法等法律中关于信用管理的相关规定，有效地保障了社会信用制度及管理体系的高效运行；英国（《消费信贷法》）则是通过规范名誉、经济和刑事方面的奖惩措施，加强对失信者的惩戒和曝光，促使人们遵守法律保持诚信。这些法律主要通过严格限制信用信息的收集范围，或限制个人征信数据的使用范围和自由传播来保护隐私，虽讨论的是信用信息的保护，但基本放在个人信息保护框架之中。

在信息隐私保护层面，国外形成了"隐私领域理论""信息自决理论""公平实践保护理论""信息信托保护理论"等，这些理论均产生于不同的社会环境中，其发展也反映出越来越高的隐私保护要求。在个人信息的保护上，目前国外立法主要有两种进路：一种以美国立法为代表，将个人信息归类于个人隐私的范畴，倡导以隐私权保护个人信息权的进路；另一种以德国立法为典型，将个人信息权称为"信息自决权"，系指个人有权自行决定，是否将个人资料交付与提供利用的进路。事实上，当前人们对信息隐私权与信息自决权的理解已无实质差异，均承认个人对其个人信息拥有控制权或自主决定权，具体包括个人信息告知权、同意权以及更正权等。

二、问题提出

自计算机、大数据技术出现之后，国内外学界高度关注个人信息和隐私保护，提出了许多个人信息和隐私保护的解决方案，与此同时对金融资信信息的隐私保护提出了许多有益的解决方案，为社会信用体系下个人信用信息的利用和保护提供了有益的铺垫。

第一，相较于学术成果较为丰富的个人信息保护研究领域，资信领域中个人信用信息保护的研究成果较少。而包含政务诚信、社会诚信、商务诚信以及司法公信力四大领域在内的中国特色社会信用体系下的个人信用信息领域，目前更是鲜有成果。但是，个人信用信息相较于个人信息和资信领域的个人信用信息确实在信息范围、信息处理、信息利用等多方面存在巨大的差异，因此有单独研究的必要。

第二，现有个人信用信息的保护研究尚处在起步阶段，对社会信用、个人信用信息等基础概念尚未达成共识。关于个人信用信息和隐私的范围，学界已有的研究成果基本形成两者界限模糊且为交叉关系的共识。关于个人信用信息的利用和保护，过去论者们大多认为个人信用信息的利用绝对不能侵犯隐私，近年来也有学者认为不能因为保护隐私而阻碍个人信用信息的利用，而如何处理个人信用信息利用和隐私保护的问题实际上还未形成具体的解决思路。由于《民法典》主要调整的是平等主体之间的民事法律关系，而信用信息处理者和信用主体之间实际上属于一种不平等关系，并且信用主体对信用信息处理者保护自己的信息隐私存在强烈依赖，如果再继续适用《民法典》中的隐私保护规则，则难以保障信用主体的合法权利。

第三，国内关于个人信息保护的研究更多的是学习和援用国外的理论，但对于我国本土化的信用标准、隐私标准等内容的研究还不够。正如费孝通先生在《乡土中国》里描述的一样，我国传统的文明是以土地为中心，以家族为本位形成一个差序格局，随着城镇化和现代化的发展，我国的诚信文化和隐私文化有了一定的改变，但必然是扎根本土的，这样才能制定符合我国国情的制度。因此，应当采取国际比较研究和本土研究相结合的方式进行研究，这样才能将中国特色的诚信观融入法治建设中去。

考虑到上述情况，本书应当重点研究以下问题：

其一，厘清个人信息和个人信用信息的关系。不能用静态的形式主义观念去理解和确定个人信息和信用信息的边界。个人信息本身是一个不带有价值判断的名词，而个人信用信息不同，它与自然人的名誉密切相关。个人信息保护的核心在于"不得非法泄露"，而个人信用信息的保护更多地需要考虑合法利用，在合法利用的基础上进行保护。

其二，厘清个人信用信息与信息隐私的关系。在保护核心隐私后，个人信用信息的利用难免涉及个人信息隐私，这样是否意味着个人信用信息和信息隐私已经构成"共生关系"，该问题将在后文中予以论述。

其三，研究的视角不能局限于私法的保护。社会信用信息不仅要服务于市场经济，还要服务于社会治理。当前关于个人信用信息的研究主要集中在金融资信领域，而涵盖公共信用信息在内的"大信用"信息的研究成果较少，这部分研究会涉及对公权力和社会权利的研究。

其四，个人信用信息的隐私保护问题，实质上是从信用主体之间的一种信息不对等问题转化为信用主体和信用信息处理者之间的另外一种信息不对等问题。若我国现有的理论无法解决问题，最好引用新的理论（信义义务理论）将两者之间的问题予以解决。

其五，对信息隐私的保护很难做到一劳永逸，隐私的保护不是静止的，也不是片段的，因为信息的整合（数据的分析）会导致信息主体的隐私信息暴露。因此，隐私保护的边界常常因为场景的变化而变化，在不同的场景中，个人会对隐私产生不同的预期，但制定不同场景中的信息隐私标准困难重重，其合理性需要论证。

第三节 研究方法与创新之处

一、研究方法

(一) 历史研究法

历史研究法,是指按照历史发展的顺序对过去事件进行研究的方法。通过探索相关制度形成与变迁的成因,总结出其发展的一般规律,进而吸收其中的一些成熟经验。"信用""信息"等词不是现今社会所创造的新名词,也不是我们所处时代特有的产物,在国内外历史上由来已久且内涵丰富。本书为准确掌握此类事物的内涵和外延,需要运用历史资料,按照历史发展的顺序对其进行研究。厘清信用、信息、信息隐私的产生、发展和演变,从中分析和厘清相关概念,并在此基础上创设符合当前需要的基础概念,作为本书研究的根基。该研究方法主要应用于第二章"个人信用信息与信息隐私的关系"之中。

(二) 比较研究法

比较研究法,是指对不同法系、不同国家的法律或者法律制度进行比较研究,发现其异同及各自的优点和缺点的方法,[①] 以此来实现各国法律取长补短、相互借鉴之效果。在隐私的保护上,世界上主要存在以人格尊严为核心的欧洲模式和以自由主义为核心的美国模式。两种模式各有利弊,通过比较分析两者的异同,总结其中的优点,可以为我国信息隐私的认定和保护提供参考。同时,国外商业或金融领域信用报告的利用制度,相较于我国更加成熟和完善,采用比较研究的方式,也能够为我国个人信用信息的收集、储存、加工等提供有益经验。凡此种种,该研究方法贯穿于全文,目的是借鉴吸收国外成熟经验,以推动我国个人信用信息隐私保护制度的发展和完善。

---

① 参见梁慧星:《法学学位论文写作方法》,法律出版社 2012 年版,第 84 页。

(三) 规范分析法

规范分析法是法学研究最常用的分析方法，其目的是通过规范分析来确定现有的立法能否解决提出的法律问题，并在此基础上发现是否存在立法缺陷或立法缺失。本书在比较分析国内外信用、个人信息保护、隐私保护等相关的法律规范时，需要用到规范分析法，以便从中找出现有立法的不足，提出符合实践要求的立法完善建议。该研究方法主要应用于第四章"个人信用信息隐私的法律保护现状与困境"。

(四) 价值分析法

价值分析法，是一种从价值入手，对法律进行分析、评价的研究方法。目的在于实现相关价值的最佳平衡，提高法律制度的合理性和科学性。个人信用信息的利用和保护本身就是一个价值平衡问题，该问题表现为，对于具有信用识别性的信息，是尽量地收集和应用，还是基于信用主体的隐私利益考虑而减少相应的个人信用信息收集和利用。研究该问题时，在宏观上，我们应当考虑到国家利益、社会利益和个人利益的平衡；在中观上，应当尽量地满足公平、正义、秩序、效率等法价值；在微观上，应当同时监管个人信用信息的信用工具和信用目的价值。该研究方法主要应用于第五章"个人信用信息隐私保护的理论反思与原则设计"。

二、创新之处

本书的创新之处主要体现在内容创新、视角创新以及方法创新方面。

在研究内容上，首先，对信用相关基础概念进行了辨析和厘清。目前我国建设的社会信用体系已经远远超过了传统金融或商业领域的经济信用"体系"。作为一项国家全力建设的创新制度体系，该体系下的个人信用信息隐私保护制度尚处于探索建设阶段，目前的理论研究也比较薄弱，一些基础概念还有待辨析和厘清。本书对收集、采集以及归集的概念进行了辨析，在个人信用信息的范畴上进行了功能论和信息规则的限缩，对个人信用信息进行了类型化设计。其次，本书认为对个人信用信息隐私应当秉持在开放与利用中保护的态度。个人信用信息是以信用识别性为标准从个人信息中筛选、聚合而成的，对其单独加工处理就是为了充分利用。故对其中的信息隐私保护，不应当局限于传统的严格保护主义，还应当有益于信用经济和数字经济的发展。为此，提出个人信用信息隐私应当在利用过程中动态保护，如适用场景保护理论等。最后，提出采用信用信息处理者为中心的信息隐私保护模式。在大数据、人工智能等信息技术高度发达的信息时代，信用信息处理者与信用主体之间不对等关系越来越突出，继续单纯地依靠"知情同意"和加强监管等传统的保护方式，很难实质性地保护信用主体的隐私权益。为此，本书提出了"信用信息处理者中心"模式，在以信用信息处理者的保护为中心的基础上，引入信义义务理论。即信用主体和信用信息处理者签订信用信息管理合同，信用信息处理者对信用主体不仅需要履行合同约定的义务，还需要履行信义义务理论之下存在的包括忠实义务和勤勉义务在内的法定义务。这可以在严格的信义责任下，威慑和约束信用信息处理者的个人信用信息处理行为。

在研究视角上，首先，相较于传统强化信用主体隐私保护权利的理念，本书更为关注信用信息处理者的信息隐私保护义务。这是因为在信息时代，信用信息处理者和信用主体之间地位极其不平等，信用主体的信息隐私保护高度依赖于信用信息处理者，过多地寄希望于赋予信用主体具有一定形式意义上的权利，实际上很难破解处于弱势地位的信用主体的信息隐私保护困境，因此有必要增加处于优势地位的信用信息处理者的义务和责任。其次，相较于《个人信息保护法》所规定的以限制信息处理行为为中心的保护框架，本书更为关注以信息隐私为中心的保护框架。信息隐私是个人信息和个人隐私的结合体，并以大数据和信息技术为依托。在信息隐私的框架下保护隐私，不仅能够反映信用主体隐私保护的需求，而且能体现信息社会中隐私保护的特殊性。再次，相较于传统私法保护、公法保护以及简单的私公兼济的保护方式，本书更倾向于采用公私融合的信息隐私保护模式，旨在促进私权利和公权力深度融合、高度信任以及权责分明。最后，相较于理论实践主要关注的隐私事后保护，本书更为强调包括事前预防的全过程信息隐私保护模式，以便在当前信息隐私侵害后侵害范围大、止损效果差、补救效果弱的背景下，满足隐私权利保护的现实需求。

在研究方法上，本书主要结合了信息经济学、信息管理学、法律社会学等多个学科的研究方法。在个人信用信息和信息隐私概念中,既采用了社会学领域通常使用的词源考证的方法,也采用了法学上的价值比较的方法。不仅如此,由于我国关于社会信用体系下个人信用信息(隐私)保护研究的文献资料极其匮乏,而关于个人信息保护的研究成果较多,且研究得相对成熟,故而适用了一些个人信息隐私保护理论,并运用比较研究方法,借鉴吸收了国外信用建设过程中的信息隐私保护制度。

CHAPTER 02 >> 第二章
个人信用信息与信息隐私的关系

正如罗伯特·菲罗斯特（Robert Frost）在《修墙》（*Mending Wall*）中写的那样，"在筑墙之前应当知道，把什么围在墙内，把什么置于墙外"①。厘清个人信用信息与信息隐私的关系，是为了确定个人信用信息隐私保护的范围，并在此基础上展开研究。若个人信用信息的收集和利用本身需要排除所有信息隐私，那么需要研究的重点是，如何防止信息隐私进入个人信用信息范畴。若个人信用信息难免涉及信息隐私，需要重点研究的则是如何将信息隐私保护控制在最佳水平。

第一节 个人信用信息的内涵与外延

"社会信用体系是由被称为'信用信息'的数据驱动的，新生成的社会规则落地依靠信用信息设施支撑。"② 然而，即便是"信用社会比较成熟的国家"也没有一个明确

---

① Tom Gerety, *Redefining Privacy*, 12 Harvard Civil Rights – Civil Liberties Law Review 233（1977）.
② 林钧跃：《论信用信息的界定》，载《征信》2021年第4期。

的关于信用信息外延的规定,对这方面仍处于探索之中,所遵循的都是"约定俗成"。① 我国关于个人信用信息范围的界定同样也未达成统一的认知。不仅如此,因为相较于"信用社会比较成熟的国家",我国现代金融信用建设起步晚,截至目前也没有形成成熟的信用认知。而且当前所构建的社会信用体系已然从现代金融信用拓展到了服务于社会治理的社会信用建设领域,这也使国外现有的信用信息规则难以借鉴和适用。下文将围绕当下的主要信用理论展开讨论,以期从中划出最为妥当的个人信用信息范围。

一、信用的释义与历史发展

《现代汉语词典》对"信用"(名词)有两层释义:一是"能够履行跟人约定的事情而取得的信任",二是"指银行借贷或商业上的赊销、赊购"②。前者为"信用"作为名词的一般性释义,指代的是因能够履约而获取的信任;后者是金融产品的一种。应当说,第一层含义将"信用"解释为一种"取得的信任"③ 是我国信用的基本词义,并且与我国当前构建的社会信用体系相近。郑也夫认为"信用是一种特定的诚实,它强调的是守约重诺"④。朱伯崑在解释"信"时指出"信有二义:信任和信用。其内容是诚实不欺"⑤。

在我国传统观念中,"讲信用、守诺言主要被看作是道德上的操守,是体现人本身所固有的道德品性的行为准则"⑥。孔子认为"信"可以识别人是

---

① 参见孙志伟:《美国消费信用探幽》,中国经济出版社2014年版,第68页。
② 中国社会科学院语言研究所词典编辑室:《现代汉语词典》(第7版),商务印书馆2016年版,第1462页。
③ "信任"为动词,是指"相信而敢于托付"。参见中国社会科学院语言研究所词典编辑室:《现代汉语词典》(第7版),商务印书馆2016年版,第1461页。
④ 郑也夫:《信任论》,中信出版社2015年版,第3页。
⑤ 朱伯崑:《先秦伦理学概论》,北京大学出版社1984年版,第36页。
⑥ 李新庚:《信用论纲——信用的道德和经济意义分析》,中共中央党校2003年博士学位论文,第9页。

否为人，① 判断君子的真伪，② 决定政府的存亡，③ 他将"信"的主要思想注入"信任"之中。④ 纵观我国古代信用思想的发展过程，情况如下：先秦时期的儒家学派认为信用是个人的行为准则和治理国家的重要准则；⑤ 法家学派韩非子主张"故明主积于信，不信赏罚，则禁令不行"⑥，强调通过法律来保障社会秩序。秦汉时期的信用思想呈现出"天人合一"的神学倾向和从道德观、人生观和社会观的角度来论说信用的世俗化倾向；隋唐时期信用理论多侧重于从政治视角进行研究，并在政治实践方面较为突出；宋元时期的信用思想获得了很大的发展，⑦"北宋五子"⑧把本体论探讨与伦理学思考有机结合起来，创立了"诚信合一"论，特别是周敦颐"建立了'以诚为本'的道德本体论的形而上学体系"⑨，将"诚""信"上升到宇宙的精神本体的道德本原高度；明朝中后期，随着资本主义萌芽，信用理论的研究开始有所突破，否认了一些类似"尾生抱柱而死"的"愚信"。⑩ 综言之，我国古代信用思想一直备受推崇，"是不同的阶级共同肯定的道德规范，是可以为全体人民遵奉的、具有普遍适应性的伦理道德"⑪，但是由于缺乏信用制度的基础，

---

① "子曰：人而无信，不知其可也。大车无輗，小车无軏，其何以行之哉？"即孔子说："作为一个人，却不讲信誉，不知那怎么可以，譬如大车子没有安横木的輗，小车子没有安横木的軏，如何能走呢？"参见杨伯峻：《论语译注》，中华书局2018年版，第28页。

② "子曰：君子义以为质，礼以行之，孙以出之，信以成之。君子哉！"即孔子说："君子（对于事业），以合宜为原则，依礼节实行它，用谦逊的言语说出它，用诚实的态度完成它。真是位君子呀！"参见杨伯峻：《论语译注》，中华书局2018年版，第235页。

③ "（子）曰：去食。自古皆有死，民无信不立。"即"孔子说没有粮食，不过死亡，但自古以来谁都免不了死亡。如果人民对政府缺乏信心，国家是站不起来的"。参见杨伯峻：《论语译注》，中华书局2018年版，第178页。

④ 参见郑也夫：《信任论》，中信出版社2015年版，第6页。

⑤ 参见杨文礼：《信用哲学引论》，中共中央党校2013年博士学位论文，第22~28页。

⑥ 张觉：《韩非子译注》，上海古籍出版社2012年版，第304页。

⑦ 参见杨文礼：《信用哲学引论》，中共中央党校2013年博士学位论文，第22~28页。

⑧ "北宋五子"是指周敦颐、邵雍、张载、程颢、程颐。

⑨ 葛晨虹、赵爱玲：《中西信用思想的发展演变》，载《江西社会科学》2006年第8期。

⑩ 《庄子·盗跖》："尾生与女子期于梁下，女子不来，水至不去，抱梁柱而死"，庄子通过这个故事从厌恶狡诈虚伪的角度出发对于专情守约进行了礼赞，并将尾生视为"贤士"。参见曾智安：《中国传统文化精神》，清华大学出版社2020年版，第86页。

⑪ 李新庚：《信用论纲——信用的道德和经济意义分析》，中共中央党校2003年博士学位论文，第58页。

"并没有产生系统、完整的信用理论和学科"①。直到鸦片战争以后，我国很长一段时间都处在内忧外患的半殖民地半封建社会，形成了依然坚决维护封建纲常伦理的守旧派和反对封建伦理道德的维新派，虽然两派对多数封建纲常伦理持不同观点，但均对"信"推崇备至，只是维新派更多地融合了西方的理性信用。民国时期对信用理论进行了批判式改造，赋予信用思想以新的内涵，如正义、实事求是以及真理等内涵，②吸收了西方信用的理性文化，并尝试着融入法律和制度之中。应当说，我国传统信用的基本内涵是守约重诺，但作为一种上层建筑（观念），它根源于人们的社会需要，并随着人们的社会实践的发展而发展。③

在国外，1520年"信用"（credit）一词首次在英语中使用，该词源自法语中的crédit（15c），即"信念（belief），信任（trust）"④；源自意大利语中的credito，是指给予信任；源自拉丁语中的 *creditum*，是指"贷款，委托给另一个人的东西"。法律上的信用最早可以追溯到罗马法，其中的信用（Fides）是指"相信他人会给自己以保护或某种保障，它既可以涉及从属关系，也可以涉及平等关系"⑤。其释义与权利的保护期待存在密切的关系。"在古代德国，信用则用于交易活动的誓约中。"⑥公民往往通过誓约来保障交易（或契约）的顺利进行。应当说西方对信用的释义主要偏向于经济学上的阐释，甚至被西方古典经济学家奉为"黄金法则"⑦。

整体而言，中西方都高度重视信用，但由于社会历史传统、思想文化的差异，中西方信用文化表现出许多不同：（1）我国传统的信用主要是一种建立在"熟人"之间的人格或者道德信任，而西方的信用则是可以建立在"熟

---

① 李新庚：《信用论纲——信用的道德和经济意义分析》，中共中央党校2003年博士学位论文，第12页。
② 参见杨文礼：《信用哲学引论》，中共中央党校2013年博士学位论文，第22~28页。
③ 参见李新庚：《信用论纲——信用的道德和经济意义分析》，中共中央党校2003年博士学位论文，第16页。
④ 刘彩霞：《中西信用文化的比较与接点》，载《征信》2014年第8期。
⑤ [意]朱塞佩·格罗素：《罗马法史》，黄风译，中国政法大学出版社1994年版，第234页。转引自吴汉东：《论信用权》，载《法学》2001年第1期。
⑥ 吴汉东：《论信用权》，载《法学》2001年第1期。
⑦ 刘彩霞：《中西信用文化的比较与接点》，载《征信》2014年第8期。

人"和"陌生人"之间的契约信任;① (2) 我国传统的信用以伦理道德支撑为主导,主要依赖于自律,也即人格良心;而西方的信用则通过法律和制度予以保障,主要依赖于他律;(3) 我国传统的信用作为儒家"五常"(仁、义、礼、智、信)之一,强调的是一种自我完善、自我修养,旨在实现"修身齐家治国平天下"的个人价值。而西方"倾向于从经济角度看待信用,视其为个人盈利与公共赢利的一种基础资源"②。应当说,随着经济全球化的发展,中西信用文化处在交融状态,两者之间的差异也日渐缩小。西方在推崇我国传统的诚信文化(如儒家文化)的同时,我国的金融信用建设和社会信用体系的建设,也在不断地吸取西方的理性信用、契约信用以及法律信用等优秀的信用文化,两种信用文化也都有各自的优势。我国应当立足于传统的优秀信用文化,汲取国外成熟的信用制度建设经验,并以此为基础构建符合我国国情、富有中国特色的社会信用体系。

二、主要信用理论中的个人信用信息范畴分析

与传统的信用有所不同,现代的信用是一种以传统信用为基础,依赖于对权威、专业以及规则信任的系统信用,涉及经济生活、政治生活以及社会生活等诸多方面。③ 我国现代信用理论缘起于金融信用理论,正逐步扩展到包括市场经济和社会治理等在内的大信用体系。主要形成了"信誉与商誉说"、"守法与履约说"、"三维信用论"、"信誉与社会责任说"以及"'诚信'和'信用'拆分说"五种学说。而以这些理论为基础的个人信用信息范围也存在很大的差异。

(一)信誉与商誉说中的个人信用信息

"信誉与商誉说"认为,信用是指信用主体在特定期限内所具有的付款或还款能力而在社会上获得的信赖和评价,④ 这一学说得到了传统征信研究

---

① 参见陈延斌、王体:《中西诚信观的比较及其启迪》,载《道德与文明》2003年第6期。
② 刘彩霞:《中西信用文化的比较与接点》,载《征信》2014年第8期。
③ 参见[美]福山:《信任:社会美德与创造经济繁荣》,郭华译,广西师范大学出版社2016年版,"导读"第vi页。
④ 参见吴汉东:《论信用权》,载《法学》2001年第1期;白云:《个人信用信息法律保护研究》,法律出版社2013年版,第7页。

学者的支持，也为全世界所通用。该理论下的信用"本质上是市场经济条件下的'交易信用'"①。通常具有两个基本特征：一是信用必须能用货币单位直接度量；二是作为信用载体的信用工具，其使用成本由契约形式确定。②

2021年9月中国人民银行颁布的《征信业务管理办法》，对"信用信息"的定义为"依法采集，为金融等活动提供服务，用于识别判断企业和个人信用状况的基本信息、借贷信息、其他相关信息，以及基于前述信息形成的分析评价信息"，该定义参考了世界征信立法的普遍性规定，主要围绕信贷业务展开，可以归入"信誉与商誉说"之中。然而，该理论下的"信用信息能被商业化，可以合法买卖和传播。征信机构采集、处理和传播信息产品是以营利为目标的，能够形成商业模式。但是，涉及诚信和公德的信息只有社会价值而无商业价值，只有将其用于公益或薄利卖给政府两个选择"③。而且局限于资信信息的收集和利用，难以全局性地解决我国"社会诚信意识和信用水平偏低，履约践诺、诚实守信的社会氛围尚未形成，重特大生产安全事故、食品药品安全事件时有发生"的问题，④也无法满足我国社会信用体系建设"以树立诚信文化理念、弘扬诚信传统美德"的内在要求，⑤更不能与我国《规划纲要》提出的服务于社会治理的规划相衔接，在功能上存在一定的局限性。换言之，该学说"突出了信用主体的经济能力但忽视了其他层面的信用问题"⑥，以该理论为基础收集的资信信息，无法满足当前社会信用体系建设的需要，而且存在一定的局限性。

（二）守法与履约说中的个人信用信息

"守法与履约说"认为，社会信用是指信用主体遵守法定义务或者履行约定义务的状况，包括履约信用和守法信用两个维度。⑦该理论下的个人信

---

① 林钧跃：《论信用信息的界定》，载《征信》2021年第4期。
② 参见林钧跃：《论信用信息的界定》，载《征信》2021年第4期。
③ 林钧跃：《论信用信息的界定》，载《征信》2021年第4期。
④ 参见《社会信用体系建设规划纲要（2014—2020年）》。
⑤ 参见《社会信用体系建设规划纲要（2014—2020年）》。
⑥ 门中敬：《信誉及社会责任：社会信用的概念重构》，载《东方法学》2021年第2期。
⑦ 参见罗培新：《社会信用法：原理·规则·案例》，北京大学出版社2018年版，第38页；王伟：《社会信用法论纲——基于立法专家建议稿的观察与思考》，载《中国法律评论》2021年第1期。

用信息主要包括欠缴信息①、行政处罚信息、行政强制信息等反映信用主体守法和履约状况的个人信息。相较而言，该学说是目前最能反映我国社会信用立法建设需求的学说，也为地方性信用法规和规章所普遍适用。针对该理论，一方面，将"守法"作为社会信用的本质要素，容易模糊法律与道德的界限；另一方面，将履约作为社会信用的本质要素，容易混淆法定义务与约定义务。这是因为进入司法程序的案件，当事人最终是否履行约定义务将由人民法院的裁判予以确认，此时的违约行为已经经由裁判转化为当事人的法定义务，故而纳入失信人名单的只能是拒不履行法院裁判的行为人而非违约行为人。② 不仅如此，由于并非所有的"守法"和"履约"行为信息都能够反映信用主体的信用状况，如新上路的司机由于紧张撞到行人，可能被追究交通肇事罪的刑事责任，这种行为虽然触犯了刑法，却未必与个人的信用状况存在直接关联。为此，该学说也需要通过增加"相关性"来确定信用信息范围，以避免不加区分地将所有违法行为和违约行为都纳入信用评价范围，最终影响信用评级的公正性和合理性。

（三）三维信用论中的个人信用信息

"三维信用论"认为，信用由"诚信度"、"合规度"和"践约度"三个维度构成。其中"诚信度"是信用主体获得社会公众信任的基础资本，"表现为信用主体的基本诚信素质，涉及信用主体的道德文化理念、精神素养、意愿、能力以及行为，体现的是信用主体的信用价值取向"③。主要作用于意识形态，属于一种道德文化，在于形成信用的社会环境和社会文化。"合规度"是"信用主体获得管理者信任的社会资本，表现为信用主体在社会活动中遵守社会行政管理规定、行业规则、民间惯例、内部管理规定的意愿、能力与行为结果"④。体现在社会管理制度上，即将"诚信度"中被社会公众所普遍接受的意识形态在社会一般行为中具体化，并上升为明确的规定。进而

---

① 《上海市公共信用信息归集和使用管理办法》（2018 年修正）第 12 条第 1 款规定："法人和其他组织的失信信息包括下列内容：（一）税款、社会保险费欠缴信息；（二）行政事业性收费、政府性基金欠缴信息……"
② 参见门中敬：《信誉及社会责任：社会信用的概念重构》，载《东方法学》2021 年第 2 期。
③ 吴晶妹：《三维信用论》，清华大学出版社 2016 年版，第 28 页。
④ 吴晶妹：《三维信用论》，清华大学出版社 2016 年版，第 31 页。

促进了信用法律法规的出台和信用管理制度的建立。"践约度"是信用主体"获得交易对手信任的经济资本，表现为信用主体在信用交易活动中遵守交易规则的能力"[1]，体现在经济交易契约关系上。"三维信用论"将信用范围扩展到守德、守法和履约，属于当前最为广义的信用解释论述，也属于最为系统的信用体系，但这一理论很难直接应用于立法实践中。因为其中涵盖过多的诚信道德文化方面的内容，故以该理论为基础确定和收集的个人信用信息包括道德信用信息、守法信用信息以及契约信用信息等，体量极其庞杂。再者，如果据此对一般性的背德行为实施失信联合惩戒，则存在"道德绑架"的问题，而有违"法律是道德的最低底线"原则，不具有可操作性。

（四）信誉与社会责任说中的个人信用信息

"信誉与社会责任说"建立在上述"信誉与商誉说"的基础上，增加了"社会责任"的内容，即增加了信用主体对其他社会主体的"社会责任"或社会其他主体对信用主体"社会责任的社会评价"[2]。在这一理论下，"自然人仅承担信誉的信用责任，而企事业单位和其他社会组织除应承担商誉的信用责任外，还应当根据法律上社会责任的规定承担相应的信用责任"[3]。该理论认为，不需要承担社会责任且不属于道德层面信誉行为的个人信息，原则上都不应列入社会信用信息的范畴，也无须将其纳入失信人名单。[4] 也即在"信誉"之外，将社会责任作为社会信用征集和使用的另一重要的认定标准。可以发现，"信誉与社会责任说"实际上是"信誉与商誉说"和"守法与履约说"的折中选择。该理论给违背法律和约定的失信行为，提供了需要承担社会责任的"抓手"，进而缩小了"守法与履约说"关于信用的范围，将失信惩戒范围从危害相对人利益的失信行为拓展到危害社会利益的失信行为。然而，这一理论最大的不足就是当前的法律法规还缺乏社会责任及责任主体的认定规则。在立法中目前仅有《中华人民共和国公司法》《中华人民共和

---

[1] 吴晶妹：《三维信用论》，清华大学出版社2016年版，第34页。
[2] 门中敬：《信誉及社会责任：社会信用的概念重构》，载《东方法学》2021年第2期。
[3] 门中敬：《信誉及社会责任：社会信用的概念重构》，载《东方法学》2021年第2期。
[4] 参见门中敬：《信誉及社会责任：社会信用的概念重构》，载《东方法学》2021年第2期。

国消费者权益保护法》(以下简称《消费者权益保护法》)①等法律明确规定了社会责任,而在理论中关于社会责任的讨论亦未形成较为统一的结论。将完整的社会信用认定体系寄希望于未来的立法,这显然因无法满足现实的需求而存在不足,也给以此为理论基础的个人信用信息范围带来不确定性。

(五)"诚信"和"信用"拆分说中的个人信用信息

"诚信"和"信用"拆分说将诚信拆分为"诚信"和"信用",两者分别对应的是社会问题和经济问题。在制度的设计上,应当为"诚信"创立独立的知识体系和术语系列,然后将"信用"回归到"交易信用"的本意,适用国际通用的术语定义。②该理论下的个人信用信息可分为"诚信"体系下的个人信用信息和"信用"体系下的个人信用信息。虽然这一学说下的社会信用体系建设,体现了"交易信用"的独特价值,不仅符合我国征信业的发展需求,有助于最终的社会信用体系与国际信用实现有效的接轨,又能够涵盖我国特色的包括社会治理和信用文化建设在内的社会信用体系建设内容。但目前该理论尚停留在宏观的信用建设层面,还没有进行具体的展开。应当说其中独立的"诚信"知识体系和术语系列,正是当前我国社会信用体系建设所探索构建的内容之一,只是拆分后"诚信"所对应的"诚信"体系下的个人信用信息应当如何控制,以及由此产生的个人"不诚信"信息,最终实施的约束行为应否归属道德约束,均需要进一步明确。不仅如此,该理论所采取的纯粹的"双轨道"建设,也不利于"诚信"体系下的个人信用信息和"信用"体系中的个人信用信息的互通共享,容易造成"信息孤岛"的出现。为此,该理论应当进一步具体"诚信"体系建设的内容,并且加强"诚信"体系和"信用"体系之间个人信用信息互通共享的制度构建。

三、社会信用体系下个人信用信息的范围与分类

个人信用信息范围的确定是社会信用体系建设的基础性、关键性工作,

---

① 参见2018年《中华人民共和国公司法》第5条第1款。该款规定:"公司从事经营活动,必须遵守法律、行政法规,遵守社会公德、商业道德,诚实守信,接受政府和社会公众的监督,承担社会责任。"《中华人民共和国消费者权益保护法》第6条规定:"保护消费者的合法权益是全社会的共同责任。国家鼓励、支持一切组织和个人对损害消费者合法权益的行为进行社会监督。"

② 参见林钧跃:《论信用信息的界定》,载《征信》2021年第4期。

但个人信用信息范围的确定也是极其困难的,要考虑到多种利益关系的平衡问题。个人信用信息的范围过小,会影响到信用信息处理者以及需要使用个人信用信息(报告)的自然人、法人和非法人组织等(以下简称"信用信息使用者")对信用主体信用意识和信用能力的准确判断;个人信用信息范围过大,就非常容易侵犯个人的信息隐私,造成更大的社会问题。[1]

(一)个人信用信息的定义与范畴

个人信用信息即社会信用体系下的个人社会信用信息,是指具有信用识别性的个人信息。主要具有以下三个特点:一是属于个人信息中的子集;二是存在于社会信用体系之下;三是具有信用识别性。

首先,个人信用信息被包含于个人信息之中,是"一个附属于个人信息的子概念"[2]。想要明确个人信用信息的范围,首先要解决的问题是如何清晰地认识个人信息的范围,并在个人信息的范围内进行"筛选"。所谓个人信息,是指以电子或者其他方式记录的具有身份识别性的自然人信息,主要由三个要素组成:(1)以电子或者其他方式记录。(2)具有身份识别性,其中以《民法典》、《中华人民共和国网络安全法》以及美国《加利福尼亚州消费者隐私法案》[3]为代表的法律,规定个人信息为"能够单独或者与其他信息结合"识别特定自然人的信息。也就是说,将个人信息分为直接识别个人信息和间接识别个人信息。以《个人信息保护法》《信息安全技术 个人信息安全规范》(GB/T 35273—2020)(以下简称《个人信息安全规范》)和欧盟 GDPR[4]为代表的法律和国家标准,规定"已识别或者可识别"特定自然人的信息,将个人信息分为已识别个人信息和可识别个人信息。除此之外,为了加强对个人信息的保护,与《民法典》和《个人信息安全规范》不同,《个人信息保护法》借鉴了欧盟 GDPR 的规定,采用的是"关联说",在对个人信息的定

---

[1] 参见孙志伟:《美国消费信用探幽》,中国经济出版社 2014 年版,第 67 页。
[2] 周悦丽:《个人信用信息的法律保护研究》,载《法学杂志》2007 年第 4 期。
[3] 美国《加利福尼亚州消费者隐私法案》第 1798.140 节(o)(1)规定:"个人信息"是指"直接或间接地识别、关联、描述、能够合理地与某一特定消费者或家庭相关联或可以合理地与之相关联的信息"。
[4] 欧盟 GDPR 第 4 条将"个人数据"(personal data)定义为,"任何已识别或可识别的自然人'数据主体'相关的信息"。

义上还增加了"有关"的表述,① 这实质上是以扩张解释的方法理解"识别"概念,进一步扩大了个人信息的范围。② (3)个人信息的排除情形,如《个人信息保护法》规定"不包括匿名化处理后的信息"。鉴于此,个人信用信息应当是以电子或者其他方式记录的、具有身份识别性的自然人信息。

其次,个人信用信息存在于社会信用体系之下。就社会信用体系这一概念而言,1999年10月中国社会科学院世界经济与政治研究所承担的课题"建立国家信用管理体系",首次提到了社会信用体系这一概念,并在课题报告《国家信用管理体系》中指出传统征信系统定义的社会信用体系内涵和外延过于狭小,需要基于更多的应用领域和解决更多的问题的角度去思考这一概念,以构建"大征信系统"的新模式。③ 2002年11月,党的十六大报告提出"整顿和规范市场经济秩序,健全现代市场经济的社会信用体系",2007年3月颁布的国务院办公厅《关于社会信用体系建设的若干意见》(国办发〔2007〕17号)是我国政府第一个关于社会信用体系建设的专门性文件,该意见强调建设社会信用体系是"完善我国社会主义市场经济体制的客观需要,是整顿和规范市场经济秩序的治本之策"。2013年国务院出台的《征信业管理条例》,目的在于规范征信活动,④ 推动以征信业为核心的社会信用体系建设。应当说这些社会信用体系的概念均建立在市场经济建设的需求之上,旨在推动市场经济的发展。直到2014年社会信用体系建设进入全面推进阶段,标志性文件即国务院颁布的《规划纲要》,并在开篇就指出"社会信用体系是社会主义市场经济体制和社会治理体制的重要组成部分"。《规划纲要》相较于之前的"社会信用体系"构建内容,增加了社会治理的需要,并继续全面推进政务诚信、商务诚信、社会诚信以及司法公信四大领域的诚信

---

① 《个人信息保护法》第4条第1款规定:"个人信息是以电子或者其他方式记录的与已识别或者可识别的自然人有关的各种信息,不包括匿名化处理后的信息。"欧盟GDPR第4条第1款规定:"个人数据是指任何已识别或可识别的自然人('数据主体')相关的信息……"
② 参见王利明、丁晓东:《论〈个人信息保护法〉的亮点、特色与适用》,载《法学家》2021年第6期。
③ 参见林钧跃:《社会信用体系理论的传承脉络与创新》,载《征信》2012年第1期。
④ 《征信业管理条例》第1条规定:"为了规范征信活动,保护当事人合法权益,引导、促进征信业健康发展,推进社会信用体系建设,制定本条例。"

建。近5年的《国务院政府工作报告》也分别将健全或完善社会信用体系作为打造或推进"共建共治共享社会治理"（2018年和2022年）、"深化'放管服'改革"（2020年）以及"加强和创新社会治理"（2019年和2021年）的重要内容之一，社会信用体系的建设已经成为社会治理的基本抓手。由此可见，当前我国的社会信用体系建设应当服务于市场经济和社会治理的双重目的，主要涵盖政务、商务、社会以及司法公信等领域的诚信建设。

最后，个人信用信息具有信用识别性。关于信用的认定，应当说在理论中主要存在上文所讨论的五种观点，尚未达成共识。在实践中，目前我国地方性信用立法法规和规章，虽然主要适用的是"守法与履约说"理论，并以《上海市社会信用条例》对社会信用信息的定义为蓝本展开，[①] 但该理论存在弊病上文已有讨论。而国家层面上，国家发展改革委举办的"社会信用立法"讨论也曾专门讨论过"如何定义'社会信用'及其内涵外延"的问题且尚未达成一致看法。[②] 2021年国家发展改革委、中国人民银行等部门联合编制的《全国公共信用信息基础目录（2021年版）》（以下简称《基础目录》），一共列举了11种"应当纳入公共信用信息"[③] 的信息类型。应当说《基础目录》主要是对现有法律法规的梳理、总结和编制。[④] 这些纳入事项虽然都十分有利于指导各个地方在现有法律法规政策的框架下进行立法实践和社会信用体系建设，实现全国"一盘棋"。但是由于这些已经出台并存在信用信息收集和公示等相关规定的法律法规政策，在颁行时可能并未基于社会信用体系建设的整体需求考虑，或者有些法律法规政策虽有明确规定需求，但囿于

[①] 《上海市社会信用条例》第2条第2款规定："本条例所称社会信用信息，是指可用以识别、分析、判断信息主体守法、履约状况的客观数据和资料。"

[②] 顾敏康：《社会信用立法必先明确社会信用概念》，载中宏网2021年1月28日，http://nmg.zhonghongwang.com/show-166-2187-1.html。

[③] 具体包括：（1）登记注册基本信息；（2）司法裁判及执行信息；（3）行政许可、行政处罚、行政强制、行政确认、行政征收、行政给付、行政裁决、行政补偿、行政奖励和行政监督检查信息；（4）职称和职业资格信息；（5）经营（活动）异常名录（状态）信息；（6）严重失信主体名单信息；（7）有关合同履行信息；（8）信用承诺及其履行情况信息；（9）信用评价结果信息；（10）诚实守信相关荣誉信息；（11）市场主体自愿提供的信用信息。

[④] 参见《全国公共信用信息基础目录（2021年版）》中的"公共信用信息纳入范围的法规政策依据"。

立法进程而暂时未加以规定。这些都导致所梳理和编制的《基础目录》缺乏体系性，所列举的目录信息之间也缺乏逻辑性，而且一些列举的信息很难说直接反映了信用主体的信用状态，如其中的"登记注册基本信息"和"职称和职业资格信息"。不仅如此，所列举的"市场主体自愿提供的信用信息"表明纳入公共信用信息的信息，不限于明文列举的这些信息，还包括信用主体自愿提供的非目录明确列举的信用信息，这也说明《基础目录》并没有明确讨论信用识别性的认定标准。

《基础目录》将"信用信息"定义为"可用于识别、分析、判断信用主体信用状况的信息"，这一定义属于最为广义的个人信用信息解释，能够涵盖所有与信用相关的个人信息范畴。但直接使用这一范畴宽泛且界限模糊的定义，存在很大的个人信用信息被滥采滥用的风险，故而需要基于领域和社会效果的不同对信用的范围进行限缩，即从巨大的个人信用信息体系中划分一部分出来进行使用。如有学者提出"界定信用信息主要受到两个条件的约束限制，分别为法律约束和政策约束"[1]，其中法律约束作为"底线"，主要在于调整禁止收集的信息范围，而政策约束调整的是信用信息的开放程度。笔者认为，客观上存在的与信用相关的个人信息实际上是不存在具体界限的，因为不同的个人信息在不同的场景中所具有的信用识别性是不同的，在有的场合是个人信用信息，在有的场合可能不是个人信用信息，而且随着大数据的发展，大量的信用间接识别型个人信息经过信息的聚合性处理后，也可能演变为信用直接识别型个人信息（下文将具体展开）。对此，我们需要重点讨论以下问题：我们建设社会信用体系需要什么样的个人信用信息，这种个人信用信息应当控制在什么范围。

（二）个人信用信息范围的功能论限制

美国构建信用体系的目的是促进消费，欧洲国家构建信用体系的目的是方便中央银行对金融机构的监管，[2] 我国构建社会信用体系也有其目的，该目的是满足市场经济和社会治理的双重需求。因此，信用信息范围的

---

[1] 林钧跃：《论信用信息的界定》，载《征信》2021年第4期。
[2] 参见孙志伟：《国际信用体系比较》，中国金融出版社2014年版，第156页。

设计过程应当围绕该目的展开，与我国社会信用体系建设的功能价值相衔接。

首先，应当兼顾信用工具价值和信用目的价值。从信用资本论的角度来看，"信用是获得信任的资本"[1]，是复杂商品交换活动简化机制的核心要素。[2] 并"最终通过社会关系的声誉、经济交往的守信额度、行为记录与评级等表现出来的"[3]。在这种信用经济时代，所有的信用主体"都从自己的利益出发，希望并且用各种手段为自己创造更多的信用资本，以换取更多与社会交往的资格、信用交易的机会"[4]。故而普遍"把信用当作实现利益的一种手段，并把利益看得高于信用"[5]。此时的个人信用信息已经成为信用主体获取相应机会的一种工具。与此同时，信用是一种目的。一方面，为了提高整个社会交易的效率，减少交易的成本；了解管理对象的信用状况，方便社会治理。另一方面，为了建立良好的信任社会和诚信环境，提高普通公众的生活水平的质量，就要"把信用本身当作目的，当作不可违背的规则，当作人格完善的一个基本要求，并且把它置于利益得失之上"[6]。前者属于信用建设的当下目的，后者属于信用建设的最终目的。应当说这些都属于确定个人信用信息范围所需要考虑的因素，对于超出合理工具价值和目的价值的信用信息无须收集和利用。

其次，应当兼顾利己主义和利他主义。在利己主义的驱动下，信用主体对待自身信用信息利用的态度会使信用主体会提供于己有利且完全不涉及个人隐私的信用信息。也就是说，为获得更多信誉，在资格审查和交易选择中获得更多的机会，信用主体期待自身的良好信用信息能够得到普遍和高效的利用，自身不良信用信息能够被隐藏起来，避免被他人知晓。与自身个人信用信息不同，信用主体对于他人的个人信用信息则是期待能够更多地得以掌

---

[1] 吴晶妹：《三维信用论》，清华大学出版社2016年版，第1页。
[2] 参见王建红：《信用的起源：基于复杂性及其简化理论的研究》，经济科学出版社2016年版，第105页。
[3] 吴晶妹：《三维信用论》，清华大学出版社2016年版，第1页。
[4] 吴晶妹：《三维信用论》，清华大学出版社2016年版，第25页。
[5] 杨文礼：《信用哲学引论》，中共中央党校2013年博士学位论文，第103页。
[6] 杨文礼：《信用哲学引论》，中共中央党校2013年博士学位论文，第101页。

握，以降低交易风险。同时，为避免生活安宁遭受他人的侵扰，信用主体期待信息隐私能够得到保护。然而，当前我国所处的时代是开放的信息经济时代，信息的加工利用已经成为很多产业发展的基础，信息产业也将引领全球经济的发展。完全考虑利己主义的个人信用信息范围，无法满足客观、准确识别个人信用状况的需要，进而导致个人信用信息的封闭和无序利用。为此，个人信用信息的范围还必须考虑到利他主义。也就是说，基于实现他人目的或者共同的目的，来控制对个人信用信息范围的确定。

最后，应当兼顾市场经济和社会治理。建立健全社会信用体系的目的是提高全社会的诚信意识和信用水平，具体包括：（1）规范市场经济秩序，完善社会主义市场经济体制；（2）促进资源优化配置、扩大内需、促进产业结构优化升级；（3）增强社会诚信，加强和创新社会治理；（4）深化国际合作与交往，适应全球化新形势。[①] 可见，随着我国社会信用体系功能的扩大，原本应用于市场经济领域的金融信用已经不够用。所规划建设的社会信用体系，需要吸收社会治理、信用环境建设、国际信用合作等内容。这对个人信用信息的收集和利用也提出了新的要求，其范围不能局限于传统论者所提出的金融信用信息，还应当包括与社会治理相关的内容，以此来支撑"放管服"改革和营商环境的优化，推动社会治理体系和治理能力现代化。

（三）个人信用信息范围受信息处理原则的限制

2021年8月，我国通过了《个人信息保护法》。该法是我国在个人信息保护领域的基本法，将统领未来的个人信息保护法律制度的建设。个人信用信息作为个人信息的一个特定领域，在信息的处理过程中应当受到信息处理原则的限制。由于个人信用信息也具有其特殊性，对于《个人信息保护法》中的具体处理规则尚需要有所取舍的使用，或者设置特殊性规则，将在下文具体制度中讨论。

首先，个人信用信息使用范围受目的限制原则的约束。《个人信息保护法》第6条第1款规定："处理个人信息应当具有明确、合理的目的，并应

[①] 《社会信用体系建设规划纲要（2014—2020年）》第1部分"社会信用体系建设总体思路"第2项"形势和要求"。

当与处理目的直接相关，采取对个人权益影响最小的方式。"具体到个人信用信息的使用上，应当受以下三点约束：（1）目的明确且合理。个人信用信息的处理应当满足具体明确的需求，尽量避免将抽象的"公共利益"需要或"经济成本"需要等作为个人信用信息处理的目的，而应当具体列明个人信用信息未来的使用去向，实现个人信用信息处理的透明化。（2）与处理目的直接相关。个人信用信息的处理应当与处理目的存在关联性，禁止滥采滥用或基于非法目的处理个人信用信息。（3）遵循"最小损害"原则。在个人信用信息的处理过程中，能不损害信用主体权益的则不损害信用权益，不可避免地损害信用主体权益的应将损害控制到最小。特别是在涉及个人隐私的个人信用信息方面应当持谨慎态度，强化信用信息处理者的保密义务和责任，避免信息隐私的不当处理给信用主体带来严重的负面影响。

其次，个人信用信息收集范围受收集最小化原则的约束。《个人信息保护法》第6条第2款规定："收集个人信息，应当限于实现处理目的的最小范围，不得过度收集个人信息。"这要求信用信息处理者只能够处理满足信用主体授权同意或者其他正当目的所需的最少个人信用信息数量。用最少的个人信用信息满足最大的个人信用信息处理目的，在满足处理目的的"滑尺"上将个人信用信息的收集范围控制在最小尺度。以此来避免个人信用信息被无限制收集或者被"掠夺性"收集的风险，防止个人信用信息隐私被不当使用和泄露的情况发生。

最后，个人信用信息收集范围受信用自然人行为能力的约束。《个人信息保护法》第31条第1款规定："个人信息处理者处理不满十四周岁未成年人个人信息的，应当取得未成年人的父母或者其他监护人的同意。"该法将不满14周岁未成年人的个人信息视为"敏感信息"，并规定了严格的处理规则，这是对未成年人的一般个人信息实施的特殊保护。

然而，当前的地方信用法规和规章，大多将信用自然人限定为"具有完全民事行为能力"的自然人；[1] 也有地方限制为"18周岁以上"的自然人；[2]

---

[1] 《山东省社会信用条例》第2条第2款；《上海市社会信用条例》第2条第1款；《南京市社会信用条例》第2条第1款。

[2] 如《北京市公共信用信息管理办法》第2条第2款。

目前还有不少地方仅规定为"自然人"或者"个人",而未作任何限制。① 应当说该现象反映了地方信用立法对作为信用主体的自然人的年龄或者行为能力未能达成统一的认识,这显然是当前信用立法亟须解决的基础性问题。本书认为,对于信用自然人无须设置任何年龄限制。根本原因在于自然人的信用状况是客观存在的,与之对应的个人信用信息也是客观存在的,并不会因为行为人年龄的大小而不存在信用信息。只是在未成年人个人信用信息处理规则以及后续失信惩戒规则上,需要考虑到对未成年人的特殊保护要求,根据年龄的不同进行区别对待。不仅如此,不设年龄限制的理由还包括以下几点:其一,构建社会信用体系的目的与价值在于提高全社会的诚信意识和信用水平。一方面,对自然人的良好信用信息不但不应当设置限制,反而应当将未成年人的良好信用信息作为典型加以宣传,以实现对诚信未成年人的自我认同与社会认可。另一方面,诚信品质的培养应当从小抓起,对于尚不具备诚信行为识别能力的未成年人,应当尽早遏制其为获取小利而违法失信的机会主义倾向,帮助其树立正确的诚信观。收集未成年人的不良信用信息,也正是为了实现对未成年人失信行为的威慑效果,让其从小就懂得守信的重要性。当然,对于未成年人的失信行为,应当秉持审慎态度,坚持"教育为主、惩罚为辅"的原则,② 毕竟未成年人的诚信可塑性相较成年人更强,对其予以适当引导、教育与矫正,更利于其回归社会。其二,有助于16周岁以上被视为"完全民事行为能力人"③ 的行为人基于其信用状况开展经济社会活动;也有助于激励限制民事行为能力人在其对应的能力范围内诚信地开展民事活动。其三,与刑法的谦抑性相衔接。刑罚作为惩治犯罪的手段,是法律惩戒的最后一道防线,不能过于广泛地介入社会生活。然而,当前《中华人民共和国刑法》将一般性犯罪的刑事责任年龄规定为16周岁,特殊罪名的

---

① 如《广东省社会信用条例》和《湖南省信用信息管理办法》。
② 《中华人民共和国未成年人保护法》第113条第1款规定:"对违法犯罪的未成年人,实行教育、感化、挽救的方针,坚持教育为主、惩罚为辅的原则。"
③ 《民法典》第18条第2款规定:"十六周岁以上的未成年人,以自己的劳动收入为主要生活来源的,视为完全民事行为能力人。"

责任年龄也降至已满12周岁，① 这实际上承认了部分未成年人的辨认及自控能力。相较而言，集中的诚信教育和严重失信信息的封存式记录对信用主体所产生的不利影响显然要轻于刑事处罚，故而更有实施的必要性和合理性。其四，对未成年人的严重失信信息应当采取封存的方式予以保存，其目的不仅在于发挥威慑作用，也在于防止不当的公开给未成年人带来悲观的自我放弃心态。

鉴于此，一方面，在收集不满14周岁未成年人个人信用信息（隐私）时应当取得未成年人的父母或者其他监护人的同意。当然，信用信息处理者还需要对此制定专门的个人信用信息处理规则。② 另一方面，在收集已满14周岁未成年人的不良信用信息后，对于存在轻微失信行为的未成年人应当将该不良信用信息纳入个人诚信教育性信息（下文会展开讨论）；对于存在严重失信行为的未成年人的信息，可以借鉴《中华人民共和国刑事诉讼法》所规定的对未成年人犯罪记录的封存规则予以封存，③ 对违法失信行为"实现特殊预防目的的同时，形成持续的震慑"④。但是这并不是说对存在此类信息记录的未成年人不采取任何规制措施，他们应当同其他具有轻微失信行为的未成年人一样，被责令接受诚信教育或培训等，以达到帮助其悔改的效果。

（四）个人信用信息的类型化设计

个人信用信息虽然属于个人信息的一种，但从个人信息中分离出来后存在其独有的特点：其一，个人信用信息侧重于利用。收集个人信用信息的目的，就是识别信用主体的信用状况，在市场经济和社会治理过程中精准地为

---

① 《刑法》第17条规定："已满十六周岁的人犯罪，应当负刑事责任。已满十四周岁不满十六周岁的人，犯故意杀人、故意伤害致人重伤或者死亡、强奸、抢劫、贩卖毒品、放火、爆炸、投放危险物质罪的，应当负刑事责任。已满十二周岁不满十四周岁的人，犯故意杀人、故意伤害罪，致人死亡或者以特别残忍手段致人重伤造成严重残疾，情节恶劣，经最高人民检察院核准追诉的，应当负刑事责任。"

② 参见《个人信息保护法》第31条。

③ "封存"制度在未成年人刑事案件诉讼程序中得到了较好的运用，充分实现了预防犯罪、促进未成年人回归社会的功能。其依据为《刑事诉讼法》第286条的规定："犯罪的时候不满十八周岁，被判处五年有期徒刑以下刑罚的，应当对相关犯罪记录予以封存。犯罪记录被封存的，不得向任何单位和个人提供，但司法机关为办案需要或者有关单位根据国家规定进行查询的除外。依法进行查询的单位，应当对被封存的犯罪记录的情况予以保密。"

④ 张涛：《侵害未成年人犯罪记录制度构建》，载《中国检察官》2019年第11期。

相关主体提供行为资格、交易机会等。这是个人信用信息与个人信息功能上的不同之处。其二，个人信用信息具有信用识别性，不具有信用识别性的个人信息不属于个人信用信息。其三，个人信用信息具有其特有的范围。如美国的消费者个人信用记录就包括个人识别信息、贷款账户信息、职业记录、公共记录以及信用查询记录五类。当然，美国的个人信用信息属于消费信用信息，主要作为消费信用工具予以利用，与我国社会信用体系的个人信用信息范围存在一定的差异。下文将结合我国实践以及个人信用信息的不同进行类型化。

首先，依据个人信用信息在信用评级中作用的不同，可将个人信用信息划分为身份标识性个人信用信息和信用评价性个人信用信息。前者为信用主体自始至终存在的信息，为保证与信用主体的匹配性，这些信息通常情况下不会发生变化；后者则随着信用主体实施的信用行为的不同而发生变化，处于不断更新中。在地方立法实践中，"个人基本信息"通常可以归属于身份标识性信息，其作用在于为已经"打包"的信用信息贴上对应的身份标签，便于信用主体同其个人信用信息配对。因此，"个人基本信息"本身不具有信用识别性，在个人信用信息的收集和利用过程中，只要能够准确、便捷地识别特定主体即可。与之不同，个人信用评级性信息才是真正意义上的个人信用信息。根据其所反应的信用主体信用状况的不同，可以划分为良好信用信息和不良信用信息。虽然在现行的地方信用立法中，还存在基本信息、良好信息、不良信息和其他信息的四分法，但是这种分类缺乏合理性。因为在逻辑关系层面，良好信息和不良信息属于反对关系，这两类信用信息的利用即可满足守信激励和失信惩戒的目的。而对于其中的基本信息和其他信息，虽然一定程度上可以反映信用主体的履约能力，如年龄、健康状况以及个人资产信息，但年龄大、健康状况不良以及没有资产的信用主体，并不必然会实施失信行为，甚至比更有履约能力的人珍惜信用。实践中既存在七旬老人为患病去世的儿子5年还款21万元的案例，[①] 也存在四肢健全的高校在读博

[①] 参见《至诚至信！七旬老人坚守承诺，为儿子5年还债21万》，载湖南文明网2022年10月19日，http://hun.wenming.cn/yw/202010/t20201019_5819076.html。

士生沦为"霸座男"的现象。故而不应当基于某种预设将此类信息与信用主体的信用状况相捆绑，进而对年龄大、健康状况差的信用主体持歧视和偏见态度。为此，本书认为这里的基本信息和其他信息均属于"中性信息"[①]，与信用主体的信用状况并无直接相关性。如果过度地收集和利用此类中性信息，不仅违背了"收集最小化"原则，而且容易产生信用不当联结的问题，违背个人信息处理的"目的限制原则"。

其次，依据个人信用信息所代表的失信程度以及所受到惩戒程度的不同，可将个人信用信息划分为个人诚信教育性信息和个人信用共享性信息。其中个人诚信教育性信息是指失信程度相对轻微，可以通过对信用主体进行小范围诚信教育予以悔改的个人信用信息，如"霸座"行为、乱扔废弃物、车窗抛物行为。[②] 另外，对于未成年人的不良信用信息也应当纳入个人诚信教育性信息之中，以实现对其的诚信教育与引导。个人诚信教育性信息可以通过基层服务组织建立"个人诚信档案"来进行规制，这种规制本质上是通过对失信主体进行道德层面的约束展开，其中的约束措施也限于专门性的诚信培训或诚信教育等，而不涉及大范围的失信信息公布和共享。个人信用共享性信息则是指失信程度较重，需要通过不同地区、不同领域互通共享来对信用主体加以联合惩戒的个人信用信息，这些信息应当基于法定的信用评级程序展开，并通过建立全国统一的"个人信用档案"来进行集中管制，本质上属于法律层面的规制。最后将会被跨领域、跨地区共享，以实现联合惩戒的目的。当然，对于失信程度的划分，应当以失信行为是否造成他人实质性损害为标准。如朋友之间生活中的"爽约"行为，虽然属于一种失信行为，但一般情况下并不会造成严重的实质性损害，故此种失信行为很难说存在失信惩戒的必要。

最后，依据个人信用信息提供单位的不同，可将个人信用信息划分为公

[①] 需要注意的是，本书并不否认当事人在交易过程中，充分地考虑交易对象的年龄和健康状况，并基于审慎原则选择交易对象，这些都是当事人规避交易风险的合法方式。只是这些信息本身与信用没有关联性，我们不应当因为信用主体年龄大、患有疾病、个人资产少就认为其信用状况差。

[②] 参见顾敏康、白银：《"黑名单"列入标准的立法审视与完善》，载《湘潭大学学报（哲学社会科学版）》2021年第1期。

共信用登记系统的个人信用信息和私营征信机构的个人信用信息。目前，我国理论界和立法实践界采用的主流观点是，根据信用信息的来源不同，将社会信用信息划分为公共信用信息和市场信用信息。其中，公共信用信息是指行政机关、司法机关、法律法规授权的具有管理公共事务职能的组织以及公共企业事业单位、群团组织，在其履行职责、提供服务过程中产生或者获取的信用信息。[①] 市场信用信息则是指"信用服务机构、行业协会、商会及其他企业事业单位等市场信用信息提供单位，在生产经营、提供服务或者行业自律管理活动中产生、获取"的信用信息。[②] 两者的主要区别在于信用信息的提供单位不同。然而，这两个概念在词面上极其容易引起误解。一是"公共"对应的是"非公共"或"私有"，而非"市场"。如此划分不仅不符合逻辑，而且容易导致产生歧义。二是公共信用信息的重点在于"公共"，关注的信用信息的公共性。这一表述与信息经济学上的"私有信息"所对应的"公共信息"在词眼上存在相似。然而，信息经济学中的公共信息是指任何市场主体参加经济活动都能够了解到的信息，在客观上属于市场主体应当掌握的基础信息。应当说这一定义与当前理论界和立法实践对公共信用信息的解释完全不同。因此，将信用信息类型化为公共信用信息和市场信用信息，容易导致不同领域之间概念理解的不畅。不仅如此，综观国外金融市场，主要有三种不同类型的征信系统：第一种为包括公共信用登记系统和私营征信机构的复合系统；第二种为只有私营征信机构的私营系统；第三种为只有公共信用登记系统的公共系统。[③] 我国当前构建的是第一种复合类型的信用系统。在个人信用信息的分类上，应当借鉴此种做法，依据提供单位的不同，将个人信用信息划分为公共信用登记系统的个人信用信息和私营征信机构的个人信用信息。如此，不仅可以清晰地反映两者的划分标准，而且满足了划分为公共信用信息和市场信用信息的类型化需求，还可以满足国际化的需要，在不影响信息安全和国家需要的情况下，与域外现行的征信系统进行对接。

---

① 参见罗培新：《社会信用法：原理·规则·案例》，北京大学出版社2018年版，第63页。
② 参见《天津市社会信用条例》第9条。
③ 参见[德]杰因茨：《金融隐私：征信制度国际比较》（第2版），万存知译，中国金融出版社2009年版，第55~56页。

正如耶林所言，"法律用来保护这些价值的手段和方法不可能是一致的和一成不变的。这些手段和方法必须同当时的需要和一个民族所达到的文明程度相适应"[①]。个人信用信息先于现代信用法律而存在，而且早已被不同时代和不同国家应用于实践中。我国当前构建的社会信用体系，赋予了其时代意义和中国特色，是古今中外之创举。同时，这意味着个人信用信息的范围应当受到社会环境、国家政策以及已有法律的限制，是从客观存在（或者说各执己见）的个人信用信息中抽离出来的个人信用信息。在个人信用信息内涵与外延上采用的是"减法"，即排除国家政策和现有法律等不支持的个人信用信息，其他的个人信用信息应当纳入社会信用体系之中。

第二节　信息隐私的内涵与外延

信息隐私作为个人信息的一部分，被赋予了传递性、流动性、共享性等个人信息的特征。对此，有论者认为信息隐私权是控制我们个人信息流动的权利，[②] 也有学者提出"为了回应现代信息技术的发展和信息资源的稀缺性，信息隐私权的权属向积极性权利倾斜，信息隐私权的权能也就具有了更多的积极性权能"[③]。这些在一定程度上创新了传统隐私的内涵，也反映了信息隐私在理论探讨上尚存争议。

一、域外信息隐私的内涵与外延

世界各国关于信息隐私的法律规范主要扎根于两种哲学范式，分别是"洛克传统"和"康德传统"。其中前者强调的是信息隐私保护的消极面向，主张自然人的信息隐私不应受到他人的侵扰或监视；后者强调的是信息隐私

[①] ［美］E. 博登海默：《法理学：法律哲学与法律方法》，邓正来译，中国政法大学出版社1998年版，第115页。

[②] See Karl Manheim & Lyric Kaplan, *Artificial Intelligence: Risks to Privacy and Democracy*, 21 Yale Journal of Law and Technology 106 (2019).

[③] 白云：《个人信用信息法律保护研究》，法律出版社2013年版，第87页。

保护的积极面向，注重信息隐私权人格自主的维度。① 目前，欧洲国家的法律扎根于"康德传统"，普遍将信息隐私定性为"人格权"或者"信息自决权"，通过隐私侵权法加以保护，所侧重的是人格与身份的自由发展。与之不同，美国法律则深受"洛克传统"的影响，认为隐私是一种"隔离""独处""私密"不被侵犯的权利，进而作为私域与公域的分离和对抗，主要通过建立以"知情同意"规则为核心的个人信息保护法来进行保护。② 为此，耶鲁大学惠特曼教授认为两者的隐私制度拥有两种不同的价值核心，其中欧洲主要是被大众媒体威胁的个人尊严利益，美国则主要是被政府威胁的自由利益。③ 张新宝教授在该观点的基础上也指出："总体上来说，美国从自由的角度理解隐私，而欧洲大陆将隐私保护植根于人格尊严之上"④。下文将对这两种信息隐私的法律范式展开讨论。

(一) 欧洲以人格尊严为核心的信息隐私

欧洲国家对隐私权的保护是以人格权重要分支的形式存在的，故所制定的法律对隐私权的保护离不开人格权保护。⑤ "在欧洲，隐私被认为是人权。这个信念源自第二次世界大战"⑥。因为自1933年德国纳粹党开始独裁执政起（1933—1945年），纳粹党采取种族灭绝的方式，对犹太人进行大屠杀，杀害了600多万犹太人，其中就包括"利用记录在政府档案中的个人信息，如人口普查数据和一些包括电话和银行往来记录的商业文件，来追捕犹太人和抵抗运动成员、共运分子或其他人"⑦。战后，欧洲多国在汲取"二战"时

---

① 参见余成峰：《信息隐私权的宪法时刻：规范基础与体系重构》，载《中外法学》2021年第1期。

② 参见余成峰：《信息隐私权的宪法时刻：规范基础与体系重构》，载《中外法学》2021年第1期。

③ See James Q. Whitman, *The Two Western Cultures of Privacy: Dignity Versus Liberty*, 113 Yale Law Journal 1151 (2004).

④ 张新宝：《从隐私到个人信息：利益再衡量的理论与制度安排》，载《中国法学》2015年第3期。

⑤ 参见个人信息保护课题组：《个人信息保护国际比较研究》，中国金融出版社2021年版，第351页。

⑥ [德] 杰因茨：《金融隐私：征信制度国际比较》，万存知译，中国金融出版社2009年版，第4页。

⑦ [德] 杰因茨：《金融隐私：征信制度国际比较》，万存知译，中国金融出版社2009年版，第126页。

期纳粹党通过控制与利用个人信息迫害犹太人的惨痛教训后，都对隐私采取了严格的保护主义，1950年在欧洲理事会主持下签署的《欧洲人权公约》（European Convention on Human Rights）将隐私作为一项基本人权，并通过庞大的官僚机构来保护信息隐私。故而有学者提出"隐私是一项欧洲独裁统治带来的灾祸性经历的基本人权"[①]。

就欧盟的隐私保护而言。为避免欧洲各国个人信息保护规则的不同，阻碍欧洲一体化的进程，欧盟（及其前身）立足于欧洲各国这一整体制定了规则。《欧洲人权公约》第8条规定了"尊重私人和家庭生活的权利"。在个人信息保护上的立法，欧洲最早的是1981年欧洲理事会制定的《关于个人数据自动化处理公约》，鉴于该公约的规定过于原则化且部分国家并未加入该公约，最终并未被统一适用。[②] 此后，欧盟成员国采纳了欧盟的宪法基础《里斯本条约》（2009年生效），将保护隐私作为公民的基本权利。1995年欧盟前身欧洲共同体颁布了《数据保护指令》（Date Protection Directive），第1条就规定："成员国应当保护自然人的基本权利和自由，特别是他们与个人数据处理相关的隐私权"[③]。欧盟各成员国采用的是统一的个人信息保护法模式，全面地规定了信息主体对其个人信息享有的权利。[④] 2016年4月欧盟通过的GDPR取代了《数据保护指令》，延续了基本人权理念，强化了数据主体对个人数据的控制。这些共同导致"欧盟地区形成了以个人信息权利与统一规制为主导的保护模式"[⑤]。

就主要的欧洲国家隐私保护而言。在德国，"隐私是一般人格权萌生和

---

① ［德］杰因茨：《金融隐私：征信制度国际比较》，万存知译，中国金融出版社2009年版，第127页。
② 参见个人信息保护课题组：《个人信息保护国际比较研究》，中国金融出版社2021年版，第351页。
③ Directive 95/46/EC of the European Parliament and of the Council on the Protection of Individuals With Regard to the Processing of Personal Data and on the Free Movement of such Data.
④ 参见张才琴、齐爱民、李仪：《大数据时代个人信息开发利用法律制度研究》，法律出版社2015年版，第34~35页。
⑤ 丁晓东：《大数据与人工智能时代的个人信息立法——论新科技对信息隐私的挑战》，载《北京航空航天大学学报（社会科学版）》2020年第3期。

发展的源头，同时经由一般人格权的认可而获得保护"①。"二战"以前，德国关于人格权理论的研究已具规模，但这些研究成果未被纳入法典之中。"二战"以后，鉴于对纳粹德国践踏人性历史教训的反思、世界范围内人权意识的崛起和自然法思想的复兴，② 人格尊严为理论界和实务界所重视。联邦德国高等法院在1957年"读者来信案"③ 中引入和承认了一般人格权，并在此基础上，推进了"领域理论"（下文展开讨论）的发展。但是，随着社会经济的发展和信息科技的进步，1983年德国联邦宪法法院应一百多名公民的申诉，就人口普查法案的违宪性进行了审查，也就是著名的"人口普查案"④。该案判决认为：个人资料是自然人人格的勾画，是人格尊严的一部分，"个人得本诸自主决定的价值与尊严，自行决定何时及于何种范围内公开其个人的生活事实"⑤，进而构建了"信息自决权"（下文展开讨论），成为此后德国隐私保护的理论基础。⑥ 简言之，近代以来德国关于信息隐私的保护，经历了从"领域理论"到"信息自决理论"的转变。在法国，1804年《法国民法典》"当时的立法者并不是从人格权（无论是自然权利还是法定权利）角度看待人，囿于当时的历史阶段，《法国民法典》的立法者是以维护财产为目的的人的保护为己任的"⑦。实践中的人格权保护还没有涉及自然人的隐私和个人生活等范畴，但随着对新闻自由的限制，法国宪法规定了"侮辱或诽谤他人私人生活的"保护措施。在19世纪50年代，法国一些著名的案例确定了"个人形象权"的保护。1970年《法国民法典》修改之时，

---

① BGHZ 13，334.
② 参见个人信息保护课题组：《个人信息保护国际比较研究》，中国金融出版社2021年版，第351页。
③ BGHZ 13，334.
④ BVerfGE 65，1.
⑤ 王泽鉴：《人格权的具体化及其保护范围·隐私权篇》（上），载《比较法研究》2008年第6期。
⑥ 参见张新宝：《从隐私到个人信息：利益再衡量的理论与制度安排》，载《中国法学》2015年第3期。
⑦ 曹险峰：《论1804年〈法国民法典〉中的人格与人格权——兼论我国民法典的应然做法》，载《社会科学战线》2007年第5期。

在第 9 条规定了"私生活受尊重权"①。直到 1978 年法国通过了《信息、档案与自由法》，该法规定对个人信息的处理，不得损及个人的人格、身份及私生活方面的权利。② 在英国，虽然法律对公民的隐私予以保护，但"迄至今日，仍不承认有所谓的一般隐私权"③，而是"将侵害隐私的案件纳入其他侵权行为的范畴，这导致英国的隐私保护不够发达而较为零碎"④。

总体而言，在欧洲，隐私被誉为一项可以超越其他利益的基本权利，⑤该概念的关键是"尊严"和"荣誉"的政治和社会价值。而隐私保护是保护尊重权利（a right to respect）和人格尊严（personal dignity）的一种形式。⑥欧洲隐私保护的方式也大体呈现为：从重点保护"核心领域"隐私，逐渐演变为信息主体基于信息自决权而有权利选择信息隐私的公开与保护，信息隐私的保护范围和方式都发生了变化。

（二）美国以自由权利为核心的信息隐私

在美国法律文化和现行制定法（statutory law）中，信息隐私是指控制个人数据（data）的权利。⑦ 对于个人信息的保护则是通过隐私权保护的形式体现的，采用的是"大隐私"保护模式。但美国立法对于个人信息的定义主要分为三种模式，分别是"同意反复"模式、"非公开"模式、"具体列举"模式。⑧ 第一种模式是一种"循环定义"的模式，该模式下的个人信息指代所有"能够识别个人的"信息，美国《录像隐私保护法》采用了这一模式；

---

① 张新宝：《从隐私到个人信息：利益再衡量的理论与制度安排》，载《中国法学》2015 年第 3 期。

② 参见李媛：《大数据时代个人信息保护研究》，西南政法大学 2016 年博士学位论文，第 58 页。

③ 王泽鉴：《人格权的具体化及其保护范围·隐私权篇》（上），载《比较法研究》2008 年第 6 期。

④ 张新宝：《从隐私到个人信息：利益再衡量的理论与制度安排》，载《中国法学》2015 年第 3 期。

⑤ See Paul M. Schwartz & Daniel J. Solove, *Reconciling Personal Information in the United States and European Union*, 102 California Law Review 877 (2014).

⑥ See James Q. Whitman, *The Two Western Cultures of Privacy: Dignity Versus Liberty*, 113 Yale Law Journal 1151 (2004).

⑦ See Lauren Henry, *Information Privacy and Data Security*, 2015 Cardozo Law Review De‐Novo 107 (2015).

⑧ 参见个人信息保护课题组：《个人信息保护国际比较研究》，中国金融出版社 2021 年版，第 284 页。

第二种模式是通过界定什么不是可识别信息来划分个人信息的边界，如美国《金融隐私法案》；第三种模式即具体列举应当保护的个人信息类型，在列举范围之内的即为个人信息。①

在立法上，美国对隐私的正式法律保护主要产生于20世纪。② 论者们一般将1977年沃伦（Whalen）诉罗伊（Roe）一案看作"宪法信息隐私权的源头"③。然而，在美国宪法中，"隐私"这一词眼并未被明确提及。目前支持"隐私权"存在的宪法依据是几部宪法修正案。④ 其中宪法第一修正案对言论自由的保护有助于定义美国对隐私监管的取向。⑤ 1791年《宪法第四修正案》则进行了最为系统的规定，⑥ 该修正案"保护个人的信息隐私权，禁止无理由地'搜索和扣押'公民"⑦，为个人信息隐私的宪法权利提供了原则和理念。然而，《宪法第四修正案》仅适用于政府机构对信息隐私的收集和利用，而不适用于私主体对信息隐私的收集和利用。⑧ 不仅如此，与欧洲不同，美国宪法"从未将隐私作为一项基本权利，甚至是一个重要的概念提到"⑨，实

---

① 参见个人信息保护课题组：《个人信息保护国际比较研究》，中国金融出版社2021年版，第284页。

② 参见［美］阿丽塔·L. 艾伦、理查德·C. 托克音顿：《美国隐私法：学说判例与立法》，冯建妹等译，中国民主法制出版社2019年版，第3页。

③ 孙平：《"信息人"时代：网络安全下的个人信息权宪法保护》，北京大学出版社2018年版，第80页。在1977年沃伦（Whalen）诉罗伊（Roe）案中，法官们注意到征税、社会福利的分配、社会安全的维护、公共卫生的监督等的执行需要有序保存大量的信息，并且其中大多数信息是个人信息，而一旦这些信息被披露，则可能导致个人的难堪和伤害。进而认识到为公共利益而收集和使用这种信息的权力需要履行一个附属义务——避免非法披露个人信息。See *Whalen v. Roe*, 429 U. S. 589 (1977), p. 605 – 606.

④ 如宪法第一修正案中的言论自由、新闻自由和集会自由的权利；第三修正案中的阻止军队在私人住宅中营宿的权利；第四修正案中不受不合理的搜查和占有的权利；第五修正案中拒绝自我控诉的权利。

⑤ See Paul M. Schwartz, *The EU – U. S. Privacy Collision: A Turn to Institutions and Procedures*, 126 Harvard Law Review 1 (2013).

⑥ 参见［美］特伦斯·克雷格、玛丽·E. 卢德洛芙：《大数据与隐私：利益博弈者、监管者和利益相关者》，赵亮、武青译，东北大学出版社2016年版，第17页。

⑦ ［美］阿丽塔·L. 艾伦、理查德·C. 托克音顿：《美国隐私法：学说判例与立法》，冯建妹等译，中国民主法制出版社2019年版，第44页。

⑧ 参见个人信息保护课题组：《个人信息保护国际比较研究》，中国金融出版社2021年版，第273页。

⑨ ［美］特蕾莎·M. 佩顿、西奥多·克莱普尔：《大数据时代的隐私》，郑淑红译，上海科学技术出版社2017年版，第244页。

践中也还未受到与宪法所规定的其他权利同等的尊重。

不仅如此，美国的隐私保护法律极其零散。有综合性的保护法律。如1974年出台的《隐私法案》，该法是美国第一部规范政府行政部门在收集和散播私人信息活动中如何保护个人隐私的综合性联邦立法；① 又如，1980年出台的《隐私保护法》。也有具体领域的保护法律，也即美国对最为敏感的消费者信息及隐私权益受侵害的高风险人群制定了隐私权特别法。② 如1986年《电子通讯隐私法》；2001年《金融服务现代化法案》；2013年修订的《儿童在线隐私保护法案》；2018年《加利福尼亚州消费者隐私法案》。有与个人信用信息具有一定关联的特殊法，主要包括1970年颁布的FCRA，该法虽然是美国最早对私人领域进行隐私保护的法律之一，③ 但该法仅用于防止一些具体的伤害，如针对错误信息享有纠正的权益，并未对信用信息的保护进行系统的规定。2001年的《金融服务现代化法案》规定了金融机构在隐私保护规则下对消费者和客户的隐私保护义务，并建立在"非公开的个人信息"（nonpublic personal information）这一概念的基础上，在金融隐私保护制度上"充满了市场化的色彩"④。其中就包括消费者有知情权、同意权和退出权的隐私政策制度。除此之外，由于对政府的不信任和对市场机制的偏爱，"美国对私领域个人信息保护更倾向于行业自律模式"⑤，即个人信息保护方面主要采取的是政策性引导下的行业自律模式。⑥ 并主要通过行业组织的规范来加强对信息隐私的保护，这种行业自律的主要形式包括"网络隐私认证计划、行业指引、技术保护与企业自律等"⑦。鉴于此，美国政府在立法上干

---

① 参见［美］阿丽塔·L. 艾伦、理查德·C. 托克音顿：《美国隐私法：学说判例与立法》，冯建妹等译，中国民主法制出版社2019年版，第226页。

② 参见个人信息保护课题组：《个人信息保护国际比较研究》，中国金融出版社2021年版，第275页。

③ 参见个人信息保护课题组：《个人信息保护国际比较研究》，中国金融出版社2021年版，第273页。

④ 朱宝丽、马运全：《个人金融信息管理：隐私保护与金融交易》，中国社会科学出版社2018年版，第134页。

⑤ 朱宝丽、马运全：《个人金融信息管理：隐私保护与金融交易》，中国社会科学出版社2018年版，第128页。

⑥ 参见赵秋雁：《网络隐私权保护模式的构建》，载《求是学刊》2005年第3期。

⑦ 徐敬宏：《美国网络隐私权的行业自律保护及其对我国的启示》，载《情报理论与实践》2008年第6期。

预或者控制信息隐私会相对较少。

在司法中，在美国隐私相关的案例中，有两个案例特别值得讨论：一个是1905年的派维斯奇诉英格兰生命保险公司（Pavesich v. New England Life Ins. Co.）案①。上诉法院佐治亚州最高法院的法官科布（Cobb）认为，被告保险公司及其代理人在没有得到授权的情况下为达成他们刊登的商业广告的目的，在公共场合展示原告的形体和特征，就如同没有权利而迫使原告将其本人公之于众一样，这种未经授权的处理行为缺乏合理性。该案最后总结："隐私权有其自然本能的基础——因此是由自然法衍生出来的。"② 应当说该案将自然法哲学融入了普通法权利扩张之中，承认了隐私权的自然法基础。另一个是1977年美国联邦最高法院审理了著名的沃伦诉罗伊案（Whalen v. Roe），该案最后的判决"是美国第一个承认宪法上的隐私权包括信息隐私和自决隐私两个部分的最高法院判决"③，该案"确立了信息隐私权"④。法官史蒂芬（Stevens）代表法庭对信息隐私权作出了说明，指出"他人所享有的受宪法保护的利益有两种：其一，他人所享有的控制其个人信息被披露的利益；其二，他人所享有的独立作出某种免受政府影响的决定的利益"⑤。不仅如此，该案注意到征税、社会福利的分配、社会安全的维护、公共卫生的监督等事项的执行需要有序保存大量的信息，而且其中大多数信息是个人信息，这些信息一旦被披露，则可能导致个人的难堪并对其造成伤害。进而认识到为公共利益而收集和使用这种信息的权力需要履行一个附属义务——避免非法披露个人信息。⑥

在理论上，学者们普遍认为隐私权的确立始于1890年塞缪尔·沃伦和路

---

① 该案主要内容为，被告英格兰生命保险公司在一家报纸上刊登的广告上，未经原告派维斯奇的同意使用了原告的一张照片，并附有一则其购买了保险并从中获利的说明。原告以被告诽谤且侵犯了其隐私权，请求法院赔偿。其中原审法院驳回了原告请求，后上诉到佐治亚州最高法院。
② Pavesich v. New England Life Ins. Co. 50 S. E. 68 – 70（Ca. 1905）.
③ ［美］阿丽塔·L. 艾伦、理查德·C. 托克音顿：《美国隐私法：学说判例与立法》，冯建妹等译，中国民主法制出版社2019年版，第37页。
④ 鲁冰婉：《大数据背景下域外信息隐私权的困境及应对——以个人信息控制为切入点》，载《情报杂志》2020年第12期。
⑤ 鲁冰婉：《大数据背景下域外信息隐私权的困境及应对——以个人信息控制为切入点》，载《情报杂志》2020年第12期。
⑥ See Whalen v. Roe, 429 U. S. 589（1977），p. 605 – 606.

易斯·布兰代斯所发表的文章《隐私权》（*The Right to Privacy*），这篇文章通过很大的篇幅讨论了新闻媒体披露他人信息或者形象，导致他人失去隐私的情形。进而提出隐私权是"独处权"，其核心原则是"个人不受侵害"。应当说他们提出的是一种消极的隐私保护学说，停留在保障信息主体的思想、观点以及感情不受他人干涉或侵扰的个人自由之上。欧文·凯莫林斯基（Erwin Chemerinsky）在2006年纪念布兰代斯诞辰150周年论坛的演讲中指出，"司法对信息隐私权仅提供极其低限度的保护，而信息隐私是布兰代斯和沃伦关注的重点"[①]，并认为"重新发现布兰代斯的隐私权具有重要的意义，应当对信息隐私权提供更多的保障"[②]。而20世纪最有影响力的隐私侵权领域的论文则是1960年威廉·L. 普罗瑟（William L. Prosser）在《加利福尼亚法学评论》上发表的《论隐私》（*Privacy*）[③]。在文章中他否认隐私权是单一的"独处权"，认为隐私侵权是侵犯信用主体不同利益的四种复合体[④]。1964年爱德华·J. 布鲁斯丁（Edward J. Blousstein）在其文章《作为人格尊严表现形式的隐私权——与Prosser教授〈论隐私权〉一文的回应》中，向普罗瑟提出的隐私侵权理论发难，他反对否认隐私权是单一的"独处权"而划分为四种不同类型的隐私侵权所构成的一种侵权责任，进一步指出隐私权实质上是一种人格尊严权，认为侵犯人的尊严是受到法定伤害的基础。1967年，艾伦·F. 威斯廷认为隐私权是指他人所享有的对其信息予以公开的权利，[⑤] 形成了信息控制权的概念；1977年汤姆·格蒂（Tom Gerety）认为隐私是指他人控制个人身份的亲密度；[⑥] 等等。2002年丹尼尔·J. 索洛夫（Daniel J. Solove）对现有的理论进行了梳理，总结出"独处权理论"、"限制接触理论"、"私密理论"、"个人信息的自我控制理论"、"人格权理论"和

---

① ［美］路易斯·D. 布兰代斯等：《隐私权》，宦盛奎译，北京大学出版社2014年版，第103页。
② ［美］路易斯·D. 布兰代斯等：《隐私权》，宦盛奎译，北京大学出版社2014年版，第103页。
③ See William L. Prosser, *Privacy*, 48 California Law Review 383 (1960).
④ 四种隐私侵权具体如下：（1）侵扰他人安宁的隐私侵权行为；（2）公开披露他人私人事实的隐私侵权行为；（3）公开丑化他人形象的隐私侵权行为；（4）擅自使用他人姓名或肖像的隐私侵权行为。
⑤ See Alan F. Westin, *Privacy and Freedom*, Atheneum Press, 1967, p. 7.
⑥ See Tom Gerety, *Redefining Privacy*, 12 Harvard Civil Rights – Civil Liberties Law Review 233 (1977).

"亲密关系理论"六种隐私认定理论。① 2009 年托马斯·P. 克劳克（Thomas P. Crocker）指出，认真对待和研究美国宪法第四修正案的相关条例和判例，是为了发展一种更符合将隐私作为人类自由核心特征的规则。他认为，为避免政府无休止地加强对我们生活的支配，宪法保护不应局限于"家庭的门槛"，还应保护与之相关的人际关系，以实现我们受宪法保护的自由。为此，他提出必须重新将宪法的注意力从第三方原则狭义解释的隐私转向劳伦斯（Lawrence）保护的自由。② 美国学界对信息隐私保护的观点极其丰富，但主要还是基于促进信息的互通共享，以保障市场经济的有序运行，故定性为自由权。

由此可见，相较于欧洲国家，美国在隐私的保护上，依然奉行自由价值。③ "视个人隐私为个人自由的一部分，保护个人隐私是美国价值观的重要组成部分"④。在这种自由主义传统的影响下，美国许多学者将隐私权看作一种消极的权利，"不受干扰的权利"是他们对隐私的经典表述。这种消极权利观的隐私也为日后的信息隐私权（right to information privacy）定下了一个基调。⑤ 总的来说，美国"大多数州和联邦法院都认为信息隐私权是各州宪法和联邦宪法中规定的'自由权'中所包含的重要权利的一种"⑥。

综上所述，"欧洲大陆和美国大陆对隐私的敏感源于基本法律价值观的差异，根源于社会和政治传统上更大（larger）、更古老（older）的差异"⑦。一方面，美国所采用的"洛克范式"认为隐私是隔离、独处的权利。在这一范式下，信息的公开和分享都将视为对自身信息隐私的放弃；而欧洲国家则

---

① See Daniel J. Solove, *Conceptualizing Privacy*, 90 California Law Review 1087 (2002).

② See Thomas P. Crocker, *From Privacy to Property: The Fourth Amendment After Lawrence*, 57 UCLA Law Review 1 (2009).

③ See James Q. Whitman, *The Two Western Cultures of Privacy: Dignity Versus Liberty*, 113 Yale Law Journal 1151 (2004).

④ 孙志伟：《美国消费信用探幽》，中国经济出版社 2014 年版，第 20 页。

⑤ 参见孙平：《"信息人"时代：网络安全下的个人信息权宪法保护》，北京大学出版社 2018 年版，第 64 页。

⑥ ［美］阿丽塔·L. 艾伦、理查德·C. 托克音顿：《美国隐私法：学说判例与立法》，冯建妹等译，中国民主法制出版社 2019 年版，第 102 页。

⑦ James Q. Whitman, *The Two Western Cultures of Privacy: Dignity Versus Liberty*, 113 Yale Law Journal 1151 (2004).

采用的是"康德范式",强调的是人格尊严自主。但随着信息处理技术的加强,以及信用画像的深入适用,信用主体的人格尊严也面临巨大的挑战。当然在新的数字技术的不断发展过程中,"康德范式逐步取代洛克范式,成为信息隐私权的哲学基础"①,以"知情同意"规则为基础的"控制范式"逐步成为当代隐私法的核心原则。然而,这一范式因为存在信息封闭式、保守式保护,也正面临现实的考验。另一方面,目前关于隐私最核心的两套学理分别是独处理论与控制理论,均是对当时主导性信息技术的回应。② 其中独处理论起源于1890年塞缪尔·沃伦和路易斯·布兰代斯所发表的文章《隐私权》(*The Right to Privacy*);③ 控制理论产生于1967年艾伦·威斯廷的《隐私与自由》(*Privacy and Freedom*)一书。④ 由此可见,现在的隐私保护主要包括消极的个人自由意义上的隐私保护和积极的个人自决意义上的隐私保护。美国隐私法关注的重点是矫正对消费者隐私产生侵害的行为,在隐私保护与有效率的商业交易之间找寻平衡。⑤

欧盟主要是将隐私作为一种避免人格尊严受损的权利,美国则将其作为一种自由权。基于这一不同导向,欧盟对隐私权的保护标准要高于美国,曾一度导致欧盟国家在向美国提供本国公民的基本信息时出现了矛盾。为此,20世纪90年代,欧盟和美国就消费者数据保护的问题陷入了重大的贸易冲突,直到2000年双方签订了"安全港"协议才得到缓和。⑥ 这一事件也充分地说明了欧盟和美国对信息隐私采取的是两种不同的保护模式。但是,值得注意的是,欧盟和美国之间的隐私保护并非完全不同的,它们之间实际上也存在许多共通之处。比如,两者均将隐私权作为一种基本权利。换言之,"在美国,隐私既是普通法权利,也是宪法与特别法权利;在欧盟国家,隐

---

① 余成峰:《信息隐私权的宪法时刻:规范基础与体系重构》,载《中外法学》2021年第1期。
② 参见谢尧雯:《基于数字信任维系的个人信息保护路径》,载《浙江学刊》2021年第4期。
③ See Samuel D. Warren & Louis D. Brandeis, *The Right to Privacy*, 4 Harvard Law Review 193 (1890).
④ See Alan F. Westin, *Privacy and Freedom*, Atheneum Press, 1967, p.7.
⑤ See Paul M. Schwartz & Daniel J. Solove, *Reconciling Personal Information in the United States and European Union*, 102 California Law Review 877 (2014).
⑥ See James Q. Whitman, *The Two Western Cultures of Privacy: Dignity Versus Liberty*, 113 Yale Law Journal 1151 (2004).

私既是民法权利，也是基本权利和国际人权"①。

因此，欧盟和美国的两种保护模式实际上各有利弊。美国的信息隐私保护标准虽然相对较低，但将其信息隐私作为一种自由权利，这样做有利于促进信息的流通和共享，进而推动征信行业的发展。而欧盟主要采用人格权来保护信息隐私，虽然有极其完备的机构来保护信息隐私，可以防范政府单位或某些行业的不当使用，但是无法阻止信用主体自主公开个人信息隐私。而且过于严苛地保护信息隐私，一定程度上忽视了信息隐私的经济价值和信用价值，不利于征信行业的发展，这也是欧盟信用经济落后于美国的重要原因之一。

二、我国以人格权利为核心的信息隐私

信息隐私是依托大数据和互联网环境，从隐私分类中提炼出的一种隐私类型。② 我国《民法典》第1032条第2款规定，"隐私是自然人的私人生活安宁和不愿为他人知晓的私密空间、私密活动、私密信息"，此处的"不愿为他人知晓"的私密信息也就是本书所讨论的信息隐私。由于不愿为他人知晓的私密空间、私密活动和私密信息之间本身不是泾渭分明的，所以它们彼此之间存在一些交叉重合或者可以相互转化的地方。其中，私密空间和私密活动也可以以电子或者其他方式进行记录，如室内摄像头记录的信息和行踪记录仪记录的信息，而这些信息在不愿意被他人知晓的情况下，完全可以归入本书所讨论的信息隐私范畴。就其定义而言，《民法典》实际上是采用"不愿"一词来作为隐私认定的标准，这显然增加了对信息隐私判断的主观性，也导致信息隐私无法进行放之四海而皆准的具体列举。

"相较于欧美近百年的隐私保护的历史，我国并无保护隐私权的传统，甚至也没隐私的概念，与之相近的概念为阴私，意指男女之间的事"③。所强

---

① 余成峰：《信息隐私权的宪法时刻：规范基础与体系重构》，载《中外法学》2021年第1期。
② 参见徐艺心：《信息隐私保护制度研究：困境与重建》，中国传媒大学出版社2019年版，第25页。
③ 徐明：《大数据时代的隐私危机及其侵权法应对》，载《中国法学》2017年第1期。

调的为伦理道德，而非法律意义上的隐私。直到20世纪90年代，我国民法理论上才开始讨论隐私权。由于当时没有明确的法律规定，在司法实践中主要参照名誉权对隐私予以保护。在宪法上，《中华人民共和国宪法》（以下简称《宪法》）并没有直接保护隐私权的条款，但是有些条款与隐私权密切相关，如第37条规定的公民人身自由不受侵害；第38条规定的公民人格尊严不受侵害；第39条规定的公民的住宅不受侵犯；第40条规定的公民通信自由和通信秘密受法律保护。其中，在2004年《宪法修正案》增加了"国家尊重和保障人权"，为将来利用宪法解释扩展人格权的内涵，将个人信息权纳入基本权利的范围打下了基础。① 目前，该条款被认为是"人权条款"②，可以作为"未列举基本权利"或者"一般行为自由"的规范基础。③ 该条款与同作为《宪法》第38条——隐私权规范基础的"人格尊严"条款，共同构成宪法隐私权的规范来源。④

在民事立法方面，1986年颁布的《中华人民共和国民法通则》中未出现"隐私"和"隐私权"的规定，1988年最高人民法院印发的《关于贯彻执行〈中华人民共和国民法通则〉若干问题的意见（试行）》将"以书面、口头等形式宣扬他人的隐私"的行为认定为侵害公民名誉权的行为。2009年颁布的《中华人民共和国侵权责任法》仅提及隐私权和保护医疗隐私的内容。即便是在2020年的《民法典》中，也只是对隐私的概念和侵害形式进行了抽象的规定。具体而言，《民法典》（总则编）第110条第1款规定："自然人享有生命权、身体权、健康权……隐私权、婚姻自主权等权利。"将隐私权单独作为一种具体人格权。《民法典》第1032条第2款对"隐私"的定义为"自然人的私人生活安宁和不愿为他人知晓的私密空间、私密活动、私密信息"。《民法典》将"隐私权和个人信息保护"单独设章，并置于第四编

---

① 参见孙平：《"信息人"时代：网络安全下的个人信息权宪法保护》，北京大学出版社2018年版，第109页。
② 《中华人民共和国宪法》（2018年修正）第33条规定："任何公民享有宪法和法律规定的权利，同时必须履行宪法和法律规定的义务。"
③ 参见李忠夏：《数字时代隐私权的宪法建构》，载《社会科学文摘》2021年第6期。
④ 参见李忠夏：《数字时代隐私权的宪法建构》，载《社会科学文摘》2021年第6期。

"人格权"之下,《民法典》第四编"人格权"第 990 条第 1 款规定:"人格权是民事主体享有的生命权、身体权……隐私权等权利。"可以看出我国《民法典》已经将隐私权定性为人格权。虽然在民事立法层面,目前我国对隐私和隐私权的规定还不够具体,缺乏实质性的认定标准。但是对于《民法典》有关隐私都应当视为人格权益并受到保护这一点,理论界和实务界没有争议。①

就《个人信息保护法》而言,《个人信息保护法》全文未出现"隐私"的词眼,但该法第 28 条对敏感个人信息进行了定义,② 明确对人格尊严能够造成影响的信息属于敏感个人信息。③ 对此有学者指出敏感个人信息与隐私信息的外延基本重合,④ 也有学者认为两者之间的关系为交叉关系,并指出宗教信仰、种族或民族、政治主张以及面貌特征等属于敏感个人信息但未必属于隐私信息。⑤ 本书认为,敏感个人信息这一概念主要是为了服务于个人信息的合法合理利用而产生,其目的在于明确一些慎重利用的信息范围。也就是说,结合历史教训和现实需求从个人信息中分离出社会公众普遍敏感的且一旦泄露或者非法使用将造成严重人身财产损害的个人信息。如宗教信仰信息和种族或民族信息。虽然一些敏感个人信息对于身处和平时代的人来说并不特殊,甚至不属于信用主体所不愿意为他人所知晓的私密信息,但是这种认知应当被认为是信息主体在"缺乏充分思考或者对结果缺乏充分认识"或者"只求眼前欲望的满足"等情形下产生的,在这种情况下,法律有必要基于"家长主义"予以保护,⑥ 以避免其被肆意利用而导致历史悲剧的重演。

---

① 参见王利明:《和而不同:隐私权与个人信息的规则界分和适用》,载《法学评论》2021 年第 2 期。
② 《中华人民共和国个人信息保护法》第 28 条第 1 款规定:"敏感个人信息是一旦泄露或者非法使用,容易导致自然人的人格尊严受到侵害或者人身、财产安全受到危害的个人信息,包括生物识别、宗教信仰、特定身份、医疗健康、金融账户、行踪轨迹等信息,以及不满十四周岁未成年人的个人信息。"
③ 参见龙卫球主编:《中华人民共和国个人信息保护法释义》,中国法制出版社 2021 年版,第 129 页。
④ 参见叶名怡:《个人信息的侵权法保护》,载《法学研究》2018 年第 4 期。
⑤ 参见程啸:《个人信息保护法理解与适用》,中国法制出版社 2021 年版,第 268~269 页。
⑥ 参见[英] H. L. A. 哈特:《法律、自由和道德》,钱一栋译,商务印书馆 2021 年版,第 33 页。

鉴于此，本书认为这些敏感个人信息很大程度上应当属于个人的核心隐私，与信用主体的一些特殊私密信息，共同构成隐私保护领域理论的"同心圆"中属于"核心圆"的部分。

三、信息社会性日益加强后的信息隐私

"个人信息的社会性"即"个人信息作为识别具体个人的符号，是作为社会成员的个人参与社会交往从而结成各种社会关系的必要条件"①。个人信息具备这一性质的主要原因是"人是一种社会性存在，因而具有社会性"②。正如马克思所言"人的本质不是单个人所固有的抽象物，在其现实性上，它是一切社会关系的总和"③，这也说明了个人信息的收集和利用无法避开社会而加以讨论。随着全球性信息网络的飞速发展，人与人之间的交往壁垒被打破，人与物之间的联系（物联网）也日益紧密，网络交往成为人们社会交往的重要方式。一方面，信息、物质和能源已经共同构成"维系当代社会生存与发展的三大要素"④。在这种背景下，个人信息不仅保存在私人家庭中，还保存在互联网"云端"。⑤ 无论我们是否愿意，我们的社会生活都是在个人信息的流动中展开的，即便是避免使用网络产品、避免个人信息泄露的尝试者，他们仍然无法避免个人信息的流动。而且随着"信息技术的迅猛发展及其广泛应用（信息）已成为推动社会进步和经济发展的关键技术，信息产业已发展成为当今社会的支柱性产业，信息资源的开发利用程度已成为衡量一个国家综合国力的重要标志之一"⑥。另一方面，信息的自由流动也给信息主体带来了诸多便利。如通过互联网购物，可以在足不出户的情况下，购买价廉物美的商品；再如，公众场合合法安装的电子摄像头，可以用来加强该领域治

---

① 徐艺心、宋建武：《互联网个人信息的社会性及其利用边界》，载《现代传播》2015年第7期。
② 董淑芬、李志祥：《大数据时代信息共享与隐私保护的冲突与平衡》，载《南京社会科学》2021年第5期。
③ 马克思、恩格斯：《马克思恩格斯选集》（第1卷），人民出版社2012年版，第139页。
④ 蒋荷娟：《信息社会性的普泛化》，载《情报科学》2005年第8期。
⑤ See Chen-Hung Chang, *New Technology, New Information Privacy: Social-Value-Oriented Information Privacy Theory*, 10 Taiwan University Law Review 127 (2015).
⑥ 蒋荷娟：《信息社会性的普泛化》，载《情报科学》2005年第8期。

安，为相关案件的办理固定证据。这些都凸显出个人信息社会性存在所带来的优势，也将进一步推动个人信息的自由流动。

阿丽塔 L. 艾伦和理查德 C. 托克音顿（Richard C. Turkington）认为，"隐私可以指一种中性状态或是事物的状况，也可以理解成为一种期待的状态或事物状况，以及一种心理状态，一种请求，一项法律权利，一种法律利益和一种道德主张"①。"当信息的流动成为一种常态，人们对隐私保护的期待也不可避免地发生一些改变"②。为此，有论者提出隐私应该由个人的主观感受和客观的社会规范来决定，隐私的概念随着社会的变化而演变，隐私的社会价值应当被考虑在内。③ 罗伯特·C. 波斯特（Robert C. Post）指出，不应当将隐私理解为一种个人主义的权利，而应当结合社群的概念进行理解。隐私侵权行为的认定过程实际上是在界定一种"社会规范"（social norms）或者"文明规则"（rules of civility）。④ 更有学者提出"在互联网时代下，各类数据信息高速流通、海量传播、高度共享。隐私信息毕竟属于个人信息的范畴，因此具有社会公共属性"⑤。这些观点都关注到个人信息的社会性，认为隐私的界定不应当局限于个人的主观意愿，更不应当脱离社会。也就是说，"对其他利益的承认和保护不应阻碍个人信息的自由流动"⑥。本书认为，我国目前主要强调的是对信息主体人格尊严的保护，这一做法在个人信息的社会属性上考虑不够，忽略了人与人之间的社会关系与信任关系，不利于个人信息的合理利用和共享。为此，应当站在信息开放性和社会性的角度来保护信息隐私，因为"隐私保护的目的在于促进公共社群更好地

---

① ［美］阿丽塔·L. 艾伦、理查德·C. 托克音顿：《美国隐私法：学说判例与立法》，冯建妹等译，中国民主法制出版社2019年版，第8页。
② 徐艺心：《信息隐私保护制度研究：困境与重建》，中国传媒大学出版社2019年版，第60页。
③ See Chen – Hung Chang, *New Technology, New Information Privacy: Social – Value – Oriented Information Privacy Theory*, 10 Taiwan University Law Review 127 (2015).
④ See Robert C. Post, *The Social Foundations of Privacy: Community and the Self in the Common Law Tort*, 77 Yale Law School Legal Scholarship Repository 957 (1989).
⑤ 冉克平：《论〈民法典〉视野下个人隐私信息的保护与利用》，载《社会科学辑刊》2021年第5期。
⑥ 徐艺心、宋建武：《互联网个人信息的社会性及其利用边界》，载《现代传播》2015年第7期。

运转与个人在公共社群中更好地生活,而不是希望每个人都变成一个个信息孤岛"①。

第三节 个人信用信息利用对信息隐私保护的特殊挑战

相较于个人信用信息与信息隐私相交叉的主流观点而言,学界也存在倾向于美国"大隐私"理论的观点。以金融信用领域为例,有论者将"金融隐私"定义为"金融机构在与自然人客户发生业务往来时,基于其特殊主体或交易相对方的地位所了解、收集、使用、保存、加工的有关客户信息情况"②。该定义实际上将用户的金融信息与金融隐私完全等同,认为所有的个人金融信息都属于金融隐私。这也作为典型反映了个人信用信息和信息隐私之间界限不清晰,个人信用信息的保护存在范围确定上的困境。不仅如此,个人信用信息隐私的侵害诱因较多且侵害风险较大,加之个人信用信息利用价值大、场景保护复杂和公益需求对隐私保护观念的淡化,以上这些共同导致个人信用信息隐私的保护充满着挑战。

一、个人信用信息与信息隐私处于动态的交叉关系

个人信用信息,是指具有信用识别性的个人信息,而信息隐私则是指不愿为他人所知晓的私密信息,或者说是与个人信息有关的一种隐私类型。应当说两者的核心内涵是较为固定的,其中个人信用信息对应的是信用识别性,而信息隐私对应的是"不愿为他人知晓",两者均从属于个人信息,并呈现为一种交叉关系(见图2-1)。

---

① 丁晓东:《个人信息保护:原理与实践》,法律出版社2021年版,第18页。
② 朱宝丽、马运全:《个人金融信息管理:隐私保护与金融交易》,中国社会科学出版社2018年版,第27页。

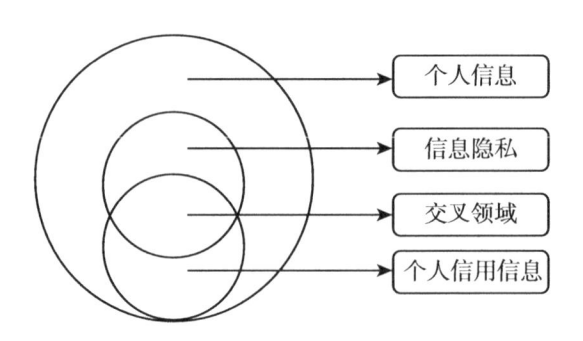

图 2-1　个人信用信息与信息隐私的交叉关系

在实践中，个人信用信息和信息隐私之间的"交叉领域"（见图2-1）面积非常大，这是因为个人信用信息的收集和利用，是为了准确地分析信用主体的信用状况，而信息越私密越能准确地反映信用主体的信用状态（下文将展开讨论），导致个人信用信息中不可避免地涉及大量信息隐私，从而增加了信息隐私被侵害的风险。不仅如此，个人信用信息和信息隐私的"交叉领域"是动态变化的。一方面，个人信用信息范围受政策和法律许可的利用程度与禁止性规定的影响，若利用程度更为开放，则可收集利用的个人信用信息范围较大；若禁止性规定限制更多，则可利用和收集的个人信用信息范围较小。如我国规定的个人信用信息的范围从服务于市场经济的征信业信息，演变到同时服务于市场经济和社会治理，个人信用信息的需求将包括政务、社会、商务以及司法公信等领域的信用信息，这实际上就体现了个人信用信息的范围受政策的影响在不断地扩张。另一方面，信息隐私的范围受"不愿为他人知晓"这一标准的影响，存在主观性。虽然特定信用主体在具体场景中的信息隐私是可以确定的，但包含所有信用主体的社会公众的信息隐私范围则是无法统一的。而且随着场景的变化，信息隐私的范围也将发生变化，处于动态变化的状态。申言之，由于个人信用信息和信息隐私均处于变动状态，两者之间的交叉领域也处于动态变化之中，这增加了信息隐私被侵害的风险，也加剧了个人信用信息利用与信息隐私保护的紧张关系。

二、利用过程中的信息隐私侵害风险较高

隐私权作为自然人的一种基本权利，无疑需要被社会各界妥善保护。然

而,"21世纪,人类正在走进以信息资源为核心的数字经济时代"①,信息资源已经成为一种极其重要的战略资源,具有重要的经济和治理价值。在个人信用信息的利用过程中,以相对全面准确的信息为基础加工生产的信用服务或者信用产品显然更具竞争力,这也为信用信息处理者"蚕食"信用主体的信息隐私提供了动机。

(一) 从信息不对等到信用资本的最大化利用

当前最大的资源已不再是煤炭、石油,而是对信息的掌握。个人信用信息经过专门化的处理,可用于分析信息主体的资产状况、兴趣爱好、购物需求等,甚至可准确预测信息主体近期的行为活动,进而被转化为社会财富。而这种"信用经济"(Reputation Economy)所依赖的"大分析"(Big Analysis),能够从海量数据中获取对个人的预测并将其转为拒绝合作、交易甚至普通社交等行为的新体系。② 在这种体系下,信息主体在经济交易过程中所形成并反映出来的诚信度在信用经济时代必然具有"资本"价值,当这种"(信用)资本累积到一定的程度,市场主体之间不用立即付款、不用抵押和担保,即可获得对方的原材料、产品和服务,便利地进行直接融资"③。一方面,受"吸引力法则"④和品牌效应的影响,守信主体通常愿意公开信用信息,以其良好的诚信度为招牌,充分发挥信用资本的经济价值和社会价值。但此类信息的整合分析若不加以限制,则很有可能导致信息主体的隐私被过度暴露,甚至这些信息主体会成为"透明人"。另一方面,交易主体为防控交易风险,通常会过度利用他人个人信息,自己或者委托第三方机构对交易对象的隐私进行非法刺探和收集,而侵害他人权利。

(二) 从个人破产制度构建到举债风险的陡增

2020年8月,深圳市人大常委会正式通过《深圳经济特区个人破产条例》,再次将个人破产制度的立法推上新的浪潮。一方面,个人破产制度将

---

① 罗力:《新兴信息技术背景下我国个人信息安全保护体系研究》,上海社会科学院出版社2020年版,第3页。
② 参见 [美] 迈克尔·费蒂克、戴维·C. 汤普森:《信誉经济:大数据时代的个人信息价值与商业变革》,王臻译,中信出版社2016年版,第4页。
③ 王一兵:《信用资本问题研究》,中国金融出版社2008年版,第12页。
④ "吸引力法则"即人总是倾向于跟自己的同类待在一起。

限制高利贷、地下钱庄等非法融资渠道的生存空间；避免暴力逼债、抢先执行和哄抢财产等现象的发生；① 最大限度地帮助"诚信而不幸的债务人"获得成本低廉的救济，为创业失败者提供了缓冲机会，"为大众创业、万众创新提供制度保障"②。另一方面，可能导致债权人所拥有的合法债权归于消灭，不可避免地造成债权人的经济损失。鉴于此，债权人为降低经济损失，必然会更多地利用个人信用信息以判断债务人的诚信度和还款能力，导致个人信用体系逐渐成为个人破产制度的重要基础。③ 然而，在这种风险交易场景下，全面准确的个人信用信息所具备的市场价值尤为突出，刺激着逐利的信用信息处理者为了全面分析和判断信用主体的财产现状和风险而不当地挖掘信息主体的隐私信息，包括家庭出身等个人身份信息，疾病和病史等个人医疗保健信息以及存款、有价证券、纳税数额等个人财产信息，进而侵犯个人隐私。

（三）从失信环境恶化到社会治理的过度干预

失信行为的社会影响已不再局限于与失信人联系密切的"熟人"，传统借助于道德习俗约束而存在于家族、村落、社区等熟人之间的诚信维护机制已难以适应经济快速发展的当今社会。"豆腐楼""地沟油""毒奶粉"等事件的屡治屡犯，无疑反映出市场经济逐利思想的畸形发展，以及纯粹法律责任的违法成本低廉和威慑力不够。2014年国务院印发的《规划纲要》指出"社会信用体系是社会主义市场经济体制和社会治理体制的重要组成部分"。社会信用体系建设在社会治理中发挥的价值将越来越大，但由于法律、行政法规等上位法的缺乏以及各地各行业政策的误读与定性的不准，导致包括个人信用信息在内的信用记录出现了泛化收集和利用的问题，如将乱扔废弃物、车窗抛物行为等行为纳入"黑名单"并予以公布。④ 一方面，将交通违法、未尽赡养、抚养义务等行为记录归为失信信息，并公之于众，在某种程度上

---

① 参见徐阳光：《英国个人破产与债务清理制度》，法律出版社2020年版，第3页。
② 徐阳光：《英国个人破产与债务清理制度》，法律出版社2020年版，第4页。
③ 参见刘冰：《论我国个人破产制度的构建》，载《中国法学》2019年第4期。
④ 参见《乱扔垃圾拉进黑名单 宣城尝试将处罚纳入个人征信系统》，载今日头条2016年9月1日，https：//www.toutiao.com/article/。

是对行为人的名誉污损。[1] 另一方面，由于社会治理过程中对个人信用信息的泛化使用和不当使用，相关组织和个人基于社会治理的需要过度地收集和使用他人的隐私信息，如在调查抚养义务履行情况的过程中，可能将被调查家庭成员的家庭关系、婚恋情况以及个人财产状况等信息加以收集和不当披露，进而侵犯他人的隐私权。

（四）公权力保护不周和私主体救济不力

隐私最大的挑战是恐惧与便利，其中恐惧的原因是受到来自政府隐私侵权，而信息主体对便利的需求是允许公司侵犯其隐私的原因。[2] 一方面，公权力机关在信息利用过程中虽日益重视隐私保护，但在具体的行为规制上依然存在欠缺，这导致以个人信用信息公开为名的隐私权侵害行为发生。[3] 另一方面，信息主体为提高自身的生活质量，将自己的数据（个人信用信息）拱手交给营利机构，以换取诸如在"QQ空间"储存照片以及在网络浏览器搜索信息的便利。然而，这种便利将导致自然人的网络浏览记录以及储存和发布过的家庭住址、宗教信仰等隐私信息长期处于监控之中。[4] 不仅如此，自然人权利救济意识亦相对薄弱。据调查，在网络平台上发现自己的隐私泄露，45.9%的受访者会联系网络服务商户或客服寻求解决方案，40%的受访者仅重新设置密码而不采取其他措施，仅有14.1%的受访者会联系消费者协会进行维权。[5] 为此，不仅需要通过立法来预防公权力机构的隐私侵害行为，也需要构建完备的信用信息权利体系，为信息主体便利化维权提供请求权基础和救济途径。

---

[1] 参见沈岿：《社会信用体系建设的法治之道》，载《中国法学》2019年第5期。
[2] 参见[美]马克·罗滕伯格、茱莉亚·霍维兹、杰拉米·斯科特：《无处安放的互联网隐私》，苗淼译，中国人民大学出版社2017年版，第165~166页。
[3] 参见王鹏鹏：《论个人信用信息公开的私法规制》，载《北京理工大学学报（社会科学版）》2020年第3期。
[4] 参见[美]马克·罗滕伯格、茱莉亚·霍维兹、杰拉米·斯科特：《无处安放的互联网隐私》，苗淼译，中国人民大学出版社2017年版，第166页。
[5] 参见《企鹅智酷：中国网民个人隐私状况调查报告》，载中文互联网数据咨询网2018年8月17日，https://www.199it.com/archives/761423.html。

三、利用过程中的信息隐私保护困难重重

鉴于信息隐私的主观性和模糊性，个人信用信息基本上不可能与信息隐私泾渭分明，反而信息隐私的利用更有助于准确地获取信用主体的真实信用状况，这导致个人信用信息的利用无法回避信息隐私。加之信息隐私在不同场景中的认定标准不一样，社会信用体系建设的公共利益考量，个人信用信息利用过程中的信息隐私保护实际上困难重重。

（一）信用信息的利用无法回避信息隐私

个人信用信息和信息隐私均为个人信息的组成部分，而关于个人信息（或个人数据）的定义，欧盟GDPR第4条规定"个人数据（personal data）是指任何与已识别（identified）或可以识别（identifiable）的有关自然人的数据"。我国《民法典》第1034条也将个人信息定义为"以电子或者其他方式记录的能够单独或者与其他信息结合识别特定自然人的各种信息"。两者均突出了"可识别性"，[①]并将"可识别性"作为个人信息的主要特点。这也导致"可识别性"成为个人信用信息和信息隐私的"最大公约数"，即不具有"可识别性"的个人信息，无法反映信用主体的信用状态，不具有"可识别性"的个人信息即便被泄露，一般不会给信用主体造成损害，也不会产生隐私侵权的问题。换言之，正是由于这种"可识别性"的存在，信用主体才会因为被收集的个人信用信息能够识别个人隐私而寻求保护，信用信息处理者才会因为可识别信用主体信用状态而寻求利用，进而导致个人信用信息利用和隐私保护之间不断产生矛盾。

事实上，信息越私密越能准确地反映信用主体的信用状态，最具信用识别性的信息往往依赖于私密性信息。在"大信用"信息时代到来之前，信用信息实际上已经得到比较普遍的利用。如征信机构提供给金融贷款、担保等行业使用的专业性信用报告。再如，在进行交易或合作之前，为做到"知己

[①] "可识别性即指与特定个体具有一定的关联性与专属性，通过这些信息符号能够把信息主体直接识别出来，或者与其他信息互相结合间接识别出能够评价其经济能力和履约能力。"参见张勇：《个人信用信息法益及刑法保护：以互联网征信为视角》，载《东方法学》2019年第1期。

知彼",信用主体也会通过收集各类信息来加深对交易或合作对象的了解,这些方式包括但不限于通过微信"朋友圈"了解兴趣爱好,通过"百度"搜索获取履历情况,通过公司财务报表知晓债权债务情况。但这些信息相对零散,大多属于信用主体自主披露的信息。况且,为了避免所提供的信息给自己带来名誉减损或合作失败的风险,信用主体很少会披露对自己不利的信息,这导致所收集的信用信息缺乏完整性。也正因为如此,"在高度流动性的社会和市场中,仅仅依赖社会主体自行披露信息不足以确保交易和交往安全"①,更无法满足全面利用信用信息的需求。在这种情况下,逐利的市场主体开始非法收集、刺探他人私密信息,甚至形成了一些"黑色"的信息产业链,进一步加剧了对信用主体信息隐私的侵害。这一现象也反映出上述零散、不完整的信用信息已经难以满足市场主体准确识别交易对象信用状况的需求,而须通过其他途径(甚至非法途径)来获取交易对象更多的信用信息。因此,想要全面准确地了解信用主体的信用状况,在"熟人社会"可以通过长时间、多方面和深层次的接触与交往来感知。相反,在普遍缺乏有效交往的"陌生人社会",期待短时间内了解信用主体的信用状况,则不得不依赖于对信用信息的全面深入挖掘和利用,甚至需要收集大量信用主体的私密信息,以确保其信用信息或信用状况的准确性和可靠性。

同时,信息的聚合性利用削弱了信用间接识别和信用直接识别的区分价值,导致信用间接识别信息的隐私保护需求陡增。根据信用信息是否可以直接识别信用主体的信用状况,可以划分为信用直接识别性信用信息和信用间接识别性信用信息。前者可以根据识别因子直接确认信用主体的信用状况,②如存在不履行法定义务的行为信息;后者可以根据复合识别因子识别信用主体的信用状况。在个人数据资料中,某些个人信息单独使用时无法识别信用主体的信用状况,但可以通过组合各种复合识别因子,进行对照、参考、判断和分析来予以确定,③ 如个人财产、婚姻状况等信息。然而,在大数据(信息)聚合的背景下,"信用画像"所需要的具备复合识别因子特征的信用

---

① 胡凌:《个人私密信息如何转化为公共信息》,载《探索与争鸣》2020年第11期。
② 参见郎庆斌、孙毅:《个人信息安全:研究与实践》,人民出版社2012年版,第27页。
③ 参见郎庆斌、孙毅:《个人信息安全:研究与实践》,人民出版社2012年版,第27页。

信息越来越庞杂，信用间接识别性信用信息的识别功能也被前所未有的放大。这意味着一些信用主体原本不太在意的信息，经过信息聚合处理后，可以用来分析信用主体的信用等级状况，也可能被提炼出非常私密的信息，而这些信息一旦被不当使用，就会侵害信用主体的信息隐私。概言之，海量的信用信息聚合在推进信用信息精准分析和使用的同时，将导致个人信用信息和隐私信息的交叉领域扩大，这不仅给信息隐私的保护带来更大的挑战，甚至在未来会成为限制信用信息利用范围的新因素。

（二）不同场景中信息隐私认定标准不一

海伦·尼森鲍姆（Helen Nissenbaum）认为，隐私权"既不是一种保密权，也不是一种控制权，而是一种获得适当流动个人信息的权利"[①]，并在其"场景理论"中提出了"场景相关信息标准"（Context–relative Informationl Norms），认为隐私的保护"取决于相关信息类型的功能、主体各自的角色、信息的发送人和接收者，以及信息从发送人发送给接收人的原则"[②]。这一理论推动了静态的隐私保护向动态的隐私保护发展，采用"发展"和"矛盾特殊性"相结合的唯物辩证法，为信用主体提供了形式上较为妥当的隐私保护方式，因此受到理论界和实务界的青睐。

当然，这种理论也不是完美的，因为在"场景理论"中，隐私认定标准并非一成不变的。如同渔网一样，不同季节、不同水域所使用的渔网网目尺寸标准不一样。不同场景中的隐私认定标准和隐私保护期待也是不同的。如科研诚信领域的信用信息收集，应当专注于学术研究领域，而不应期待信用信息处理者收集过多生活领域的信用信息；贷款领域应当更专注履约情况，而不应期待信用信息处理者收集与履约完全不相关的兴趣爱好信息。也就是说，信用信息的收集和利用应当依据不同的场景，遵守不同的动态规则，符合各方对信息隐私保护与信用信息流动的合理预期。[③] 然而，这种"场景化"

---

① Helen Nissenbaum, *Privacy in Context: Technology, Policy, and the Integrity of Social Life*, Stanford University Press, 2010, p.127.

② Helen Nissenbaum, *Privacy in Context: Technology, Policy, and the Integrity of Social Life*, Stanford University Press, 2010, p.127.

③ 参见邢会强：《人脸识别的法律规制》，载《比较法研究》2020年第5期。

和"合理预期"相结合的后果是：信用主体和信用信息处理者均对信息隐私的认定具有更大的主观性，导致信息隐私的范围更难得到统一。可见，这种场景和风险导向理念存在恣意和不确定性，容易加剧信息隐私保护和信用信息利用中的乱象。①

不仅如此，个人信用信息和信息隐私之间还具有交互性。在信息隐私的法律保护方面，《民法典》将信息隐私定义为不愿为他人知晓的私密信息。按照该定义，信用主体所提供的愿意为他人所知晓的私密信息，可能因为信用主体的公开或"同意"使用而变成一般信息，或"因高度公开而不属于隐私"②，从而无法适用现有的隐私保护规则。况且，《民法典》采用的"同意豁免"规则，将"权利人明确同意"作为"处理他人的私密信息"的例外情形，③这也为信用信息处理者处理经信用主体同意利用私密信息的行为提供了免责事由，导致信用主体在这种情况下丧失了主张隐私侵害的请求权基础。在征信实践方面，信息隐私作为个人信用信息被收集后加以利用的情况十分常见，如包括身份信息、婚姻信息、居住信息、职业信息等内容的个人基本信息，以及个人征信系统从其他部门收集的、可以反映客户收入、缴欠费或其他资产状况的信息，这些信息本身都属于典型的信息隐私。但在个人征信中，为降低金融交易的风险，这些信息均被纳入需要收集利用的个人信用信息范畴。④与此同时，信用信息存在转化为信息隐私的可能性。如信用主体的不良信用信息，在法定的保存或披露期限届满后应当被及时删除。⑤这意味着：被信用信息平台删除后的不良信用信息，将由一种方便于多元主体利

---

① 参见吕炳斌：《个人信息保护的"同意"困境及其出路》，载《法商研究》2021 年第 2 期。
② 张新宝：《从隐私到个人信息：利益再衡量的理论与制度安排》，载《中国法学》2015 年第 3 期。
③ 《民法典》第 1033 条规定："除法律另有规定或者权利人明确同意外，任何组织或者个人不得实施下列行为：……（五）处理他人的私密信息……"
④ 参见《个人信用报告介绍》，载中国人民银行征信中心官网，http://www.pbccrc.org.cn/zxzx/grzx/202209/b093568226804f13832e979641f0431d。
⑤ 《征信业管理条例》第 16 条第 1 款规定："征信机构对个人不良信息的保存期限，自不良行为或者事件终止之日起为 5 年；超过 5 年的，应当予以删除。"《浙江省公共信用信息管理条例》第 16 条规定："不良信息的保存和披露期限为五年……不良信息保存和披露期限届满后，应当在信用档案中及时删除该信息……"

用的"公共"信息，转化为信用主体具有更多自决权利的"私人"信息，如果信用主体不愿为他人所知晓，那么这部分信息将成为信用主体的信息隐私。故个人信用信息和信息隐私之间存在一定的交互性。

(三) 公益需求弱化了信息隐私保护观念

相较于传统的拉上窗帘、关上大门就可以控制的空间隐私，或避人耳目即可控制的行为（活动）隐私，信息隐私通常难以得到有效的控制。一方面，信息隐私获取容易，而且"侵权的隐蔽性更高、侵权的范围会更广、程度会更深"[1]。另一方面，因为信用信息的利用可以增加"信息资本"，满足多元主体的公益与私益，所以被视为一种社会基础性资源，由此所产生的社会普遍需要也正"竭力"为部分信息隐私的利用"正名"。

"信息资本"下的信用信息价值巨大。2011年德国在汉诺威工业博览会率先公开提出了"工业4.0"（Industrie 4.0)[2] 的概念。[3] 目前，德国已将"通过创建自动化、与外部环境交流以及个性化的数字产品来发展经济"作为其国家战略，[4] 而其中的"交流"、"个性化"以及"数字产品"无一不涉及信息的利用。除此之外，各国一般将"工业4.0"建立在信息和生产技术通过数据基础设施实现互联的网络物理系统（cyber-physical systems）的基础上，以强化机器之间或机械与工件（workpieces）之间的直接交流和通信，实现自我管理。[5] 在此环境下，不仅信息的自动化管理成为趋势，而且信息的利用将进一步渗入各行各业之中，转化为至关重要的生产要素或资本。作为信息的下位概念，信用信息更是建立现代经济的基础与前提。[6] 亦有论者

---

[1] 白云：《个人信用信息法律保护研究》，法律出版社2013年版，第83页。
[2] 一般认为，第一次工业革命的标志是蒸汽机的广泛使用，第二次工业革命的标志是电力的发明和广泛应用，第三次工业革命的标志是信息技术的使用。
[3] Henning Kagermann & Wolf-Dieter Lukas, etc. *Industrie* 4.0: *Mit dem internet der dinge auf dem weg zur 4. industriellen revolution*, VDI nachrichten (Apr. 1, 2011), https://www.dfki.de/fileadmin/user_upload/DFKI/Medien/News_Media/Presse/Presse-Highlights/.
[4] See Zhaklin M. Sarkisyan, *Digital Business of the Industry* 4.0 *Concept in International Economic Relations*, 10 Journal of Advanced Research in Law and Economics 2507 (2019).
[5] See Thomas Klebe & Manfred Weiss, *Workers' Participation* 4.0 - *Digital and Global*, 40 Comparative Labor Law & Policy Journal 263 (2019).
[6] 参见白云：《个人信用信息法律保护研究》，法律出版社2013年版，第176页。

提出了"信誉经济"（Reputation Economy）的概念，认为在"信誉经济"里，信用主体可以像使用现金一样使用自己的信誉，并将其用作债务抵押或担保以达到原本无法达到的交易。① 这无疑凸显了信用信息以及从中"提炼"出的信用等级或信誉的重要价值。倘若信用主体拥有对信用信息的绝对控制权，那么信用信息处理者在处理个人信用信息时就需要不断获得信用主体的同意，必然会阻碍信用信息的集合效应与规模化效应。② 这不仅不利于我国合法信息产业的可持续发展，反而与全球"信誉经济"的发展趋势相悖。

不仅如此，信用信息红利下的利用主体多元化和利用目的公益化已经成为趋势。社会信用体系背景下的信用信息收集和利用，还将服务于包括加强公务员诚信管理和教育等在内的政务领域；包括工程建设、中介服务业等在内的商务领域；包括医药卫生和计划生育、社会保障等在内的社会领域；以及包括司法公信和公共安全等在内的司法领域。可见，目前的社会信用体系建设是一种服务于私益和公益的信用管理系统建设。其潜在的使用主体几乎涵盖了所有社会成员；诸如在食品安全领域，消费者可以通过查询食品生产者和销售者的信用状况后决定是否选购，以提高质量保障；在普通的民间借贷中，被请求一方可以通过查询对方的信用状况后决定是否借贷，以降低"欠债不还"的风险。凡此种种，已导致信用信息的利用逐步成为一种新的提高公共利益和个人生活品质的社会福利。可以预见，这种社会福利在未来将成为普通公民生活中不可或缺的部分。

---

① 参见［美］迈克尔·费蒂克、戴维·C. 汤普森：《信誉经济：大数据时代的个人信息价值与商业变革》，王臻译，中信出版社2016年版，第9页。
② 参见丁晓东：《个人信息保护：原理与实践》，法律出版社2021年版，第79页。

第三章
个人信用信息隐私侵害样态的三阶段分析

第一节 信用制度建设模式及其阶段化分析

一般而言,发达市场经济国家在信用制度建设方面,主要形成了三种模式:第一种是以美国为代表的完全市场化运作模式。该模式下的信用制度以独立于政府之外的商业化征信机构作为组织保障,政府不直接参与信用活动,仅负责提供立法支持和监管信用管理体系的运转。[1] 该模式下商业化征信机构往往需要花费巨大的成本,通过各种手段收集个人信用信息。法律上虽然规范了信息收集的目的原则、收集最小原则和信息隐私保护原则,但在利益的诱导下,非法收集信息隐私的情形屡屡发生。第二种是以欧洲为代表的政府和中央银行为主导的模式。该模式是由中央银行建立中央信贷登记系统,主要由政府出资建立全国数据库,组建全国性的资信调查系统。征信信息主要供银行内部使用,服务于商业银行防范贷款风险和中央金融监管与货币政策决策。[2] 该模式下征信行业的重要功能就在于内部信用信息的共享,故"大多

---

[1] 参见曹元芳:《发达国家社会信用体系建设经验与我国近远期模式选择》,载《现代财经》2006年第6期。

[2] 参见刘肖原:《我国社会信用体系建设问题研究》,知识产权出版社2016年版,第68页。

数国家法律赋予了征信机构收集消费者隐私信息的权力"①,但同时规定了保护信息隐私的义务。这一模式下个人征信主要是系统内部的循环,信用信息来源相对较窄,收集使用的限制较多,并且受到政府部门的监管较多,因此在信息隐私的保护方面较为严格。第三种是以日本为代表的行业协会驱动下的社会信用模式。该模式主要通过银行协会建立的会员制征信机构来管理整个社会的信用系统,会员自愿参加协会并交纳会费,入会后定期向协会提供自身信用信息,并有权向协会索取所需的信用信息。② 在信息隐私的保护上,日本也是通过将法律和自律规范相结合进行保护的。其中法律方面的规定主要是一些信息隐私保护的基本理念和原则,如慎重和合法原则等。在行业规范方面,如日本全国银行协会发布的《个人资料安全管理措施相关指南》。

就我国而言,根据国务院印发的《规划纲要》,社会信用体系建设将"政府推动,社会共建"作为主要原则之一,并由政府来"负责制定实施发展规划,健全法规和标准,培育和监管信用服务市场"。地方社会信用体系建设实践亦可归属为"政府驱动型"模式。③ 我国整体上采取的是政府推动模式。这种模式可以较好地发挥政府号召力强、公信力高等优势,快速推动我国社会信用体系建设。而相较于社会信用体系下的信用信息的利用与保护,我国经济或者商业领域的征信业个人信用信息的利用与保护开始于20世纪90年代前后,所反映的问题更多且更为全面。因此,本书主要以征信业所出现的隐私侵害样态为基础,并结合当前信用信息提供单位和信用信息管理机构(或称为信用信息处理者),在信用信息处理过程中所凸显出的隐私侵害问题进行分析。应当注意的是,"金融隐私披露或者说消费者对自身隐私的让渡是金融契约得以建立的前提"④,也就是说,适当地披露金融隐私是金融

---

① 朱宝丽、马运全:《个人金融信息管理:隐私保护与金融交易》,中国社会科学出版社2018年版,第55页。
② 参见后梦婷:《社会信用建设的模式比较》,载《重庆社会科学》2011年第12期。
③ 参见刘建洲:《社会信用体系建设:内涵、模式与路径选择》,载《中共中央党校学报》2011年第3期。
④ 朱宝丽、马运全:《个人金融信息管理:隐私保护与金融交易》,中国社会科学出版社2018年版,第2页。

机构克服信息不对称，防范金融风险的重要手段，这种信息隐私的披露在金融领域存在一定的合理性。

就征信业而言，"个人信用报告中的信息主要有六个方面：公安部身份信息核查结果、个人基本信息、银行信贷交易信息、非银行信用信息、本人声明及异议标注和查询历史信息。这些信息关乎每个人最隐私的信息"①，而这些信息始终存在于个人征信的所有流程之中。换言之，从信用交易的扩大到社会信用体系的建设，其基础都是对信用信息进行收集和归集，并将大量经过处理的个人信用信息公开并加以传播，从而涉及敏感的信用信息隐私问题。② 鉴于中国人民银行征信中心所规定的个人征信过程基本流程如下："制定数据采集计划—采集数据—数据分析—形成信用报告。"③ 本书整体上以这一流程为参照，将信用信息的处理过程分为收集阶段、加工阶段和应用阶段三个阶段，并对各个阶段所存在的隐私侵害样态进行分析。

第二节　收集阶段的隐私侵害分析

信用信息的全面收集是确保信用信息数据库完整的基础，是社会信用体系得以有效运行的前提。不仅如此，信用信息的收集还是信用主体信息隐私保护的第一道也是最重要的一道屏障，因为信息隐私是通过信息的收集进入社会信用体系的，信息的收集可谓是信息隐私与社会信用体系的第一个"交叉点"。故在这一阶段，信用主体隐私被侵害的情况时有发生，也尤为突出。

一、"收集""采集""归集"的辨析与适用

关于信用信息的收集，现有法律法规存在不同规定。2013年1月国务院颁布的《征信业管理条例》统一使用的是"采集"这一表述，且全条例未出现"收集"和"归集"的词眼。2021年5月通过的《民法典》在个人信息

---

① 王岩岩、蒋文保：《个人信用报告全程隐私保护研究》，载《征信》2015年第3期。
② 参见孙志伟：《美国消费信用探幽》，中国经济出版社2014年版，第20页。
③ 王岩岩、蒋文保：《个人信用报告全程隐私保护研究》，载《征信》2015年第3期。

相关的规定中统一使用的为"收集"一词,而且全文未出现"归集"和"采集"的词眼。2021年8月通过的《个人信息保护法》则与《民法典》的规定相同,统一使用"收集"这一表述,虽然第26条规定"在公共场所安装图像采集、个人身份识别设备",但只是涉及了"图像采集"设备,同本书所讨论的问题无关。与之不同,我国地方性社会(公共)信用法规和规章,主要采用的方式是:对市场信用信息采用"采集";对公共信用信息则采用的是"归集"。例如,2020年7月通过的《山东省社会信用条例》第2章名为"社会信用信息采集和归集",认为市场信用信息是采集的,而公共信用信息是归集的;[①]再如,2021年3月通过的《广东省社会信用条例》同样采用了这一做法,在条例中区别使用"采集"和"归集"。[②]除此之外,有地方交叉使用"收集"和"采集",如《北京市公共信用信息管理办法》[③]。整体而言,不同位阶的法律法规和不同地方的法规规章,在信用信息"收集""采集""归集"等词的使用上表述不一致,这不仅不利于信息法表述的规范性和严谨性,还容易基于词义理解的不同产生歧义,引发不必要的争论,对此我国有必要加强相关概念的统一。

在《现代汉语词典》中,"集"作为动词的意思为"集合;聚集"[④]。"收"的主要意思是"把外面的事物拿到里面;把摊开的或分散的事物聚拢"[⑤],而"收集"则是指"使聚集在一起"[⑥];"采"与本书有联系的释义为

[①]《山东省社会信用条例》第8条第2款中规定的公共信用信息是指国家机关等公共信用信息提供单位过程中产生或者获取的信用信息;第8条第3款中规定市场信用信息是指信用服务机构等市场信用信息采集单位活动中产生、获取的信用信息。

[②]《广东省社会信用条例》第4条规定"社会信用信息的归集、采集、公开……等活动,应当遵循合法、正当、必要、审慎的原则";第6条规定"省人民政府社会信用主管部门负责制定全省公共信用信息归集、公开、共享、查询和应用等方面的管理规范和政策措施";第22条规定"采集市场信用信息,涉及自然人个人信息的,应当经信用主体同意"。

[③]《北京市公共信用信息管理办法》第15条规定:"行政机关应当……做好公共信用信息的收集、整理、保存等工作……"第8条规定:"禁止归集自然人的宗教信仰……以及法律、法规禁止采集的其他自然人信息。"

[④] 中国社会科学院语言研究所词典编辑室编:《现代汉语词典》(第7版),商务印书馆2016年版,第610页。

[⑤] 中国社会科学院语言研究所词典编辑室编:《现代汉语词典》(第7版),商务印书馆2016年版,第1199~1200页。

[⑥] 中国社会科学院语言研究所词典编辑室编:《现代汉语词典》(第7版),商务印书馆2016年版,第1201页。

"搜集"和"选取；取"的意思，① 而"采集"则是指"收集；搜罗"②；"归"与本书有联系的释义为"趋向或集中于一个地方"③。但是，2016 年版《现代汉语词典》中并未出现"归集"一词，可见该词目前还不属于常用词。根据现有地方性信用法规和规章的条文表述，可以分析出"归集"主要强调的是对于无须逐一取得信用主体同意的公共信用信息的集合。然而，即便该词确有这一特殊的含义且适用时其表意更为精准，但市场信用信息也同样存在"归集"的问题，故而没有必要区别使用。总而言之，上述三词都有聚集信息的意思且没有特别明显的差异，区别使用没有实践价值，反而容易导致混乱。为此，在立法层面，我国应当在表意准确的基础上统一加以使用，可以与《民法典》和《个人信息保护法》保持一致，统一表述为"收集"。同时，在理论上可以将"收集"，依据是否需要经过信用主体的同意，划分为须经过信用主体同意的信用信息收集（以下简称"须同意收集"）和无须经过信用主体同意的信用信息收集（以下简称"无须同意收集"）。如此，不仅可以更为突出"知情同意"的权益保护规则，而且回应了论者们所提出的"市场信用信息提供者可以主动采集信息，而公共信用信息提供者不存在主动采集的义务，只是归集公共信用信息"④ 的问题。简言之，就是通过"无须同意收集"更为清晰地代替"归集"一词。

二、"须同意收集"阶段的隐私侵害

在征信业领域，我国征信机构收集的信用信息可分为三类，分别是征信机构自己收集的信息、官方信息和公众媒体信息。⑤ 在当前地方信用立法中，社会信用体系下的个人信用信息主要划分为个人市场信用信息和个人公共信

---

① 参见中国社会科学院语言研究所词典编辑室编：《现代汉语词典》（第 7 版），商务印书馆 2016 年版，第 119 页。
② 中国社会科学院语言研究所词典编辑室编：《现代汉语词典》（第 7 版），商务印书馆 2016 年版，第 120 页。
③ 中国社会科学院语言研究所词典编辑室编：《现代汉语词典》（第 7 版），商务印书馆 2016 年版，第 489 页。
④ 罗培新：《社会信用法：原理·规则·案例》，北京大学出版社 2018 年版，第 67 页。
⑤ 参见周悦丽：《个人信用信息的法律保护研究》，载《法学杂志》2007 年第 4 期。

用信息。对于个人市场信用信息主要适用一般性同意原则,① 对于个人公共信用信息则主要采取的是信用信息目录制度。

(一) 直接同意处理个人信用信息的隐私侵害

直接同意,是指个人信用信息的收集应当取得信用主体的同意或书面同意。这是主要征信国家收集个人信用信息的一般性原则。以美国为例,该国政府制定了禁止收集信用信息范围的原则。根据这一原则,如果涉及个人信息隐私,即便这些信息对判断个人的信用状况具有非常重要的意义,也必须在征得信用主体同意的情况下才能收集。而信用信息的具体范围则由市场决定,在具有合法使用目的的前提下,只要市场有需求,相关的信用报告就可以被收集和出售。②

具体而言,在直接同意收集的领域:一方面,该模式下个人信用信息能否被收集、收集的范围如何,以及信息隐私被侵害的风险高低,在形式上主要取决于信用主体的信息自决情况。然而,由于信用主体和信用信息处理者处于不对等地位,信用主体在实践中通常处于知情困难、同意受限的状态,信用主体往往难以基于真实意思表示提供个人私密信息,同时难以基于形式上保障信用主体权益的"知情同意"规则,来控制自己的信息隐私(下文会展开讨论)。这增加了信息隐私涌入个人信用信息数据库的可能性,也增加了信息隐私被侵害的风险。另一方面,该管理模式虽明文规定了禁止收集的信息包含个人宗教信仰、基因、指纹、血型、疾病和病史信息等客观上极度私密的隐私信息。③ 但实际上,这种做法不仅难以涵盖所有极度私密的隐私信息,如通信信息、就业记录、籍贯以及婚姻状况等,而且对于自然人不愿意为他人知晓的主观私密信息更是没有涉猎,如生理信息、开房记录等,存在涵盖不周和保护欠缺的问题。

---

① 即归集市场信用信息属于自然人信息的,应当经本人同意并约定用途,未经本人同意不得归集。法律、法规另有规定的除外。参见《河北省社会信用信息条例》第16条第1款;《湖北省社会信用信息管理条例》第17条第1款;《南京市社会信用条例》第29条第1款。
② 参见孙志伟:《美国消费信用探幽》,中国经济出版社2014年版,第38~39页。
③ 这里的"极度私密的隐私信息"与后面讨论的隐私"领域理论"中"隐秘领域"信息一致,将在后文予以介绍。

(二) 间接同意处理个人信用信息的隐私侵害

间接同意，是指通过信用主体的信息处理行为，可以间接地反映信用主体的同意意思。这种情形常见于自媒体披露自身信息隐私的情形，且可以根据披露对象的不同类型划分为两种：(1) 记录自己日常生活的"网红"。如一位粉丝量达千万的抖音博主，其主要题材就是通过视频的方式记录自己的日常生活，展示农村生活，让更多的人认识和了解农村。(2) 公开个人财产、婚姻状况等隐私信息的网络客户端个人用户。在我们的日常生活中，不少人在微信"朋友圈"里公开自己的行为轨迹、结婚证明、住所，甚至个人身份证号码等隐私信息。这些信息是否属于信用主体愿意为他人所知晓的私密信息？能否因其为自愿公开性信息，而可以在未取得信用主体同意的情况下收集和利用？

当然，对于第一种类型，该类主体披露的对象既包括"熟人"也包括"陌生人"。在发表包含隐私信息的作品的同时，应当能够预见其行为属于一种隐私公开行为，故信用信息处理者从其作品中获取个人信用信息的行为，实际上可以视为获得了信用主体的同意。对于第二种类型，即只向"小范围的经过自己选择的群体"透露自己的信息隐私，是否意味着信用主体愿意对外公开自己的信息隐私？本书认为，在这种情况下，无论公开的范围如何，信用主体实际上形成了"默示的同意"。其一，信用主体事前具有选择是否公开以及公开范围的权利；其二，理性的信用主体能够预见到其公开的信息隐私存在被他人知晓的风险；其三，不宜对信用信息处理者等社会公众提出过高的信息隐私保护要求，更何况这些信息有利于信息的流通和利用；其四，现有的法律为信用主体提供了事后拒绝信息处理者处理其自行公开的个人信息的权利，以及重大利益不被损害的法律保障。我国《个人信息保护法》明确规定"个人信息处理者"可以在合理的范围处理"个人自行公开或者其他已经合法公开的个人信息"①。我国《民法典》和《个人信息保护法》也规

---

① 《个人信息保护法》第13条规定："符合下列情形之一的，个人信息处理者方可处理个人信息：……(六) 依照本法规定在合理的范围内处理个人自行公开或者其他已经合法公开的个人信息……"

定个人信息处理者原则上可以进行合理处理,但是,自然人明确拒绝或者处理此类信息侵害自然人重大利益或者对自然人权益有重大影响的除外。[①] 由此可见,信用信息处理者原则上有权处理他人自行公开或者已经合法公开的信息隐私。但存在两个例外:一是信用主体明确拒绝信用信息处理者处理其自行公开或者已经合法公开的个人信息;二是处理此类信息隐私将侵害信用主体重大利益或者对信用主体有重大影响。在这种情况下,若信用信息处理者未取得信用主体同意或者不符合国家保护信用主体重大利益的相关规定,继续收集和利用这些信息,则构成信息隐私侵权。

除此之外,还有学者从档案管理学的角度,提出我国应当采用"以家庭为单位"的信用信息收集模式。该观点基于我国重视"家"与"乡土"的文化传统以及通过家庭成员信用状况可以间接推断信用主体的个人信用状况,提出我国应当采取"以家庭为单位"的个人信用信息收集方式,将反映信用主体家庭成员状况的信息纳入个人信用信息收集范围,并认为这一方式具有充分的合理性和历史必然性。[②] 这一观点将家庭的信用状况和个人信用状况完全捆绑在一起,暂且不论是否存在"信用不当联结"和信用惩戒"连坐"的问题,如果将其用于实践显然会扩大个人信用信息的范围,也会导致信用主体的家庭信息隐私被迫披露,增加了与信用主体信息相关的第三人隐私被泄露的风险,因此不可取。

三、"无须同意收集"阶段的隐私侵害

《民法典》《个人信息保护法》等均规定了处理个人信息无须获得信息主体同意的例外情形,这些规定虽然为国家机关、媒体行业等收集和利用他人个人信息提供了便利,但是也削弱了信息主体对自身信息的控制力,并且并未排除信息隐私遭受侵害的风险。

(一)收集国家机关非法行使职权公开的隐私信息

目前,"我国政府数据开放所能够依据的国家层面的信息获取法律法规

[①] 参见《民法典》第1036条和《个人信息保护法》第27条。
[②] 参见冯湘君:《档案管理视角下个人信用信息有效性保障研究》,中国出版集团、世界图书出版公司2010年版,第71页。

只有《中华人民共和国政府信息公开条例》"①（以下简称《政府信息公开条例》）。该条例虽然规定了涉及个人隐私的政府信息以不公开为原则，但是也规定了在"第三方同意公开"和"对公共利益造成重大影响"的情形下可以公开的例外情形。② 一方面，该条例规定了个人隐私在特定条件下可以公开，也就是说个人隐私有可能成为开放性信息。另一方面，该条例的规定实际上缺乏可操作性：其一，没有明确个人隐私的开放范围；其二，征得第三方同意成本较高且难以用于实践；其三，"对公共利益造成重大影响"缺乏明确的标准，这增加了个人隐私变为开放信息的主观性，也增加了政府公开信息侵害隐私的可能性。总体来说，由于我国开放政府信息"相关利益主体所应享有的权利和责任不明确，个人隐私的概念和范围界定不清晰、个人隐私保护缺乏应遵循的具体原则，这些因素都严重影响了我国个人隐私保护的进程与水平"③，这种情况也将导致其他机构在收集相关信息时产生信息隐私侵害风险。

（二）收集公共媒体不当报道的信息隐私

正当的舆论监督，对于加强民主法治建设和提高公民道德素养具有重要的意义，而且舆论监督一般是隐私权侵权的合法抗辩事由。④ 即便涉及信息隐私，只要不超过必要范围，就不构成侵权行为。例如，某情感类节目将普通老百姓纯属个人隐私的事务在主流媒体上播放。而且在节目播放过程中，我们经常可以发现除委托录制的当事人外，其他人一般具有较强的抵触情绪，他们非常反感自己的私人事务和个人隐私被录制和播放出来，更不用说在节目制作前是否已经取得了其他人的同意。在这种情况下，媒体的公开报道本身就存在隐私侵害的隐患，若信用信息处理者基于媒体已经公开报道，而收

---

① 黄如花、刘龙：《我国政府数据开放中的个人隐私保护问题与对策》，载《图书馆》2017年第10期。

② 《政府信息公开条例》第15条规定："涉及商业秘密、个人隐私等公开会对第三方合法权益造成损害的政府信息，行政机关不得公开。但是，第三方同意公开或者行政机关认为不公开会对公共利益造成重大影响的，予以公开。"

③ 黄如花、李楠：《美国开放政府数据中的个人隐私保护研究》，载《图书馆》2017年第6期。

④ 参见杨立新主编：《中华人民共和国民法典释义与案例评注·人格权编》，中国法制出版社2020年版，第234页。

集存在于其中的信息隐私,并加以评价和利用,这种行为实际上对信用主体造成了"二次侵害",也存在隐私侵害的问题。而且公共媒体报道的情况并非都进行了深入调查,有的节目甚至为了获取观众的关注,而故意使其中的一些情节朝着预设的方向发展,从而无法反映客观事实。这些信息被直接收集和利用后,不仅无法确保真实反映信用主体的信用状况,而且存在侵害他人名誉的可能性。

(三)超出必要范围收集公众人物的隐私信息

一般而言,"公众人物"的隐私保护范围小于普通人。对此,有论者认为,"为社会公共利益进行宣传或者舆论监督,公开披露公众人物与公共利益相关的以及涉及相关人格利益的隐私,不构成侵权"[1],但这一观点成立的前提是没有超出必要的范围。然而,当前"公众人物"被"人肉搜索"的情况时常发生,所谓"人肉搜索是一种较多利用人为参与来提纯目标信息的搜索机制,它打破了时间和空间的限制,在最大限度内把关联信息聚集,将虚拟世界汇集起来的力量直接作用于你我的现实生活产生影响"[2]。其背后实际上是各类信息的非法聚合和分析,特别是对被搜索人信息隐私的非法挖掘和使用,这显然存在隐私侵害的问题。本书认为,信用信息处理者在"公众人物"信息收集的层面上,可基于领域的特殊性,适用更为宽松的信息隐私保护规则,但不应当超出必要的限度,更不能通过"人肉搜索"的方式来收集信用主体的信息隐私,因为此类信息类似于"毒树之果",由此形成的信用产品同样存在隐私侵害的问题。

(四)假借公众利益的需要收集信用主体隐私信息

"隐私应当是一种合法的,不危害到公共利益或他人利益的事物或行为的信息"[3]。这也说明,为满足公共利益的需要而收集信用主体的隐私信息属于抗辩隐私侵害的正当理由,但是其中的公共利益应当关系到不特定多数人

---

[1] 杨立新主编:《中华人民共和国民法典释义与案例评注·人格权编》,中国法制出版社2020年版,第234页。
[2] 张慧子:《新媒体时代公民隐私的侵害与保护研究》,华中科技大学2011年博士学位论文,第47页。
[3] 孙志伟:《国际信用体系比较》,中国金融出版社2014年版,第38页。

的利益且存在目的性限制。这要求信用信息处理者不能为了一己之私或者其他不正当目的来收集信用主体的信息隐私，或者通过不当的目的解释，来掩盖隐私信息收集的不当性。具体而言，个人信用信息的收集和利用，主要目的就是推动市场经济的发展和促进社会的现代化治理，故而在宏观层面上其主要目的是满足公众利益的需求。但是，这并不意味着可以收集和利用所有的个人信用信息。部分信用信息处理者（特别是商业性信用信息处理者）出于营利目的或者其他目的，违规收集信用主体的个人信用信息，导致隐私信息被侵害的，也属于侵害他人信息隐私的行为。

四、收集阶段的隐私侵害特征

我国个人信用信息收集阶段的隐私侵害具有以下特征：其一，争议性。由于信用信息和信息隐私之间本身就边界模糊，并且两者范围处于不断扩张的动态变化之中，这加大了准确识别信用信息和信息隐私的难度，也容易导致信用主体和信用信息处理者对信息隐私的范围产生争议。其二，模糊性。《个人信息保护法》第28条第2款规定了敏感个人信息的处理原则，即"只要具有特定的目的和充分的必要性，并采取严格保护措施的情形下，个人信息处理者方可处理敏感个人信息"。但关于"特定的目的和充分的必要性"实际上是具有模糊性的，[1] 即便是社会信用体系下的个人信用信息收集目的，也只存在服务于市场经济和社会治理等宏大的目的，无法达到清晰明确的程度。其三，易发性。个人信用信息的收集阶段是信用信息处理者获取信用主体信息隐私的第一阶段。一方面，严格的收集标准可以防范信息隐私的侵害，但宽松的收集标准则必然会导致信息隐私大量涌入社会信用信息体系之中，增加信息隐私侵害的风险。另一方面，在收集阶段，不仅信用信息处理者具有很大的信息收集空间，可以通过多种方式来变相收集信用主体的信息隐私；而且信用主体往往会在不了解信息隐私侵害的前提下，同意信用信息处理者收集自身的信息隐私，形成一种在法律上具有责任豁免事由的隐私侵害。不仅如此，信用信息处理者收集信用主体个人信用信息后虽有义务妥善保管，

---

[1] 参见梁泽宇：《个人信息保护中目的限制原则的解释与适用》，载《比较法研究》2018年第5期。

但也存在因为不当操作或未采取有效的安全保护措施而造成信息泄露的情形，故而很容易发生隐私侵害的行为。

第三节　加工阶段的隐私侵害分析

个人信用信息的处理流程如同工业生产流水线一样：一端是收集的个人信用信息，即工业生产的原料；另一端是提供使用的信用服务产品和服务，即工业生产的成品；中间则是围绕个人信用信息进行分类、计算、评估等的信息加工环节。在信息加工环节，信用主体在实践层面上已经失去了对个人信用信息的控制权，也难以了解到自己个人信用信息的处理状况，故而此阶段的信息隐私侵害行为具有一定的技术性和隐蔽性。

一、人工分析个人信用信息的隐私侵害

信用信息处理者对信用主体的信用信息进行收集，从某种程度上理解就是一种信息的泄露。这种信息泄露后的加工和传播都是信用主体无法控制的，通常会对信用主体的信息隐私造成不利影响。据报道，商业银行在审查个人信用信息时，通常具有以下意识："婚姻状况"在一定程度上能够反映信用主体生活稳定程度；"居住地址"则用来判断信用主体的生活稳定程度，同时初步判断信用主体的房产拥有信息，是购买、按揭还是租住等。[1] 这种判断方式可谓仁者见仁、智者见智，暂且不论上述信息是否具有信用相关性，以及这种分析方式的合理性。该方式存在很大的侵害信用主体信息隐私的风险：一方面，此类信息本身就可能属于信用主体不愿意为他人所知晓的信息，属于信用主体的信息隐私。若将其中部分信息纳入用于识别信用主体的识别

---

[1] 参见侯海花：《信用报告如何产生记者探秘个人征信系统》，载大众网，http://www.dzwww.com/shandong/sdnews/200701/t20070126_1985320.htm。"婚史""居住证""住宿信息"属于个人敏感信息，即"一旦泄露、非法提供或滥用可能危害人身和财产安全，极易导致个人名誉、身心健康受到损害或歧视性待遇等的个人信息"。详见《个人信息安全规范》（GB/T 35273—2020）附录B（资料性附录）"个人敏感信息判定"。

性信息范畴，虽然可以满足公益需求或者符合相应的法律规定，从而存在一定的合法性。但将此类信息用于判断信用主体的信用状况，实践中存在婚姻歧视、财富歧视的问题，已经有损公平和正义，不仅无法继续适用上述责任豁免事由，而且丧失了合法性基础，故收集和分析此类信息本身就是一种隐私侵害行为。另一方面，若上述信息可以用于分析信用主体的信用状况，这必将无限制地扩大（经同意收集）个人信用信息的范围，诱导他人刺探和侵扰信用主体的信息隐私，进而增加信用主体信息隐私被侵害的风险。除此之外，在人工分析过程中，工作人员的操作失误以及日常保密能力较弱，这都有可能导致个人隐私信息的泄露。当然这一隐私侵害风险存在于个人信用信息处理的所有环节。但在分析阶段，由于工作人员接触的信息更为全面且进行过深入的思考而记忆最深刻，所以无论是在客观还是在主观上，信息隐私泄露的风险都更大。

二、自动化分析个人信用信息的隐私侵害

"算法社会"（Algorithmic Society）是一种治理人口（governing populations）的方式，也即通过控制算法来分析、控制、指导（direct）、命令（order）和塑造数据对象的方式，利用算法来分类、选择、理解（comprehend）和作出关于整体人群的决策。[①] 应当说随着"大数据""云计算"的发展，"算法社会"已在当前的社会中有所适用。个人信用信息的收集利用在某种意义上，属于"算法社会"的一部分。如政府在招商引资、项目招标等方面会考虑申报主体的信用状况，这实际上是利用个人信用信息自动化分析（算法）来选择合作对象。然而，这种算法社会的核心特点是信用信息处理者和信用主体处在一种权力（权利）不对等和信息不对称的地位。[②]

个人信用信息加工阶段的核心是信用评分，而信用评分的原理是"借用统计数据和分析技术的结合，将消费者以往相互关联又繁杂凌乱的各种涉及

[①] See Jack M. Balkin, 2016 *Sidley Austin Distinguished Lecture on Big Data Law and Policy: The Three Laws of Robotics in the Age of Big Data*, 78 Ohio State Law Journal 1217（2017）.

[②] See Jack M. Balkin, 2016 *Sidley Austin Distinguished Lecture on Big Data Law and Policy: The Three Laws of Robotics in the Age of Big Data*, 78 Ohio State Law Journal 1217（2017）.

信用表现的资料量化"①。随着计算机的普遍应用，大数据、云计算等技术的成熟，个人信用信息的加工主要依赖于自动化分析。即"指利用个人信息的行为习惯、兴趣爱好或者经济、健康、信用状况等，通过计算机程序自动分析、评估并进行决策的活动"②。这一方式不仅有利于克服人为干预带来的不公正性，对信用主体进行精准的信用画像，而且弥补了人工分析在海量数据中工作成本巨大的不足。但是人工智能和自动化决策也存在大量的隐私侵害风险。

首先，算法"黑箱"普遍存在。由于算法的复杂性，信用主体通常无法清晰地了解信用等级的算法，对其而言犹如一个未知的"黑箱"，更遑论从算法中找到信息隐私被侵害的方式。其次，存在算法歧视和算法偏见问题。由于算法本身就是基于社会性的一般性认识，将社会性变量数据化后所做出的计算，这些计算结果可能放大对特定人群的歧视。而且，人工智能技术的产品通常具有很强的人机交互性，这也难免导致信用主体的信用信息在智能分析的同时，许多信息隐私被人工智能公司不经信用主体的同意而直接收集。③ 最后，以算法为基础的信息自动化处理技术"缩小了隐私信息和非隐私信息的鸿沟"④，通过技术分析非隐私信息可能挖掘出信用主体的隐私信息。这是因为"以往很多看似无关紧要的、琐碎的，并无明确身份指向的一般的个人信息在经过大数据的整合与人工智能的分析之后极易形成一种'推断性信息'，而这种信息往往涉及个人隐私，最明显的应该就是'数字化人格'，即根据数字化信息建立起来的人格"⑤。不仅如此，自动化中的人工智能分析"非常擅长通过从看似不相关的数据中提取关系来重新识别（或去识别）数据"⑥，这增加了已经进行去标识化的隐私信息被侵害的风险。

---

① 孙志伟：《国际信用体系比较》，中国金融出版社 2014 年版，第 22 页。
② 龙卫球主编：《中华人民共和国个人信息保护法释义》，中国法制出版社 2021 年版，第 104 页。
③ 参见刘云江：《人工智能对隐私权的影响与法律应对》，载《人民论坛》2020 年第 26 期。
④ 翟相娟：《个人敏感信息法定采集范围之检视——以大数据征信为背景》，载《首都师范大学学报（社会科学版）》2021 年第 1 期。
⑤ 毛典辉：《大数据隐私保护技术与治理机制研究》，清华大学出版社 2019 年版，第 7 页。
⑥ Karl Manheim & Lyric Kaplan, *Artificial Intelligence: Risks to Privacy and Democracy*, 21 Yale Journal of Law and Technology 106（2019）.

三、加工阶段的隐私侵害特征

其一，计算要素相关性。当前个人信用等级（积分）的计算方式缺乏统一性，部分信息隐私相关的计算要素较高，这增加了信息隐私被侵害的风险。其二，隐私侵害技术性高。海量的数据不得不依赖于信息科技的自动化处理，应当说当前的个人信用信息分析的主要方式是自动化分析，仅对于部分无法用信息技术代替的流程，继续依靠着人工方式。这导致个人信用信息的分析成为一项具有高度专业技术性的工作。由于信用主体的技术了解和掌握能力有限，这加剧了信用信息处理者同信用主体之间信息的不对等性。其三，隐私侵害缺乏透明性。个人信用信息进入信用产品生产"流水线"后，信用主体难以掌握个人信用信息的处理情况，也难以及时发现自身信息隐私受到侵害，往往只有在产生一定的损害时才能发现隐私侵害行为。特别是自动化分析技术的加强，导致信用信息处理者和信用主体处于信息完全不对等的处境，产生了严重的权利失衡问题。

第四节 应用阶段的隐私侵害分析

一、查询个人信用报告的隐私侵害

目前在中国人民银行征信中心查询他人个人信用报告，包括现场查询和网上查询两种方式。[①] 其中，现场查询主要存在的问题包括受托查询的范围过大，以及无利害关系人能否查询的问题。网上查询的主要问题包括：黑客攻击和计算机病毒的外部隐患问题，以及中国人民银行征信中心的征信系统并没有追溯查询的功能，即无法获取用户查询信息所使用的互联网协议地址（IP）信息的系统自身缺陷问题。[②] 在美国，信用主体的查询方式只有两种：

[①] 参见王岩岩、蒋文保：《个人信用报告全程隐私保护研究》，载《征信》2015年第3期。
[②] 参见王岩岩、蒋文保：《个人信用报告全程隐私保护研究》，载《征信》2015年第3期。

一种为信用主体主动查询。但信用主体只能查询本人的信用报告且不能委托和受他人委托查询相关信用主体的信用报告，即便是家庭成员之间也不能相互查询对方的信用报告。另一种为"授信机构"（信用主体的合作对象）查询。该种查询方式包括"硬查询"（Hard Inquiry）和"软查询"（Soft Inquiry）。其中，前者是指信用主体向"授信机构"提出信用申请时，"授信机构"到信用报告机构查询的方式；后者是指"授信机构"为了从所有信用主体中寻找出所需要的优质交易对象，而主动到信用报告机构查询信用报告，进行规模化分析的查询方式。①

相较而言，查询阶段最大的隐私侵害风险是未经信用主体的授权查询个人信用信息。② 鉴于信用主体对自身的个人信息享有信息自决权，如果信用主体不希望他人知晓自己非法定公开的个人信用信息，信用信息处理者则无权将此类信用信息提供给他人，也不得向他人提供查询的途径。但是，信用主体授权他人查询自己个人信用信息的除外，因为此时被授权人是基于信用主体的同意而查询的个人信用信息，是在保障信用主体信息控制利益的基础上进行的。但若信用信息处理者出于私利，给未获得信用主体授权的第三人提供查询途径，则可能导致信用主体不愿意为他人所知晓的信息泄露，进而侵害其信息隐私权益。

二、使用个人信用信息的隐私侵害

个人信用信息的不当使用，同样是导致信息隐私被侵害的重要原因之一。目前可以对这一阶段进行如下分类：其一，依据个人信用信息使用方式的不同，可以分为直接使用和加工使用。前者是指信用信息处理者所收集的个人信用信息无须加工即可直接使用的情况，主要是指身份识别性个人信用信息；后者是指收集的个人信用信息需要经过判别、分类等处理过程才能投入使用的情况，针对的是信用评价性个人信用信息。其二，依据个人信用信息使用主体的不同，可以分为自主使用和共享使用。前者是指信用信息处理者在收

---

① 参见孙志伟：《美国消费信用探幽》，中国经济出版社2014年版，第47~48页。
② 参见张继红：《大数据时代金融信息的法律保护》，法律出版社2019年版，第387页。

集和加工信息后仅供自己使用；后者则是指不仅供自己使用，还需要共享给他人使用。其三，依据个人信用信息使用目的的不同，可以分为"原目的性使用"和"超目的性使用"（或者"二次使用"）。前者是指个人信用信息收集之后仅基于信息收集时的目的使用，后者则是指超出收集信用信息时的主要目的使用。

个人信用信息使用阶段的隐私侵害，大多是因为超出约定用途使用而引起的，这一样态主要是违背了个人信息使用的"目的限定"原则。在个人信用信息使用目的的规定中，美国FCRA进行了较为全面的规定，该法第1681a.（d）条规定"消费者报告"用于说明消费者在以下几方面的可靠性：（1）个人、家庭目的的贷款或保险；（2）雇佣目的；（3）第1681.b条所认定的其他目的。而FCRA第1681.b（a）条则明确规定，消费者报告机构可提供消费者报告的情形包括以下几种：（1）为执行法院命令或传票；（2）根据消费者的书面指示；（3）与消费者信用交易有关事项；（4）与消费者信贷展期、复查和催债有关事项；（5）雇佣目的；（6）签署与消费者有关的保险；（7）决定当事人是否有资格获得相关执照；（8）评估现有信用提前支付的风险；（9）其他合法商业交易需要；（10）应州或地方儿童抚养执行机构主管的请求。1999年日本制定的《信用信息服务机构的个人信用信息保护方针》为了防止个人信用信息被滥用，明确规定"信用信息服务机构"只有在以下四种情况下可以提供信用信息服务：（1）针对加盟会员对调查对象借贷返还、支付能力的调查，及答复信息主体提出的问询时；（2）有协议的同行信用服务机构的加盟进行偿还债务、支付能力调查时；（3）信息主体要求公开信用信息时；（4）依法要求提供信息服务时。[1]

具体而言，"超目的性使用"导致隐私侵害发生的情形主要有：其一，"由于可以对数据进行匹配、合并等处理，信息的价值通过二次使用得到了有效提高"。[2] 信用信息使用者可能出于其他目的，对收集的个人信用信息进行非法的匹配和合并处理，以便进一步地识别信用主体的人格特征，刺探他

---

[1] 参见孙志伟：《国际信用体系比较》，中国金融出版社2014年版，第196页。
[2] ［美］阿丽塔·L.艾伦、理查德·C.托克音顿：《美国隐私法：学说判例与立法》，冯建妹等译，中国民主法制出版社2019年版，第207页。

人隐私。其二，为了保障信用主体对直接个人信用信息的控制权，个人信用信息的查询通常需要信用主体的授权，这在理论上虽然有助于将个人信用信息的知晓对象控制在很小的范围内，但被授权人在实践中并不一定具有保密意识和保密能力，他们可能因为过失或者报复等原因泄露他人的个人信用信息，而这些信息本身是信用主体不愿意让他人所知晓的信息隐私。其三，如前文所述，美国授信主体可以通过"软查询"，主动到信用报告机构查询信用报告，并进行规模化分析。这种查询实际上是服务于信用主体选择优质交易对象，而这种批量的个人信用信息利用，存在引发大范围信息隐私泄露的风险。

三、披露个人信用信息的隐私侵害

信用信息的披露属于个人信用信息的输出环节，若个人信用信息收集和利用阶段的信息隐私问题没有得到妥善的解决，信息隐私在此环节同样存在泄漏的可能，产生个人信用信息隐私的"二次侵害"问题。

根据地方性的信用法规和规章，我国公共信用信息的披露方式一般规定包括公开、查询和政务共享三种方式。[1]《杭州市公共信用信息管理办法》对公共信用信息按照其开放等级从高到低依次划分为三类：（1）社会公开信息。它是指根据我国《政府信息公开条例》规定应当主动公开的信息，或者政府部门根据行政管理需要公开的信息。（2）授权查询信息。即经信息主体的授权可以查询的信息。（3）政府内部应用信息。此类信息是指不得擅自向社会提供，仅供行政机关和法律法规规章授权的具有管理公共事务职能的组织，在履行职责过程中查询和使用的信息。[2] 这一规定建立了公共信用信息披露规则的立体体系，清晰地界定了公开、查询和共享之间的关系。而市场信用信息的披露方式更多，有地方在公开层面进行了展开，包括主动公布、

---

[1] 如《湖北省社会信用信息管理条例》第18条第1款规定："公共信用信息通过公开公示、授权查询、政务共享等方式披露。"《河北省社会信用信息条例》第19条第1款规定："公共信用信息通过依法公开、政务共享、授权查询的方式在社会信用信息平台进行披露。"《浙江省公共信用信息管理条例》第15条第1款规定："法人和非法人组织的公共信用信息通过公开、政务共享和查询的方式披露。"

[2] 参见《杭州市公共信用信息管理办法》第17条。

信用服务机构依法提供或者约定的其他方式披露。①

我国个人信用信息的披露规则，主要有以下几种：（1）原则上个人信用信息不予公开。如2021年11月通过的《陕西省社会信用条例》。②（2）个人公共信用信息只能依法申请查询。如《泰州市公共信用信息条例》。③（3）个人公共信用信息可以通过政务共享和查询的方式披露。如《浙江省公共信用信息管理条例》。④《湖北省社会信用信息管理条例》也明确将个人信用信息的披露方式限制为本人实名认证查询、授权查询、政务共享三种。⑤（4）列举式规定。如《广东省社会信用条例》规定自然人公共信用信息中的姓名、出生日期、身份证件号码等个人信息不得公开。⑥ 与我国不同，美国《隐私权法》规定了个人记录披露的一般性条件，即除非经本人的书面申请或事前的书面同意，任何办事机构都不得通过通信手段向任何人或机构泄露记录系统中有关该人的任何记录，⑦ 采取的是同意原则。

目前，在个人信用信息披露过程中，导致信用主体信息受到侵害的情形主要包括以下四种：

其一，不当公开个人信用信息致使信息隐私遭受侵害。个人信用信息的公开属于例外情形。一般而言，信用状况良好的信用主体期望能有更多的人了解自己的信用信息，以获取更多的认同和合作机会，而信用状况不良的信用主体则与之相反。这说明不同的信用主体是否愿意被人知晓的信息范围不同，个人信用信息的共享范围应当在平衡多方主体利益的基础上有所限定。

---

① 《河北省社会信用信息条例》第22条规定："市场信用信息除依法公开的之外，也可以通过信用主体主动公布、信用服务机构依法提供或者约定的其他方式披露。"
② 《陕西省社会信用条例》第22条第3款规定："个人信用信息一般不予公开，《中华人民共和国个人信息保护法》等法律另有规定的，从其规定。"
③ 《泰州市公共信用信息条例》第15条第2款规定："除法律、法规另有规定的外，自然人的公共信用信息只能依申请查询。"
④ 《浙江省公共信用信息管理条例》第15条规定："自然人的公共信用信息，通过政务共享和查询的方式披露，除法律、法规有明确规定外，不予公开。"
⑤ 《湖北省社会信用信息管理条例》第18条第2款规定："涉及自然人的公共信用信息通过本人实名认证查询、授权查询、政务共享的方式披露，国家另有规定的除外。"
⑥ 《广东省社会信用条例》第18条第2款规定："自然人公共信用信息中的姓名、出生日期、身份证件号码、住址、电话号码等个人信息不得公开，依照法律、行政法规规定应当公开或者经本人同意的除外。公开个人相关信息，应当进行必要脱敏处理，并采取安全保护措施。"
⑦ See The Privacy Act, 1974, §522a (b).

其二，未按照合法程序共享个人信用信息致使信息隐私被侵害。个人信用信息的互通共享，是社会信用体系得以运转的"润滑剂"，有助于实现信用信息的最大化利用。但是，个人信用信息不当的外部共享，可能导致信用信息的泄露，从而引发信息隐私侵害。如《湖北省社会信用信息管理条例》虽然规定，省人民政府应当建立信用信息共享机制，推动省社会信用信息服务平台和各类信用信息服务系统的信息共享与数据交换，[1]但同时明确了信息共享是基于共享双方签订的协议展开的，对于"依法不能公开的公共信用信息"应当取得信用主体的同意。[2] 由于信息的流动和共享主要是由信息优势方流向信息弱势方，[3] 若信息弱势方基于非法途径通过共享的方式获得信息优势方的信息，在此过程中未经过共享双方协议的合法性审查，或者信用主体的同意，将极其容易出现包括信息隐私在内的个人信用信息泄露，产生严重的信息隐私侵害风险。

其三，超期披露（查询）个人信用信息致使信息隐私被侵害。以失信信息的披露期限为例，当前的地方性信用立法主要作出了以下不同规定：(1) 保存和披露期限为 5 年。如福建省规定"提示信息或者警示信息披露期限自不良行为或者事件终止之日起 5 年"[4]。(2) 公示期限不超过 3 年。如内蒙古自治区规定"信息主体的失信信息、风险提示信息公示期限最长不超过三年"[5]。(3) 开放期限为 3～5 年。如青海省规定"失信信息在公共信用信息平台的开放期限一般为三到五年"[6]，等等。应当说在法定披露期限之内，信用信息处理者在法定范围内依法披露他人个人信用信息，是基于公益目的或者法律明确规定，即便侵犯了信用主体的信息隐私，也具有责任豁免事由。但是披露期限届满后，这种责任豁免事由将不复存在，如果继续超期披露，则可能因为这些信息属于信用主体不愿为他人所知晓的信息，进而侵害信用

---

[1] 参见《湖北省社会信用信息管理条例》第 22 条。
[2] 参见《湖北省社会信用信息管理条例》第 21 条第 2 款。
[3] 参见罗娟：《消费者个人信息权保护：公私兼济模式向场景风险模式的转型》，法律出版社 2021 年版，第 118 页。
[4] 参见《福建省公共信用信息管理暂行办法》第 21 条。
[5] 参见《内蒙古自治区公共信用信息管理条例》第 20 条。
[6] 参见《青海省公共信用信息条例》第 21 条。

主体的信息隐私。

其四，披露期限届满后信用信息隐私侵害。以失信信息为例，当前的处理方式主要包括以下几种：（1）及时删除。如浙江省规定"不良信息保存和披露期限届满后，应当在信用档案中及时删除该信息。法律、法规另有规定的除外"①。（2）档案保存。如河南省规定"超过披露期限的转为档案保存"②。（3）档案保存+授权查询。如河北省规定"超过五年的转为档案保存。披露期限届满的公共信用信息中的失信信息采用授权方式查询"③。（4）不再公开披露。如深圳市规定"公共信用系统记录的信息披露期限届满或者失效的，不再公开披露"④。（5）档案保存+不再提供查询+不再作为评级和使用的依据。如汕头经济特区规定"转为档案保存，不再提供查询、不再作为信用评级和使用依据"⑤。可见，目前各地对披露期限届满的个人信用信息规定着不同的处理规则，同样期限届满的个人信用信息在不同的地方处理结果不一样，这导致信用主体对于披露期限届满的个人信用信息的处理缺乏预期，也加大了信息隐私保护的难度。其原因是个人信用信息本身就具有财产性质，出于获利的目的，信用信息处理者基本都存在着长期保存和利用个人信用信息的期望。即便是法律统一规定应当永久性删除，在实践中信用信息处理者也不一定能够执行到位。更何况在缺乏统一规定的情况下，寄希望于信用信息处理者能够基于保护信用主体的隐私权来作出妥当的处理决定，这是极其困难的，故而在法律的规定和执行上都存在信息隐私侵害的风险。

四、应用阶段的隐私侵害特征

其一，具有隐蔽性。之所以具有隐蔽性，具体原因如下：（1）通过正当程序收集的信息隐私，可能会被用于其他领域，这降低了信用主体发现隐私

---

① 参见《浙江省公共信用信息管理条例》第16条。
② 参见《河南省社会信用条例》第19条。
③ 参见《河北省社会信用信息条例》第26条。
④ 参见《深圳市公共信用信息管理办法》第25条。
⑤ 参见《汕头经济特区公共信用信息管理办法》第21条。

被侵害的可能性。(2) 信息隐私经常同其他信息聚合使用。这导致信用主体信息隐私被侵害后，很难发现被侵害的时间、地点等，增加了举证难度。其二，损害程度以及影响范围更大。应用阶段是信用产品和信用服务投入社会使用的阶段，也是信用信息处理者将内部收集和加工的个人信用信息输出的阶段。如果此时输出的个人信用信息还未处理好隐私保护问题，将导致信息隐私暴露在社会之中，而可能被更多的社会公众所知晓，这增加隐私信息被"遗忘"的难度，加大了对信用主体造成的负面影响。其三，具有期间限制。个人信用信息具有法定的披露期间，如《河南省社会信用条例》规定信用主体失信信息的披露期限最长不得超过 5 年。[1] 这意味着披露期限内的失信信息属于可以依法披露的信息，而超过期限的失信信息则属于非法定披露信息，信用主体完全可以基于超期披露的信息属于自己不愿意为他人知晓的信息，从而主张属于自己的信息隐私，也就是说，原本可以用于披露的个人信用信息可以转化为信息隐私。故而，应用阶段的信息隐私界定还应当关注个人信用信息的公开或披露期间。

总体而言，个人信用信息的隐私侵害主要包括内部可控的不当收集、滥用和外部不可控的信息泄露。前者主要包括个人信用信息的超量收集、错误记录以及不当使用。后者则主要包括个人隐私信息的外部泄露以及由此产生的一系列问题。相较于前者，后者更容易给信息主体带来无法控制、难以恢复的损害。如经常发生的"人肉搜索"和"网络暴力"事件，即通过对同一对象进行搜索和挖掘，使信息被侵害一方的个人信息能在短暂的时间内聚集和完善，然后对信息被侵害一方及其亲密的人进行人身攻击而致损害的发生。再如"广告个性化和精准化"侵扰生活安宁。如果将个人信用信息的范围扩展到隐私范畴，将会导致私密的信息被暴露，诸如个人电话号码、电子邮箱、疾病信息等。而此类信息一旦被不当利用，接踵而至的则是陌生人频繁向信用主体发出准确的骚扰信息，不仅给信用主体造成"信息轰炸"的侵扰，而且准确的骚扰信息将给信用主体及相关利害关系人带来未知的恐惧甚至财产、人身危险。

---

[1] 参见《河南省社会信用条例》第 19 条。

第四章 个人信用信息隐私的法律保护现状与困境

第一节 我国立法保护的现状与主要不足

一、我国立法保护的现状

除《规划纲要》和国办发〔2020〕49号文件等政策性文件之外，我国专门的个人信用信息隐私保护规则主要集中在《征信业管理条例》、《征信业务管理办法》以及地方性信用管理法规和规章之中。除此之外，《民法典》第1030条也规定："民事主体与征信机构等信用信息处理者之间的关系，适用本编有关个人信息保护的规定和其他法律、行政法规的有关规定。"该条文通过注意性规定的方式，明确了信用信息处理者和信用主体之间的信用信息关系，可以适用《民法典》第六章"隐私权和个人信息保护"的规定。不仅如此，我国《个人信息保护法》、《中华人民共和国网络安全法》（以下简称《网络安全法》）、《中华人民共和国刑法》（2023年修正）（以下简称《刑法》）以及全国人大常委会《关于加强网络信息保护的决定》等法律法规，也针对各自调整的范围作出了隐私和个人信息保护的规定，这些规定同样可以适用于相应场景中的个人信用信息隐私保护。

（一）我国私法相关规定的保护现状

信息隐私是从隐私分类中提炼出的一种隐私类型，[①] 所对应的权利为隐私权，在我国当前的立法中属于人格权。对于隐私权的立法保护，相较于其他国家，我国整体上保护起步较晚，且明显滞后，此点上文已有讨论不再赘述。此处将从隐私保护的视角予以分析。

我国《民法典》的信息隐私保护规则主要内容包括以下几个方面：（1）明确规定自然人享有隐私权，将非法刺探、侵扰、泄露、公开自然人不愿意为他人知晓的私密信息的行为认定为隐私侵权。[②]（2）隐私法律保护的适用顺序。《民法典》第1034条第3款对信息隐私保护规范的适用顺序作出了规定，即先适用"有关隐私权的规定"，再适用"有关个人信息保护的规定"。（3）隐私侵害的具体情形和不属于隐私侵害的例外情形。[③] 其中例外情形包括自然人的同意和法律另有规定。（4）隐私侵权责任承担规则。《民法典》规定了隐私侵权责任包括停止侵害、排除妨碍、消除危险等。[④]（5）享有要求信用信息处理者承担违约责任或侵权责任的请求权。信用信息处理者违背"隐私政策"，泄露或不当使用信用主体的信息隐私的，受到侵害的信用主体可以基于《民法典》第186条的规定，[⑤] 选择性地向信用信息处理者主张违约责任或者侵权责任。除此之外，若因为信息隐私受到侵害，造成信用主体严重的精神损害，信息主体可基于违约责任或者侵权责任主张精神损害赔偿。[⑥]

《民法典》不仅规定了上述"有关隐私权的规定"，还规定了一些"有关个人信息保护的规定"，这实际上是从规范个人信息处理的视角加强了对信

[①] 参见徐艺心：《信息隐私保护制度研究：困境与重建》，中国传媒大学出版社2019年版，第31页。
[②] 参见《民法典》第1032条。
[③] 参见《民法典》第1033条。
[④] 参见《民法典》第1167条。
[⑤] 《民法典》第186条规定："因当事人一方的违约行为，损害对方人身权益、财产权益的，受损害方有权选择请求其承担违约责任或者侵权责任。"
[⑥] 《民法典》第996条规定："因当事人一方的违约行为，损害对方人格权并造成严重精神损害，受损害方选择请求其承担违约责任的，不影响受损害方请求精神损害赔偿。"第1183条规定："侵害自然人人身权益造成严重精神损害的，被侵权人有权请求精神损害赔偿。因故意或者重大过失侵害自然人具有人身意义的特定物造成严重精神损害的，被侵权人有权请求精神损害赔偿。"

息主体信息隐私的保护。这些规定主要包括：其一，《民法典》第1036条规定的在合理范围之内处理个人信息的民事责任豁免事由，包括取得信息主体或者其监护人同意、处理信息主体自行公开的或者其他已经合法公开的信息，但是信息主体明确拒绝或者处理该信息侵害其重大利益的、为维护公共利益或者该信息主体合法权益等情形除外。其二，《民法典》第1037条规定的自然人所享有的查询权、复制权以及异议权，这些权利可以确保信用主体及时地了解自己个人信用信息的处理状况，并以此为请求权基础提请修改或者删除相应信用信息，这在一定程度上增加了信用主体保护自身信息隐私的途径。其三，《民法典》第1038条规定的信息处理者所负有的"不得泄露个人信息"的义务，"未经自然人同意，不得向他人非法提供其个人信息"的义务，以及个人信息安全保护义务。其四，《民法典》第1039条规定的国家机关、承担行政职能的法定机构及其工作人员对于履行职责过程中知悉的自然人的隐私具有保密义务。2020年12月，最高人民法院根据《民法典》等法律的规定修正的最高人民法院《关于审理利用信息网络侵害人身权益民事纠纷案件适用法律若干问题的规定》将利用信息网络侵害他人隐私权的纠纷明确纳入该规定的调整范围内，该条文也可以作为信用主体向信用信息处理者主张隐私侵权的请求权基础。

总体而言，在民事立法保护层面，当前我国对信息隐私的保护适用的是隐私保护和个人信息保护的双轨制，并明确了两者的适用顺序，即先适用隐私保护规则再适用个人信息保护规则。但现有的规定仍然对信息隐私缺乏实质性的认定标准，而且立法相对分散，这导致信用主体的信息隐私很难得到专门性和体系性的法律保护。虽然《民法典》规定了政府单位以及信息处理者的信息保护义务，但这些义务规则仍然过于抽象，即便具有提示和重申的作用，也因规则极其缺乏可操作性而容易出现信用信息处理者可能处于寻找漏洞以泄露和不当使用信用主体信息隐私，或者不知如何履行义务的两种极端局面。不仅如此，"在侵权隐私的框架中，法律只对个人信息做非常有限的保护，而且依赖于侵权法这一被动性的保护方式"[1]。这种保护在信息流通

---

[1] 丁晓东：《个人信息权利的反思与重塑 论个人信息保护的适用前提与法益基础》，载《中外法学》2020年第2期。

高速化、隐私救济局限化的背景下难以发挥预期的作用，进而难以妥善地保护信用主体的隐私权益。

（二）我国公法相关规定的保护现状

在私法保护之外，我国许多公法也对信息隐私保护进行了规定，此处的"公法"是指"由一系列调整国家组织及其活动的法律部门组成的法律部类，主要包括宪法、行政法、刑法和诉讼法"①。下文将依照其性质和法律位阶的不同对部分公法进行梳理。鉴于《民法典》对隐私保护的规则采用的法律适用顺序为：先适用隐私保护规则，后适用个人信息保护规则。本书也将按照这一规则，先分析包含隐私词眼的法律法规，再分析涉及信息隐私保护的个人信息保护规则。

1. 直接规定信息隐私保护的公法规则

（1）2012年全国人大常委会《关于加强网络信息保护的决定》第1条明确规定："国家保护能够识别公民个人身份和涉及公民个人隐私的电子信息。"在此基础上，该决定进一步规定了网络服务提供者、其他企业事业单位以及用户等主体，在收集、使用公民个人电子信息中应当遵守的原则、负有的义务和承担的责任。(2)《中华人民共和国传染病防治法》第12条第1款规定："疾病预防控制机构、医疗机构不得泄露涉及个人隐私的有关信息、资料。"第68条和第69条分别规定了疾病预防控制机构和医疗机构故意泄露他人信息隐私的，这些机构及其负有责任的主管人员和其他直接责任人员将被追究相关行政责任或者刑事责任。(3)《中华人民共和国行政处罚法》规定行政机关及其工作人员对其实施行政处罚过程中知悉的个人隐私具有保密义务。② 并将涉及个人隐私且依法需要保密的情况，作为"听证公开举行"的例外情形。③ (4)《政府信息公开条例》第15条规定，涉及个人隐私的政府信息，行政机关原则上不得公开。但也规定了两种可以公开的例外情形：一是第三方同意；二是不公开会对公共利益造成重大影响的。这一规定规范

---

① 胡平仁主编：《法理学》，湖南人民出版社2012年版，第126页。
② 参见《中华人民共和国行政处罚法》第50条。
③ 参见《中华人民共和国行政处罚法》第64条。

了公共登记系统的个人信用信息的收集和利用活动，明确了行政机关在政府信息公开中在信息隐私保护层面需秉持的基本态度。(5)《网络安全法》规定任何个人和组织不得利用网络从事侵害他人隐私的活动，并明确"依法负有网络安全监督管理职责的部门及其工作人员"负有保护他人隐私的义务。[①] 对于该法中与个人信息处理规则相关的规定，则在下文中具体讨论。除此之外，2009年全国人大常委会《关于维护互联网安全的决定》（2009年修正）第4条第2项明确"非法截获、篡改、删除他人电子邮件或者其他数据资料，侵犯公民通信自由和通信秘密"的行为，属于侵害他人人身、财产等合法权利的行为，构成犯罪的，应当追究刑事责任。

2. 间接规定信息隐私保护的公法规则

与明确规定（信息）隐私保护规则的直接信息隐私保护规则不同，目前我国间接信息隐私保护规则大多是将信息隐私归入公民的一般人格权之中，或者将信息隐私作为一种个人信息，然后适用相关的个人信息保护规则。

在宪法层面，我国《宪法》虽然没有直接规定公民的隐私，但明文规定中华人民共和国公民的人身自由、人格尊严、住宅不受侵犯，以及通信自由和通信秘密受法律的保护。[②] 这从根本法入手保护了信用主体的信息隐私权益。

在法律层面，我国目前有以下的间接规定信息隐私保护的公法规则：(1) 我国《刑法》并没有设置专门的罪名直接保护公民的隐私权，关于信息隐私的保护主要分散于多个章节之中且基本以保护个人信息的形式出现。主要包括《刑法》分则第四章"侵犯公民人身权利、民主权利罪"之中侮辱罪与诽谤罪（第246条），侵害通信自由罪（第252条），私自开拆、隐匿、毁弃邮件、电报罪（第253条）以及非法出售或者提供公民个人信息罪和侵犯公民个人信息罪（第253条之一）；第三章"破坏社会主义市场经济秩序罪"之下的违规披露、不披露重要信息罪（第161条），窃取、收买、非法提供信用卡信息罪（第177条），信用卡诈骗罪（第196条）；第六章"妨碍社会管理秩序罪"中的伪造、变造、买卖身份证件罪（第280条）等罪名。不仅

---

① 参见《网络安全法》第12条和第45条。
② 参见《中华人民共和国宪法》第37条、第38条、第39条、第40条。

如此,2013年最高人民法院、最高人民检察院发布的《关于办理利用信息网络实施诽谤等刑事案件适用法律若干问题的解释》第1条明确了"捏造事实诽谤他人"的三种情形,这些情形都涉及捏造事实、"在信息网络上散布,或者组织、指使人员在信息网络上散布"他人的相关信息。这意味着信用信息处理者捏造他人个人信用信息隐私,篡改信用主体的信用状况,造成信用主体名誉受损的,信用信息处理者不仅构成隐私侵害行为,还涉嫌诽谤罪。2017年最高人民法院、最高人民检察院发布的《关于办理侵犯公民个人信息刑事案件适用法律若干问题的解释》对《刑法》第253条之一所规定的"违反国家有关规定"、"提供公民个人信息"以及"情节严重"等进行具体的解释和类型化,以加强司法的权威性和统一性。其中第3条还明确规定"未经被收集者同意,将合法收集的公民个人信息向他人提供的"构成"侵犯公民个人信息罪",这实际上将"知情同意"规则与刑事犯罪密切联系起来了。(2)《中华人民共和国邮政法》明文禁止任何组织或者个人以任何理由侵犯公民的通信自由和通信秘密。即便有例外情形,也限于维护国家安全或者追查刑事犯罪的需要,并由特定主体按照法定程序才能对通信进行检查。① 显然个人信用信息的常规性收集利用,不可能达到"因国家安全或者追查刑事犯罪的需要"的层次,故而通过侵害信用主体的通信自由和通信秘密获取他人个人信用信息的情况都属于违法行为。(3)《中华人民共和国居民身份证法》第3条明确规定了居民身份证登记的项目;② 第19条将居民身份证记载的公民个人信息规定为禁止泄露的信息,并规定"国家机关或者金融、电信、交通、教育、医疗等单位的工作人员泄露在履行职责或者提供服务过程中获得的居民身份证记载的公民个人信息"的,该单位的工作人员、单位及其直接负责的主管人员和其他直接责任人员承担相应的民事责任、行政处罚或者刑事责任。

---

① 《中华人民共和国邮政法》第3条第1款规定:"公民的通信自由和通信秘密受法律保护。除因国家安全或者追查刑事犯罪的需要,由公安机关、国家安全机关或者检察机关依照法律规定的程序对通信进行检查外,任何组织或者个人不得以任何理由侵犯公民的通信自由和通信秘密。"

② 《中华人民共和国居民身份证法》第3条规定:"居民身份证登记的项目包括:姓名、性别、民族、出生日期、常住户口所在地住址、公民身份号码、本人相片、指纹信息、证件的有效期和签发机关。"

总体而言，公法领域的信息隐私保护具有以下特点：（1）提示性规定居多。主要内容为提示公民的（隐私）信息受到保护，相关部门或者机构负有保护义务，若违背相应的义务应当承担法律责任。但对于更为具体的保护方式和手段的规定较少，因而缺乏可操作性。（2）原则性规定居多。上述法律法规的出发点均为保护信息隐私，大多明文禁止相关机构收集公民的隐私信息，而很少规定利用公民隐私信息的例外情形，或者所规定的例外条件极其严苛，这在一定程度上阻碍了（隐私）信息的合理收集和利用。（3）缺乏系统性规定。一方面，当前的信息隐私保护规则散见于不同的法律法规之中；另一方面，缺乏整体性的规划，部分法律法规之间存在重复性的规定。这不仅不能满足立法的逻辑性和层次性需要，而且难以体现对应法律法规的特殊性。（4）主要为程序性保障责任的规定。行政法对于被规制对象所施加的义务主要是程序保障责任，即要求信息收集者与处理者保障信息主体的相关权利得到正常行使，这导致信用主体既可以拒绝信用信息处理者收集和利用个人信用信息（隐私），也可能导致信用信息处理者因为信用主体的授权而收集和利用其更为宽泛的个人信用信息（隐私），故而非常具有弹性。[①]

（三）我国主要信息保护法律相关规定的保护现状

个人信用信息利用过程中的信息隐私保护，不仅依赖于（信息）隐私保护规则，还依赖于对个人信息处理者处理行为的规范和对个人信息处理者义务与责任的加强。下文对比分析我国专门信息保护法中的相关规则，就是为了进一步了解我国个人信息利用过程中的隐私保护现状。

2021年6月通过的《中华人民共和国数据安全法》（以下简称《数据安全法》）第38条明确规定国家机关为履行法定职责的需要收集、使用数据的，应当依据法定程序进行，并负有信息隐私保护义务。然而，该法主要是围绕着责任和义务展开，作为国家安全立法的一部分，其立法宗旨和原则在于保证国家安全，而对于具体的信息隐私保护规则极少。2016年11月通过的《网络安全法》回应了网络信息时代中网络运营者对信息的处理和信息隐

[①] 参见丁晓东：《个人信息权利的反思与重塑 论个人信息保护的适用前提与法益基础》，载《中外法学》2020年第2期。

私保护相关的问题,是在法律位阶层面上系统地规定了信息和信息隐私保护的一部法律,该法中的许多内容被后面制定和颁布的《民法典》所吸收。相较而言,2021年8月通过的《个人信息保护法》是我国第一部专门针对个人信息保护的统领性法律,对个人信息的保护进行了具体的规定,其内容也最为丰富。为此,下文将以《个人信息保护法》为基础,比照《民法典》和《网络安全法》进行分析,以了解《个人信息保护法》中的信息隐私保护现状。

其一,《个人信息保护法》虽然是三部法律中唯一没有出现"隐私"这一词眼的法律,但专节规定了"敏感个人信息的处理规则"。该法对敏感个人信息的定义为"一旦泄露或者非法使用,容易导致自然人的人格尊严受到侵害或者人身、财产安全受到危害的个人信息",将个人信息对信用主体的可侵害性作为认定标准。对于敏感个人信息的收集和利用,依据《个人信息保护法》的规定,至少要满足五个基本条件:(1)具有特定的目的和充分必要性;(2)必须在采取严格保护措施的情况下进行;(3)必须获得信息主体的单独同意;(4)信息处理者必须向信息主体告知处理敏感个人信息的必要性以及对个人权益的影响;(5)必须进行事前的个人信息保护影响评估。[1]除此之外,法律、行政法规明确规定,应当取得信息主体书面同意、取得相关行政许可或者有其他限制的,应当从其规定。

其二,在处理个人信息应当遵循的原则方面,《个人信息保护法》增加了"诚信",并吸收了目的性原则、影响最小化原则、使用最小化原则等"公平实践保护原则"。这些信息处理原则,既限制了个人信息处理者的信息处理范围和权限,也加强了对信息主体的信息隐私保护。

其三,在告知和同意方面,三部法律都规定应当告知信息主体信息处理的目的、方式和范围,但具体到同意层面,《个人信息保护法》在《民法典》和《网络安全法》的基础上进行了差异化规定,依次是同意、单独同意、书面同意,对于敏感程度高的信息所要求的同意形式要求更高,反之则更低。在处理未成年人的信息时,需要取得未成年人的父母或者其他监护人的同意。

---

[1] 参见《个人信息保护法》第28条、第29条、第30条、第32条以及第55条的规定。

其四，在禁止实施的行为方面，《民法典》和《网络安全法》主要规定的是不得泄露、篡改、毁损相关个人信息，而《个人信息保护法》则进一步规定了"不得通过误导、欺诈、胁迫等方式处理个人信息"。一方面，所禁止的行为更为前置。前者针对的是信息收集后的不当行为，后者还针对信息收集时的不当行为。另一方面，后者更重视信息主体对自身信息的自决利益，要求个人信息处理者应当取得信息主体的真实意思表示，故保护更为全面。

其五，在个人信息处理者安全保障义务方面，《民法典》与《网络安全法》所规定的内容相似。一方面，个人信息处理者应当采取技术措施和其他必要措施；另一方面，在发生或者可能发生个人信息侵害行为时，个人信息处理者应当采取补救措施，并及时告知信息主体且向有关主管部门报告。《个人信息保护法》第51条则进行了更为详细的规定，个人信息处理者的义务包括：（1）制定内部管理制度和操作规程；（2）对个人信息实行分类管理；（3）采取相应的加密、去标识化等安全技术措施；（4）合理确定个人信息处理的操作权限，并定期对从业人员进行安全教育和培训；（5）制定应急预案。除此之外，2013年工业和信息化部颁发的《电信和互联网用户个人信息保护规定》规定电信业务经营者、互联网信息服务提供者及其工作人员对在提供服务过程中收集、使用的用户个人信息负有保密义务，应当采取相关措施加以防范，不得泄露、篡改或者毁损，不得出售或者非法向他人提供。[①]

其六，在责任的承担上，三部法律都规定了信息处理者若违反信息处理规定，将承受相应的民事责任、行政责任或者刑事责任。虽然不同的法律在惩罚标准和力度上存在不同，但这些责任条文所规定的在侵犯信息隐私后应当承担的责任形式基本相同，都属于注意性规定。目的在于提醒相关主体保护隐私，重申隐私侵害人需要承担法律责任。《个人信息保护法》第66条明确规定了信息处理者、处理个人信息的应用程序、直接负责的主管人员和其他责任人员，违反《个人信息保护法》规定处理个人信息的，应当承担相应的行政责任。这些行政责任包括责令改正、没收违法所得、行政罚款、责令

---

① 参见《电信和互联网用户个人信息保护规定》第10条、第13条和第18条。

停产停业、吊销相关行政许可，以及从业禁止等，相较其他法律更为详细。该条文通过全面强化行政责任效用，充分利用行政执法优势，通过积极主动地介入并制止尚未造成损害结果的违法行为，遏制侵害结果发生，极大地强化了对权利的事前保护。① 除此之外，《个人信息保护法》第67条规定了对于违反该法规定的违法行为，可以依据相关的法律、行政法规的规定记入信用记录，行为人可能据此遭受失信惩戒措施。

概言之，随着信息作为一种重要的社会资源被不断挖掘和利用，我国与信息利用和保护相关的法律法规也受到了高度重视，正日渐成熟和完善，呈现以下特点：（1）相较于绝对的信息保护观念，信息的利用价值在信息专门性法律中得到了重视，并且成为数据安全和信息保护无法回避的问题。如《数据安全法》第3条第3款对"数据安全"的解释是"通过采取必要措施，确保数据处于有效保护和合法利用的状态，以及具备保障持续安全状态的能力"。这明确了"数据安全"并不局限于数据的有效保护，还包括数据的合法利用，且两者不可偏废。（2）既吸收了私法内容，也吸收了公法内容，导致专门的信息法在公私二分法中难以得到准确定性，此点将在下文中予以展开讨论。（3）直接规定信息隐私保护规则的法律法规较少。虽然《个人信息保护法》中第2章"个人信息处理规则"第2节"敏感个人信息的处理规则"专门规定了敏感个人信息（上文已论证属于隐私信息）的处理规则，但是这些规则属于隐私信息的利用规则，而关于信息隐私的保护规则只是少量涉及。该现象在一定程度上与《民法典》关于信息隐私的保护先适用隐私保护规则再适用个人信息保护规则的规定相衔接，② 突出了隐私保护规则和个人信息保护规则之间存在的差异性。

（四）我国"信用法"相关规定的保护现状

在社会信用立法层面，目前我国尚未出台全国统一的社会信用法，信用信息收集规则的主要依据是国务院和国务院办公厅颁布的信用建设相关的指

---

① 参见张馨天：《个人信息保护法违法处理个人信息行政责任规则的新特点》，载中国人大网2021年11月10日，http：//www.npc.gov.cn/npc/c2/c30834/202111/t20211110_314534.html。
② 《民法典》第1034条第3款规定："个人信息中的私密信息，适用有关隐私权的规定；没有规定的，适用有关个人信息保护的规定。"

导性文件，以及地方先行先试的社会（公共）信用信息法规和规章。其中，国务院和国务院办公厅颁布的相关指导性文件，并没有具体规定信用信息的范围，仅明确了信用信息的收集方式，如《规划纲要》和国办发〔2020〕49号文件均强调：我国应当制定全国统一的信用信息收集和分类管理标准，对（公共）信用信息实施目录制管理。①

2013年国务院颁发的《征信业管理条例》第3条规定不得侵害个人隐私是从事征信业务及相关活动所必须遵循的基本原则。第7章"法律责任"中明确了征信机构、金融信用信息基础数据库运行机构及其直接负责的主管人员和其他直接责任人员，实施下列行为后应当承担相应的民事、行政或刑事责任：（1）窃取或者以其他方式非法获取信息；（2）收集禁止收集的个人信息或者未经同意收集个人信息；（3）违法提供或者出售信息；（4）因过失泄露信息。本书所列举的行为只是其中的一部分，但这些行为均可以与信息隐私侵害相关联。《征信业管理条例》第42条规定了"信息使用者违反本条例规定，未按照与个人信息主体约定的用途使用个人信息或者未经个人信息主体同意向第三方提供个人信息，情节严重或者造成严重后果的"，应当承担包括罚款、没收违法所得的行政责任，以及相应的民事责任或刑事责任，违约使用和肆意提供信用主体的个人信息都存在承担行政责任的风险。

《征信业管理条例》和国办发〔2020〕49号文件指出，在收集使用个人信用信息时应当取得本人同意。② 地方性社会（公共）信用信息法规和规章，在立法上主要表现为两种范式：一种是仅规定信用信息收集、信用评级、信

---

① 参见《社会信用体系建设规划纲要（2014—2020年）》第5部分"完善以奖惩制度为重点的社会信用体系运行机制"第2点"建立健全信用法律法规和标准体系"；国办发〔2020〕49号文件第2部分"科学界定公共信用信息纳入范围和程序"和第3部分"规范公共信用信息共享公开范围和程序"，其中前者强调的是对"信用信息"实施目录制管理，后者强调的是对"公共信用信息"实施目录制管理。

② 《征信业管理条例》第13条第1款规定："采集个人信息应当经信息主体本人同意，未经本人同意不得采集。但是，依照法律、行政法规规定公开的信息除外。"国办发〔2020〕49号文件第14项"加大个人隐私保护力度"规定："各地区、各有关部门应当遵循合法、正当、必要、最小化原则，严格按照公共信用信息目录收集使用个人信用信息，明示收集使用信息的目的、方式和范围并经本人同意，法律、法规另有规定的从其规定……"

用信息异议申请等信息管理内容的地方性法规规章,如《内蒙古自治区信用信息管理办法》《江苏省个人信用征信管理暂行办法》。另一种则是在前者基础上进一步规定了信用信息应用和信用奖惩措施等内容的综合性信用地方性法规规章,如《南京市社会信用条例》《福州市社会信用管理办法》。两者在内容上虽有一定的差异,但在信用信息的管理和保护方面的内容基本相同:对公共信用信息的收集主要适用"目录制管理";对市场信用信息的收集则主要适用"同意—禁止"的管理模式。

总体来说,地方立法是对现有国家层面法律法规和规范性文件的落实,其中地方立法在公共信用信息方面实行"目录制管理"与国家层面的社会信用体系建设纲要或指导意见相衔接,而实施的"同意—禁止"管理模式则主要与《征信业管理条例》相衔接。但是,"目录制管理"和"同意—禁止"管理模式中的"禁止收集清单"均采用的是"明文列举+兜底概括",不能从根本上解决信用信息范围不清的问题。而且"在个人尊严与便利必须服从于公共利益或私性正义之处划出一条明确界线"是一项艰巨的任务;[1] 在信用信息和隐私信息之间划分界线同样是一项艰巨的任务,甚至是不可能完成的任务。除此之外,国家层面立法和地方层面立法均将"不得侵害个人隐私"作为信用信息利用和保护的基本原则,这样虽然对信息隐私保护具有立法指导和规则补充的功能,但仍旧依赖于具体的制度给予保障。与之不同,"同意—禁止"管理模式中的"一般性同意原则"和"特殊同意采集清单"所适用的"知情同意"规则,至少可以保障信用主体在信用信息被收集之前,形式上对一般的信用信息具有支配权和控制权。

(五) 我国其他法律相关规定的保护现状

这里所讨论的其他法律是难以归属于上述四类法律法规的法律,大多属于社会保障性规范,主要包括:(1)《中华人民共和国广告法》第 9 条规定广告不得泄露他人隐私;第 57 条规定对广告主、广告经营者、广告发布者违反第 9 条规定的,将被处以责令停止发布广告、罚款、吊销营业执照等行政

---

[1] See Samuel D. Warren & Louis D. Brandeis, *The Right to Privacy*, 4 Harvard Law Review 193 (1890).

责任。不仅如此，2014年3月中国广告协会互动网络分会公布了《中国互联网定向广告用户信息保护行业框架标准》，作为中国第一部规范互联网定向广告用户信息使用的行业标准，其规范了从业者在法律所允许的范围内科学有限地使用信息，明确了用户的信息保护和救济途径。(2)《消费者权益保护法》对消费者的个人信息保护进行了相对具体的规定，主要包括三个方面：一是消费者享有个人信息依法得到保护的权利（第14条）；二是经营者收集、使用消费者个人信息应当遵守法定原则，符合法定程序，并负有保密义务等义务，消费者对经营者发送商业性信息的拒绝权利（第29条）；三是经营者侵害个人信息（隐私）后应当承担相应的法律责任（第50条、第56条）。总体而言，此类法律对于信息隐私的保护主要采取三种方式：一是规定禁止侵害隐私原则；二是强调个人信息处理者的义务，以限制其权利（力）；三是通过明确个人信息处理者在（信息）隐私侵害后需要承担的行政责任，来惩戒侵害主体，保障信息主体的合法权益，进而更好地维护社会秩序。

二、我国立法保护的主要不足

整体而言，我国关于隐私以及信息隐私的专门性法律保护规范依然缺漏且相对分散。现有的直接规定隐私保护的规范基本为原则性规定而缺乏可操作性。故而在信息隐私的保护上，主要还依赖于相关个人信息保护规则，具体包括：以信息自决权为基础的"知情同意"规则、信用信息处理者的保密义务以及隐私侵权责任的威慑。然而，这些方式并不能从实质意义上保护信用主体的信息隐私，故而存在不足。

（一）以"知情同意"规则为核心的信息隐私保护规则弊病重重

"知情同意"规则（或"告知—同意"规则）起源于对信息隐私或数据隐私的保护。20世纪六七十年代，美国各界普遍意识到政府与企业对个人大规模的信息收集会给信息隐私的保护带来巨大挑战，在此背景下，企业的"知情同意"规则被论者们提出。[1] "1970年欧洲的第一部个人信息保护立法

---

[1] 参见丁晓东：《个人信息保护：原理与实践》，法律出版社2021年版，第89页。

《德国黑森州信息法》便将告知同意原则作为个人信息收集原则予以确定"[1]。20世纪70年代,"公平实践原则"(Fair Information Practices)的原始版本开始渗透到世界上一些最早的数据隐私法和政府报告中。[2] 这一原则的主要内容之一就是信息的收集应当经信息主体同意。1973年美国"关于个人数据自动系统的建设小组"(Advisory Committee on Automated Personal Data Systems)发布的《记录、计算机和公民的权利》(Records, Computers and the Rights of Citizens)报告,提出了将"公平实践原则"作为一项保护记录保存在系统中的个人数据隐私的原则。[3] 此后包括"知情同意"在内的"公平实践原则"在各国普遍适用。如1980年经济合作与发展组织(OECD)制定的《隐私保护与个人数据跨境流通指南》(Guidelines on the Protection of Privacy and Transborder Flows of Personal Data)[4],1995年欧盟颁行的《数据保护指令》(Data Protection Directive),[5] 以及2004年亚太经合组织制定的《亚太经济合作组织隐私框架》(Pacific Economic Cooperation Privacy Framework)[6] 等。2016年欧盟颁行的GDPR更是将"知情同意"规则作为大多数信息收集、使用和披露的合法性保障。[7] 为此,有学者指出包括"知情同意"规则在内的公平实践原则已然成为"现代信息隐私法的基石"[8]。

"知情同意"规则作为信息保护制度的核心制度,为各国普遍适用。目前我国个人信息和个人信用信息的收集都将这一规则作为基本原则。但是,该规则在理论上虽可以保护信用主体的隐私权,在实践中却存在种种局限。

一是信用主体管理和保护自身信用信息的负担加重。"知情同意"规则

---

[1] 张新宝:《个人信息收集:告知同意原则适用的限制》,载《比较法研究》2019年第6期。

[2] See Woodrow Hartzog, *The Inadequate, Invaluable Fair Information Practices*, 76 Maryland Law Review 952 (2017).

[3] See Woodrow Hartzog, *The Inadequate, Invaluable Fair Information Practices*, 76 Maryland Law Review 952 (2017).

[4] See Part 2. "Basic principles of national application" of Guidelines on the Protection of Privacy and Transborder Flows of Personal Data.

[5] See Art 7 of Data Protection Directive.

[6] See Part iii "APEC information privacy principles" of APEC Privacy Framework.

[7] See Art 6 "Lawfulness of processing" of GDPR.

[8] Paul M. Schwartz, *Privacy and Democracy in Cyberspace*, 52 Vanderbilt Law Review 1607 (1999).

得以适用的前提是信用主体充分"知情"和有效"同意",但实践中该前提通常难以被满足。其一,不同意的成本过高,信用主体选择"同意"与否的权利受限。一方面,普通的网络信息收集机构一般要求用户注册相关账号之后选择"同意"提供隐私信息,并将此作为用户获取相关产品或服务的前提,"如果某人不同意个人数据共享的条件,他面对的是一个垄断者并陷入拒绝服务的境地。这限制了自由选择,甚至使之成为不可能"①。另一方面,公共信用信息管理部门与信用主体的地位相差悬殊,对信用信息的收集和利用存在一定的权威性和强制性。为避免相关公共优惠和便利的减损,信用主体很少会拒绝向其提供自身信用信息。其二,信用主体知情困难,作出的同意决定存在意思表示瑕疵的问题。正如论者所指出的"世界上最大的数据库可能由没人阅读但法律要求作出的隐私政策组成"②,由于这些隐私政策中的不少内容晦涩难懂,信用主体大多会对此望而却步,③ 更不会基于对隐私政策的理解,做出"同意"与否的选择,故而存在意思表示瑕疵的问题。虽然一些法律规定了有效"同意"的认定标准,如欧盟 GDPR 第 4 条第 11 项在定义"同意"时,规定了"同意"需要满足"自由作出的""充分知悉的""不模糊的"的特征,并在第 7 条专条规定了"同意的条件":(1)信息处理者负有证明数据主体"已经同意"的举证责任;(2)书面声明的同意应当满足容易理解、语言清晰等要求;(3)数据主体有权随时撤回其同意;(4)谨慎分析同意是否自由作出。这些规定从形式上保障信用主体的"同意权"得到实现,但均未考虑到信用主体是否具有真正"同意"的能力,而这才是"同意权"保障信用主体合理隐私期待的根本之所在。其三,"同意"导致信用信息的控制权丧失,不利于信用主体对未来信用信息利益的保护。"知情同意"规则实际上"是对用户数据收集和使用的一次性取得授权,而不可能

---

① Lee A. Bygrave & Dag Wiese Schartum, *Consent, Proportionality and Collective Power*, in Serge Gutwirth, Yves Poullet, et al. (eds.), *Reinventing Data Protection?*, Springer, 2009, p.160.
② Christopher Kuner & Fred H. Cate et al., *The Challenge of "Big Data" for Data Protection*, 2 International Data Privacy Law 47 (2012).
③ 参见徐磊、郭旭:《大数据时代读者个人信息保护的实践逻辑与规范路径——以图书类 App 隐私政策文本为视角》,载《图书馆建设》2021 年第 1 期。

对不断自动产生的新数据逐一进行授权意见的征询。"[1] 对于不善于管理信息隐私的信用主体来说，这将意味着其一次不经意的同意，涵摄极其宽泛的权利内容，而加剧了信息被"收集、分析、使用和出售有关他们的信息的协议所产生的累积效应（cumulative effects）"[2]。同时，由于信用主体"缺乏评估收集、使用和披露其数据所带来的未来危害风险的能力"[3]，他们"不容易知道他们的数据在未来会如何与其他数据结合，从而得出令人惊讶和强大的推断，而这些推断可能会被用来损害他们的利益"[4]。因此，通过设置"知情同意"规则，让信用主体控制自己的信息，这在互联网传播环境中只是一种"梦想"，因为任何信息一旦进入信息流，信用主体就在事实上丧失了控制信息的能力。[5]

二是信用信息处理者侵害他人信息隐私的风险增大。"知情同意"规则是基于信用主体与信用信息处理者在信用信息利用和保护方面的合意（合同）展开的，而信用信息处理者在此类合同中通常是具有优势地位的一方，这增加了信用信息处理者侵害他人信息隐私的风险。其一，由于实践中"知情同意"规则的载体一般是信用主体只能选择同意或不同意的格式条款，加之我国隐私侵权责任采用的是"同意豁免"规则，导致信用信息处理者在制定"知情同意"规则时为规避隐私侵害的风险，更多地将其作为一种免责声明，而不是作为确保信用主体信息隐私安全的保证，[6] 这在一定程度上增加了信用信息处理者侵害隐私的风险。其二，"知情同意"规则具有合同效力，信用信息处理者可能在授权范围内随意地使用信用信息，而不考虑这种使用会给信用主体带来潜在的风险，[7] 并且在合同关系中法律责难的依据主要在

---

[1] 徐艺心：《信息隐私保护制度研究：困境与重建》，中国传媒大学出版社2019年版，第10页。
[2] Jack M. Balkin, *Information Fiduciaries and the First Amendment*, 49 U. C. Davis Law Review 1183（2016）.
[3] Jack M. Balkin, *The Fiduciary Model of Privacy*, 134 Harvard Law Review Forum 11（2020）.
[4] Jack M. Balkin, *The Fiduciary Model of Privacy*, 134 Harvard Law Review Forum 11（2020）.
[5] 参见徐艺心：《信息隐私保护制度研究：困境与重建》，中国传媒大学出版社2019年版，第36页。
[6] See Omer Tene & Jules Polonetsky, *Big Data for All: Privacy and User Control in the Age of Analytics*, 11 Northwestern Journal of Technology and Intellectual Property 239（2013）.
[7] 参见丁晓东：《个人信息保护：原理与实践》，法律出版社2021年版，第92页。

于行为人违背相应的约定义务。因此，在信用信息隐私保护高度依赖"知情同意"规则与其他权利的前提下，信用信息处理者可能会花大量成本于隐私政策与其他形式主义的合规上，① 以便尽可能地减少需要承担的义务或扩大可利用的信用信息范围。其三，信用信息处理者利用其优势地位，不仅可以"迫使"信用主体"同意"，甚至可以在信用主体不知情的情况下设计接口，最大限度地收集信用信息，并诱使信息披露，② 这增加了信用主体信息隐私泄露的风险。同时，因为信用信息处理者所收集的信用信息往往涉及与信用主体相似或有联系的第三方的隐私信息，也会给第三方的隐私保护带来负面影响。③

三是信用信息处理者收集和利用的信用信息不完整。个人信用信息既包括良好信用信息也包括不良信用信息，在"大信用"信息时代信用信息将作为社会资源配置和市场交易考虑的基础信息的情况下，信用主体为确保获取更多的社会资源和交易机会，通常具有强烈的动机去隐藏不良信用信息。"知情同意"规则的适用，显然为这一动机的实现提供了可行的途径，其结果当然是最终所收集的良好信用信息数量要远远超过不良信用信息的数量。不仅如此，基于"知情同意"规则，信用主体在法律明确规定必须提供的信用信息之外，享有选择提供或不提供某一部分信用信息的权利，以及选择提供这部分信用信息而不提供那部分信用信息的权利。这种选择权的设置将导致信用主体提供的信用信息多寡不一且缺乏统一性，进而不利于信用信息处理者基于完整统一的信用信息对特定信用主体作出准确、公正的信用评价。

四是信用主体信息隐私被侵害后陷入权利救济困境。实践中通常只有当信用主体的核心隐私领域受到侵害且造成严重后果时，信用主体才可以申请启动与之对应的公力救济。对于信用信息处理者稍微超出授权范围利用信用信息的情形，信用主体一般难以获得公力救济。对于核心隐私以外的隐私被

---

① 参见丁晓东：《个人信息保护：原理与实践》，法律出版社2021年版，第109页。
② See Jack M. Balkin, *The Fiduciary Model of Privacy*, 134 Harvard Law Review Forum 11 (2020).
③ See Jack M. Balkin, *The Fiduciary Model of Privacy*, 134 Harvard Law Review Forum 11 (2020).

侵害或者核心隐私虽被侵害但未造成严重影响的，信用主体往往只能依赖私力救济。不仅如此，通过具有合同效力的隐私政策来保护隐私也存在其困境。因为"当国家通过法令或行政法规强加不可免除的信息提供义务时，它实质上是提供了一种隐私保护的侵权理论。继续使用隐私保护的契约理论将不会有太大的帮助"①。

正如万方教授所言，"告知逐渐成为信息处理者的一种公法上的义务，而同意则仍属于私法上个人信息自决权益的核心"②。实践中不仅信用信息处理者无法告知信用主体尚未想到的用途，而且信用主体亦无法同意这种尚且未知的用途,③ 更何况如果所有的个人信用信息都要向信用主体征得同意，几乎没有信用信息处理者能负担得起这样的人力物力。④ 故而信用信息处理者很难合法合理地履行好这一义务，信用主体也缺乏相应的自决能力，这导致"知情同意"规则很难从根本上解决信用信息隐私保护的问题，为越来越多的学者所诟病。

（二）不同法规之间的衔接不畅

在我国现有的法律体系中，对于隐私权已经初步形成了以宪法、基本法、行业法等为法律依据的信息隐私保护体系。其中，宪法中以保障人权、尊重人格等规范为基本依据，许多基本法则明确规定了隐私权规范，并通过行业法细化规定了不同行业中隐私保护规则，整体上形成了信息隐私保护体系，但是仍然存在一些不足。

其一，缺乏专门立法。虽然《民法典》第1034条第3款明确了信息隐私保护的规则适用顺序，即先适用"隐私权的规定"，再适用"个人信息保护的规定"。但是从上文列举的规定可以分析出，当前的"隐私权的规定"尚缺乏体系，因为更多的基本法只是原则性地规定所实施的行为不得侵害他人

---

① Eugene Volokh, *Freedom of Speech and Information Privacy: The Troubling Implications of a Right to Stop People from Speaking About You*, 52 Stanford Law Review 1049 (2000).
② 万方：《个人信息处理中的"同意"与"同意撤回"》，载《中国法学》2021年第1期。
③ 参见［英］迈尔·舍恩伯格、库克耶：《大数据时代》，盛杨燕、周涛译，浙江人民出版社2013年版，第197页。
④ 参见［英］迈尔·舍恩伯格、库克耶：《大数据时代》，盛杨燕、周涛译，浙江人民出版社2013年版，第197页。

的隐私，或者对隐私侵害人所负担的民事、行政以及刑事责任加以了规定。而对于隐私的范畴、侵害隐私的举证责任、侵害隐私的止损措施等均没有进行详细的规定，这对具体案件的分析和理解造成了困扰，而且对于这些没有规定的空白领域，也出现了无法可依的局面。与此同时，《个人信息保护法》作为"个人信息保护"的核心规范，全文并也未出现"隐私"这一词眼。虽然本书认为"敏感个人信息"属于信息隐私中的核心隐私，但由于隐私信息是一个特别庞大的范畴，"敏感个人信息"只是隐私信息中很小的一部分，这导致一些没有"有关隐私权的规定"的隐私信息难以适用有关敏感个人信息的保护规则，故而存在衔接不畅的问题。

其二，现行法律规定极其分散，不能提供全面的保护。在当前的地方性社会信用管理规章和条例之中，通常只是在总则部分设置了"不得侵害个人隐私"这一原则性规定，[①] 这虽然反映了各地社会信用体系建设对信息隐私保护的重视，但是作为宣示性条款尚不具有实操性，信用主体主张隐私权益时，往往需要从其他的法律法规中获得依据。即便如此，如前文所述我国在基本法层面同样还未形成统一的体系以及有效的协调机制，这导致隐私侵权保护缺乏客观统一的途径，更不用说能够给信用主体提供全面的保护。

其三，行政责任体系居于弱势，不同部门法之间衔接困难。在民事责任层面，信用主体信息隐私被侵害后，所能够得到的救济属于事后救济，这很难在源头遏制隐私侵害行为。而且由于侵权行为的隐蔽性、侵权损害的不确定性，信用主体在主张权利时存在举证困难的问题。在刑事责任层面，我国所规定的相关罪名间接保护了信息隐私，此类罪名成立的前提是"情节严重"或者"情节特别严重"，[②] 虽然这充分体现了刑法所具有的谦抑性，但也

[①] 各地法规规章通常表述为"确保信息安全和准确，不得侵犯国家秘密、商业秘密、个人隐私和其他个人信息"。

[②] 如《中华人民共和国刑法》第253条之一规定："违反国家有关规定，向他人出售或者提供公民个人信息，情节严重的，处三年以下有期徒刑或者拘役，并处或者单处罚金；情节特别严重的，处三年以上七年以下有期徒刑，并处罚金。"《中华人民共和国刑法》（2020年修订）第286条之一规定："网络服务提供者不履行法律、行政法规规定的信息网络安全管理义务，经监管部门责令采取改正措施而拒不改正，有下列情形之一的，处三年以下有期徒刑、拘役或者管制，并处或者单处罚金：（一）致使违法信息大量传播的；（二）致使用户信息泄露，造成严重后果的；（三）致使刑事案件证据灭失，情节严重的；（四）有其他严重情节的……"

导致"大多数针对个人信息的违法行为,都会被相关机关非犯罪化处理"①,可见通过《刑法》对信息隐私侵害人定罪量刑的"门槛"还比较高。然而,行政责任的有效介入则可以适时地打击隐私侵害行为,做到隐私侵害风险的事前预防,以衔接好民事责任和刑事责任,从而"改善以往相对单一的依靠民事责任和刑事责任追责的局限性,实现多元法律责任机制的协同治理"②。

(三)不平等主体间的权责关系紊乱

微观信息经济学以"非对称信息理论"为研究核心,该学科认为"本质上信息就是一种市场参与者的认知与经济环境中的不确定性之间的差距,拥有信息的参与者就可以缩短或消除这种差距,从而带来经济效益"③。美国科学家克劳德·E. 香农(Claude E. Shanon)于1948年发表论文——《通信的数学理论》(*A Mathematical Theory of Communication*),该文认为数据通信系统由数据源、通信通道和接收系统三个要素组成的,其中信息量的大小是以消除信息接收系统的不确定性的多少来衡量的,④ 进而提出了"信息熵"(entropy)的概念。所谓"信息熵(即信息的基本作用),就是消除人们对事物的不确定性,熵是对系统不确定性的度量"。⑤ 其中系统不确定性程度越高,熵就越大;反之,熵就越小。⑥ 不仅如此,郑也夫在描述"信任关系"的性质时,从社会学的角度回答为什么要收集个人信用信息,具体为以下几点:其一,"时间差与不对等性",也就是说,行动和兑现较之诺言和约定必然是滞后的;其二,"不确定性",未来存在风险,且相关主体对风险缺乏应对能力;其三,"没有足够的客观根据"⑦。由此可见,市场主体和社会主体(或者说法律上的平等民事主体)之间信息处于不对等状况,并且消除这种

---

① 蒋都都、杨解君:《大数据时代的信息公益诉讼探讨——以公众的个人信息保护为聚焦》,载《广西社会科学》2019年第5期。
② 张馨天:《个人信息保护法违法处理个人信息行政责任规则的新特点》,载中国人大网2021年11月10日, http://www.npc.gov.cn/npc//c2/c30834/202111/t20211110_314534.html。
③ 郭彦丽、陈建斌主编:《信息经济学》(第2版),清华大学出版社2019年版,第20页。
④ See Claude E. Shanon, *A Mathematical Theory of Communication*, 27 Bell System Technical Journal 379 (1948)。
⑤ 参见郭彦丽、陈建斌主编:《信息经济学》(第2版),清华大学出版社2019年版,第19页。
⑥ 参见郭彦丽、陈建斌主编:《信息经济学》(第2版),清华大学出版社2019年版,第20页。
⑦ 郑也夫:《信任论》,中信出版社2015年版,第14页。

不对等状态是信息经济学和社会学所追求的目标。

建设社会信用体系的一个重要目的就是控制市场经济和社会治理之中的"信息熵",减少或者消除不同主体之间信用信息不对等的状况,以促进社会主体之间信任关系的建立。然而,随着社会信用体系建设对社会信用信息的大量需求和收集,信用信息处理者逐渐成为社会信用信息的处理中心,能够在合法的情况下收集、加工和应用信用主体的个人信用信息,并向信用信息使用者提供其加工的信用服务或者信用产品。这种"中心化"的信用信息管理模式,在以"去中心化"为主要特征的"区块链"尚未成熟的情况下,还是具有显著优势的。这一模式能够建立一个个人信用信息网,确保不同主体之间拥有依法获取各自信用信息的机会。但是,这也将导致信用信息处理者具备一定的垄断能力,在与信用主体的地位比较中处于强势地位,进而导致信用信息处理者与信用主体之间形成了一种新的不对等关系。

一方面,政府部门等运行的公共登记系统与信用主体之间存在不对等关系。在个人信用信息的收集与利用中,"国家不再是超然的法律规则制定者和执行者,也是个人信息最大的收集、处理、储存和利用者"[1]。因为这些个人信息被政府所掌握,信用主体在政府机关面前几乎处于"透明"状态,这样虽然有助于政府机关在政务工作上实现精准治理,但难免导致信用主体处于信息极度不对等的地位。另一方面,市场信用服务机构等私营征信机构与信用主体之间存在不对等关系。由于市场信用服务机构等私营征信机构可以对信用主体实施信用评级行为,而这种评级行为会影响到信用主体的信用状况。在这种情况下,信用主体为避免自身的"不配合"行为导致信用评价受到私营征信机构的"报复性"干扰,影响信用评级的准确性和公正性,一般不会对抗私营征信机构并提出过度要求,故而很难说私营征信机构是基于信用主体真实的"同意",才收集其个人信用信息隐私的。与之不同,信用主体则明显处于弱势地位。尽管信用主体知道信息隐私与自己有重要的关联,但他们却远远不能理解系统性和普遍性的信息隐私侵害所带来的严重后果,[2] 这导致两

---

[1] 张新宝:《从隐私到个人信息:利益再衡量的理论与制度安排》,载《中国法学》2015 年第 3 期。

[2] See Adamantia Rachovitsa, *Engineering and Lawyering Privacy by Design*: *Understanding Online Privacy Both as Technical and an International Human Rights Issue*, 24 International Journal of Law and Information Technology 374 (2016).

者长期处于一种不对等的关系之中。

然而，当前立法在解决信用信息处理者与信用主体不对等关系的问题上，还存在以下不足：其一，如前文所述，"知情同意"规则无法在实质意义上保障信用主体的信息控制权。其二，信用主体所享有的信息异议权、被遗忘权等都属于新型权利，在《个人信息保护法》《征信业管理条例》等立法中虽有所涉及，甚至明确规定信用主体享有此类权益，但在目前的适用中还缺乏权利实现的程序保障体系以及权益被侵害后的救济体系，其所发挥的作用更多属于宣示性作用。其三，就当前的法律法规而言，信用信息处理者的义务和责任承担规则多属于注意性规定，导致实践中信用信息处理者义务和职责的落实缺乏具体明确的规定，① 这消极地影响着相关规定在信用信息处理者的限权与控权以及惩戒与威胁上所发挥的作用，加剧了信用信息处理者与信用主体的不对等关系。

第二节 我国司法保护的现状与困境

一、个人信用信息隐私侵权的司法保护现状

在"中国裁判文书网"上以"个人信用信息"和"隐私权"为关键词检索民事案件，分析发现：其一，适用案由的数量由多到少依次是名誉权纠纷、隐私权纠纷、人格权纠纷、侵权纠纷以及其他案由。然而，依据《民事案件案由规定》，名誉权纠纷和隐私权纠纷为第三级案由同属于第一级案由"人格权纠纷"，侵权责任纠纷则属于第一级案由。一审法院立案时应当根据当事人诉争法律关系的性质，按照第四级案由到第一级案由的递增顺序确定案由的规定。对于上述案情极其相似的案件适用着不同级别和类型的案由，实际上反映了该类型案件诉争法律关系的性质还存在争议。原告均为自然人，

---

① 参见肖伟志：《"社会信用"的四种界定方式》，载《首都师范大学学报（社会科学版）》2021年第4期。

被告则为掌握个人信用信息使用和存储状况的商业银行、农村信用合作联社、中国人民银行或其征信中心以及相关资产管理公司,因此实践中原告一般难以对被告的侵权行为或者造成的损害顺利举证。其二,原告诉求中获得法院支持最高的是"请求删除不良记录","请求消除影响、恢复名誉以及赔礼道歉"次之,"请求损害赔偿"最低。其中不予支持的理由如下:(1)经信息主体同意或者授权;[1](2)未将该查询记录公开,或者查询行为未对信息主体声誉、名誉等造成不良影响,也并未直接导致其信用等级降低、社会评价降低、名誉被侵害,故消除影响、恢复名誉的诉求,没有事实和法律依据;[2](3)不能证明签字及相关材料存在造假;[3](4)债权债务关系未消灭;[4](5)受损情况无法证明或者证据不充分;[5](6)不存在损害名誉权的行为,无须以赔礼道歉的方式来承担责任;[6](7)记录和撤销不良记录是中国人民银行的权利,信息提供单位不具备直接消除不良记录的权利。[7]这些主要涉及信息主体的同意权、查询权、删除权等信用权利保障,以及侵权责任的举证责任认定。

二、个人信用信息隐私侵权的司法保护困境

个人信用信息的规模化收集与利用,所带来的通常是大规模的信息隐私侵害风险,而且"在数字时代,隐私损害不太可能在数据被收集或使用的那一刻被发现,而重大损害可能在隐私泄露很久之后才会发生"[8]。这说明信用

---

[1] 参见广东省深圳市福田区人民法院民事判决书,(2015)深福法民一初字第3308号;广东省深圳市中级人民法院民事判决书,(2016)粤03民终2634号;广东省深圳市宝安区人民法院民事判决书,(2019)粤0306民初17971号。

[2] 参见福建省厦门市湖里区人民法院民事判决书,(2016)闽0206民初3754号;天津市武清区人民法院民事判决书,(2014)武民一初字第7281号。

[3] 参见浙江省嘉善县人民法院民事判决书,(2014)嘉善民初字第1350号。

[4] 参见河北省赤城县人民法院民事判决书,(2019)冀0732民初676号。

[5] 参见安徽省合肥市包河区人民法院民事判决书,(2017)皖0111民初4056号;广东省深圳市中级人民法院民事判决书,(2017)粤03民终7378号。

[6] 参见湖南省永州市冷水滩区人民法院民事判决书,(2018)湘1103民初4635号。

[7] 参见江苏省灌云县人民法院民事判决书,(2018)苏0723民初3446号。

[8] Chen‐Hung Chang, *New Technology, New Information Privacy: Social‐Value‐Oriented Information Privacy Theory*, 10 Taiwan University Law Review 127 (2015).

主体在发现信息隐私侵害行为的层面都存在困难，更遑论具有较强的举证能力。这不仅不利于信用主体的私力救济，也给司法救济带来了诸多挑战。

(一) 大规模侵权后救济不够

"由于数据和信息具有非竞争、非排他、可以无限制复制的特征，若缺乏安全法律保障，则存在大规模信息泄露和隐私侵犯的风险"[1]。如2015年8月有记者对高考信息泄露情况进行了暗访，发现许多非法招生公司按照信息的丰富程度，从"网络群"中以0.5元到0.1元一条不等的价格进行购得。[2]这些考生信息包括考生姓名、考分、所在学校，甚至具体到楼栋的家庭地址，然后非法招生公司对考生本人及其家长进行电话骚扰，即便是一家非常普通的非法招生机构，每天都要拨打3000多个电话。[3]一方面，应当说这些考生信息在一般场景中就属于考生和考生家长不愿意为他人知晓的私密信息，更何况是在陌生人获取个人信息并用于侵扰信息主体的场景中，这些信息更不愿意为他人知晓，故属于信息隐私。另一方面，上述行为不仅侵扰了广大考生及其家长的私生活安宁，而且部分诈骗信息可能对他们造成严重的财产和人身损害。再如，2016年3月，某商业银行征信岗位人员违规查询个人征信信息并非法出售，导致该行2万余人次客户个人信用报告被非法泄露和出售；[4] 2016年8月，由于某商业银行征信岗位人员征信信息安全和风险防范意识淡薄，导致11名用户违规查询量已达3万人次，造成了巨大的客户信息泄露风险。[5]诸如此类，实践中个人信用信息隐私侵害往往是大规模的侵害。

在传统的征信业中，国家设立了专门的金融信用信息基础数据库，负责信息的收集、整理、保存、加工和提供。[6]在这种情况下金融信用信息基础

---

[1] 龙卫球主编：《中华人民共和国个人信息保护法释义》，中国法制出版社2021年版，第158页。
[2] 参见周逸雄、曹大鹏：《近10万名考生信息遭泄露被1毛1条卖掉》，载腾讯新闻，https://news.qq.com/a/20150813/039085.htm。
[3] 参见宋锐：《高考生信息遭疯狂泄露记者卧底揭黑幕》，载中国教育在线网，https://gaokao.eol.cn/news/201508/t20150813_1302323.shtm。
[4] 参见刘丽丽：《两起商业银行个人征信信息泄露事件的原因分析及思考》，载《征信》2018年第2期。
[5] 参见刘丽丽：《两起商业银行个人征信信息泄露事件的原因分析及思考》，载《征信》2018年第2期。
[6] 参见《征信业管理条例》第2条第3款。

数据库如果发生信息泄露，被侵害人往往是数量巨大的不特定信用主体，已经呈现大规模的信息隐私侵害样态。然而，相较传统的征信业领域，社会信用体系下的个人信用信息收集和利用的规模更大，至少涉及政务、商务、社会以及司法等领域。在此背景下的隐私侵害往往具有以下特征：其一，仅一个加害行为或侵权事件，就可以导致许多信用主体的信息隐私遭受侵害，而且受害人往往是不特定的，容易引发大规模的维权事件。其二，传统的个人救济失灵。一是因侵害损失相对较小，信用主体放弃救济。如批量的个人联系方式被非法披露，可能导致许多信用主体忍受着骚扰信息和电话的侵扰，但是具体到每一个信用主体，他们可能考虑到损害较小，法律执行或者维权的预期价值低于其预期成本，而放弃权利的主张。二是虽然侵害损失较大，但囿于自身力量微薄，难以对抗处于垄断地位的信用信息处理者。如公共登记系统在信用信息的收集和利用上本身就具有一定的权威性和强制力，私营征信机构则可以以未提供信用信息为理由而拒绝提供相关产品和服务，这些都导致信用主体畏惧于通过公开的途径主张权利。

（二）被侵害信用主体举证困难

在一般的侵权诉讼中，原告应当提供符合起诉条件的相应证据，[1]也就是说，原告对于自己提出的诉讼请求负有事实和法律方面的举证责任，否则将承担其主张不能成立的风险。这是因为在侵权案件中，受害人对自己是否存在损害、存在哪些种类的损害或者损害的严重程度更为了解，由其举证在经济上更为合理且更便于诉讼。[2]这种"谁主张，谁举证"的原则是建立在受害人能够了解侵害事实、侵害结果等侵害情况的基础上，然而，在信息隐私的侵权案件中很难满足这一条件，继续适用这一原则，将不利于信用主体权利的救济。

其一，信息隐私侵害行为具有隐蔽性。一般的财产和人身侵害，被侵害人能够在侵害行为发生后感受到财产的丢失，身体健康受到损害，进而及时发现相关侵害行为的存在，并可以采取措施来降低或阻断损害的发生。然而，

---

[1] 参见最高人民法院《关于修改〈关于民事诉讼证据的若干规定〉的决定》第1条。
[2] 参见张新宝：《侵权责任构成要件研究》，法律出版社2007年版，第149页。

随着现代信息技术的发展，可以说我们完全处在一个"圆形监狱"①之中，对于野蛮非法的信息收集者而言，我们所有的信息随时都有被其收集的风险，可谓"老大哥在盯着你"②。不仅如此，"黑客和恶意网站从浏览者的电脑上盗取文件的技术已经越来越纯熟，他们往往可以在浏览者毫无察觉的情况下得手"③，这些都加强了信息隐私侵害行为的隐蔽性。

其二，信息隐私侵权的损害结果具有不确定性。虽然侵权法的主要功能在于填补损害，而不在于惩罚行为人，也就是对侵权行为所造成的损失适用损失填补原则——损失多少填补多少，④但是仍然需要证明损害结果。目前依据损害结果的不同，可以划分为直接损害与间接损害，其中前者是指"对受害人的人身权益、财产权益本身所造成的损害"⑤，这种损害往往可以在客观形体上的变化中得以反映；后者是指"由于权益被侵害而延伸发展出来的损害，包括减少的收入、失去的利润以及丧失的使用等"⑥。个人信用信息隐私受到侵害后的损害结果，同样包括直接损害和间接损害，其中的直接损害主要是指信用主体的信息隐私被不当泄露后，给信用主体所带来的可以当即计算出来的损失；间接损害则更多指的是隐私信息被不当利用或泄露后，仍然存留在互联网上且在不断地流动，这增加了同其他信息聚合利用的机会，所产生的损害也难以得到预测。不仅如此，隐私侵权所造成的损害更多属于非财产性损害，而《民法典》明确规定只有"造成严重精神损害的"，才能基于违约责任和侵权责任获得精神损害赔偿，⑦若受侵害人无法证明存在严

---

① 圆形监狱（panopticon），是由英国哲学家杰里米·边沁（Bentham）于1785年提出，这样的设计使一个监视者就可以监视所有的犯人，而犯人却无法确定他们是否受到监视。
② "老大哥"源自乔治·奥威尔的小说《一九八四》，包含通过各种手段监控人民的独裁者的意思。而"老大哥在盯着你"，已经成为被认定是侵犯隐私的监控行为的代名词。[英]约翰·帕克：《全民监控：大数据时代的安全与隐私困境》，关立深译，金城出版社2014年版，第1页。
③ [英]约翰·帕克：《全民监控：大数据时代的安全与隐私困境》，关立深译，金城出版社2014年版，第318页。
④ 参见张新宝：《侵权责任构成要件研究》，法律出版社2007年版，第381页。
⑤ 程啸：《侵权责任法》（第3版），法律出版社2021年版，第231页。
⑥ 程啸：《侵权责任法》（第3版），法律出版社2021年版，第231页。
⑦ 《民法典》第996条规定："因当事人一方的违约行为，损害对方人格权并造成严重精神损害，受损害方选择请求其承担违约责任的，不影响受损害方请求精神损害赔偿。"《民法典》第1183条规定："侵害自然人人身权益造成严重精神损害的，被侵权人有权请求精神损害赔偿。因故意或者重大过失侵害自然人具有人身意义的特定物造成严重精神损害的，被侵权人有权请求精神损害赔偿。"

重精神损害，按现行法似乎就不存在损害。① 更何况其中的"严重"认定通常是十分复杂的，既要考虑到受害人一方之外的客观因素，也要考虑受害人自身的感受和反应，② 故而无论是在理论上还是实践中，都是基于审慎原则加以认定的，这导致受害人举证相对困难。

其三，信息隐私侵权的因果关系证明困难。探究侵权责任法中的因果关系，是为了"确定某一行为人的行为或物件是否造成了损害事实、造成了多大范围内的损害事实"③。通常而言，因果关系主要包括一因一果、一因多果、多因一果以及多因多果四种类型。信息领域的隐私侵权又以多因一果和多因多果的"多因"关系居多，这些"多因"现象主要包括：多个侵害人的多个加害行为；侵害人的加害行为+第三方的加害行为；侵害人的加害行为+受害人的不当行为；侵害人的加害行为+自然原因的作用等。这导致信用主体很难证明侵害人的加害行为对于最后损害结果的原因力，进而难以准确地计算出侵害人的责任份额。

其四，许多信息隐私侵权行为属于无意思联络的数人侵权。所谓无意思联络的数人侵权，是指"没有共同故意的数人基于故意或者过失，分别地实施侵权行为，造成他人同一损害的情形"④。在个人信用信息收集和利用的过程中，由于个人信用信息通常会被不特定的多人所接触，并且他们之间通常在主观和客观上都不存在侵害的意思联络，若他们分别侵权，造成信用主体损害的发生，这些侵害行为大多可以归入无意思联络的侵权行为之中。如在没有意思联络的情况下，信用信息处理者泄露了信用主体去标识化的信用信息，网友 A 提供信用主体的额外信息，网友 B 将前述两种信息进行了大量的转发，这些行为最后导致该信用主体信息隐私被识别、泄露或不当使用，造成信用主体人身、财产损失，其中的信用信息处理者、网友 A 和 B 构成了无意思联络的数人侵权。在这种情形下，信用主体所面对的案情更为复杂，在权利的救济上阻碍也相对更多。

---

① 参见叶名怡：《个人信息的侵权法保护》，载《法学研究》2018 年第 4 期。
② 参见张新宝：《侵权责任构成要件研究》，法律出版社 2007 年版，第 254 页。
③ 张新宝：《侵权责任构成要件研究》，法律出版社 2007 年版，第 288 页。
④ 程啸：《侵权责任法》（第 3 版），法律出版社 2021 年版，第 414 页。

CHAPTER 05 >>

第五章
个人信用信息隐私保护的理论反思与原则设计

第一节 信息隐私保护理论的评析

一、核心领域保护理论

"领域理论"由德国联邦法院发展而来,即依据信息与人格尊严的密切关系,将隐私的保护分为隐秘领域(Intimshäre)、私人领域(Privatsphäre)和社会领域(Sozialsphäre)三个类型。[①] 其中"隐秘领域"为核心领域,最为直接地反映人格尊严,应受到绝对保护,任何公权力机构和私人均不得侵扰。"私人领域"涉及私密性和信息保护力度次之,"社会领域"再次之,该理论强调对于隐私信息中最为核心的、与人格尊严最为相关的"隐秘领域"信息才纳入绝对保护之中。日本芦部信喜教授将个人信息划分为三类:第一类是任何人都能被认为是隐私的信息,第二类是一般情况下可能会被认为是隐私的信息,第三类是难以辨明是否属于隐私的

[①] 参见王泽鉴:《人格权的具体化及其保护范围·隐私权篇》(上),载《比较法研究》2008 年第 6 期;肖潇:《媒体侵犯人格权的损害赔偿请求权制度》,载《中德法学论坛》2005 年第 3 辑。

信息。① 三种类型的信息受到的保护程度依次递减。这一分类实际上也可以归入广义的核心领域之中，只是其分类标准为具有弹性的主观认知。本书认为，在个人信用信息的利用过程中，可依据反映人格尊严的程度对个人信用信息加以分级，分为私人领域、隐秘领域和社会领域，构建个人生活领域的"同心圆模式"（见图 5-1）。

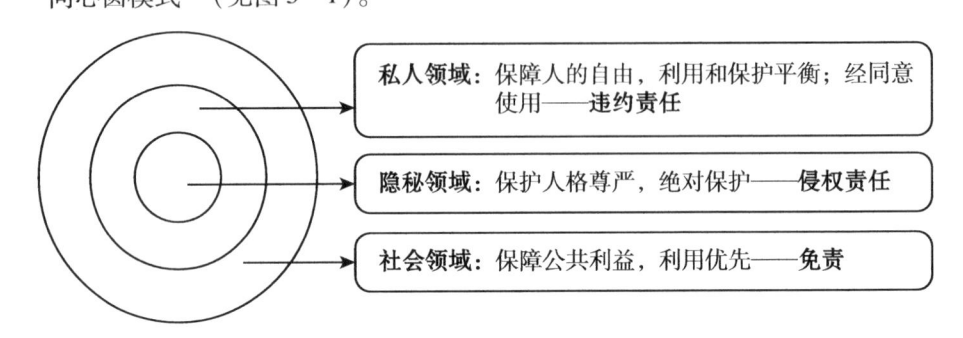

```
私人领域：保障人的自由，利用和保护平衡；经同意
         使用——违约责任

隐秘领域：保护人格尊严，绝对保护——侵权责任

社会领域：保障公共利益，利用优先——免责
```

图 5-1 个人信用信息隐私保护"同心圆模式"

个人信用信息保护适用"同心圆模式"具有以下优势：首先，可妥善保护与人格尊严联系极为紧密的隐私信息。通过构建个人信用信息中最为私密的领域并进行绝对保护，从根本上保护信息主体最为期待保护的隐私。其次，可兼顾个人信息自决权。"私人领域"的信息相对于"隐秘领域"的信息，与人格尊严联系更疏远，但完全公开则可能对自然人产生不利影响。因此，针对该部分信息可赋予信息主体"同意权"，以保障其决定公开利用或自主保密的信息自决权。最后，可充分利用个人信用信息。对于"社会领域"的信息，我国不宜同美国一样完全纳入隐私的保护之中，进而阻碍信息的利用，而应当破除个人信用信息的个人保护壁垒，为构建健全的社会信用信息体系提供信用信息基础。因此，此种分领域管理的"同心圆模式"不仅贯穿了信息管理的比例原则，而且合理平衡了个人信用信息利用和保护之间的关系。

但是，"领域理论"也存在其固有弊病，即德国联邦宪法法院摒弃该理论的主要疑虑：其一，各领域间的界限模糊、主观判断泛滥；其二，实践中

---

① 参见［日］芦部信喜：《宪法》（第 3 版），林来梵等译，北京大学出版社 2006 年版，第 108 页。

不存在可以绝对保护的核心领域。如德国著名的日记案（Tagebuch），[1] 联邦宪法法院最终依据"个案特殊情况"、"无意就内容保密"以及"公平审判的必要"，认为被告人的日记在刑事案件中可作为法院认定犯罪的证据。[2] 然而，一方面，个人信用信息和隐私本质上就具备开放性、动态性以及主观性，即便采取信息自决理论，隐私范围依然难以得到准确的界定，据此否认"领域理论"而支持信息自决理论存在不妥，当前需要解决的问题应当是制定更为科学合理的界定标准和方式。而且界限难以认定并不能成为不认定的理由，否则隐私的概念实际上成了伪命题。另一方面，即便是"风能进，雨能进，国王不能进"的"神圣不可侵犯"的房屋（或私有财产）也有其保护语境，对于正在自己房屋内实施严重危害公共利益行为的犯罪嫌疑人，不可能坚持"非请莫入"，各国的处理方式多为申请搜查令后进入搜查，或者紧急情况下直接进入、事后补充相关手续。"隐秘"领域的绝对保护，在于利用国家的公权力避免相关主体利用同意原则对行为人的隐私过度侵犯，而非对抗出于包括公共利益在内的一切合理使用。因此绝对的保护和特殊情景的使用之间并没有冲突。

二、信息自决保护理论

个人信息自决权益既具有人格利益亦具有财产利益，但本质上应当为个人自由处分信息的权利，"属于人格自由行为的内容"[3]。一方面，1983年德国联邦宪法法院的判决强调信息的自主控制，"只要是与个人相关的信息，都纳入个人自主的信息自决权"[4]，客观上保护所有的信息，强调信息主体处

---

[1] 该案普通法院根据犯罪嫌疑人在心理医生建议下所写日记的内容，认定其谋杀了一位妇女。犯罪嫌疑人不服，主张普通法院对其日记所作的认定，侵害其应受《基本法》第1条第1项及第2条第1项所保障的一般人格权，尤其是强调其日记属于应受到绝对保护的个人隐密部分，无论在任何情况下均不得受到侵犯，国家公权力不得取用此部分的资料，而诉至联邦宪法法院。
[2] 参见王泽鉴：《人格权的具体化及其保护范围·隐私权篇》（上），载《比较法研究》2008年第6期。
[3] 齐鹏飞：《论大数据视角下的隐私权保护模式》，载《华中科技大学学报（社会科学版）》2019年第2期。
[4] 刘金瑞：《个人信息与权利配置：个人信息自决权的反思和出路》，法律出版社2017年版，第83页。

理个人信息的行为自由。另一方面，追溯德国人权案，其适用的法律依据实质上是该国《基本法》中的一般人格自由权。个人信息自决权应当同"喂养鸽子"和"森林骑马"等行为一样属于行为自由的范畴。[①] 可见，"整个欧洲是在公民基本权利层面定位个人数据保护的，将对个人数据的保护视为对基本人权的保护"[②]。

然而，这种信息自决实际上难以有效地保护个人隐私。基于工作和生活的需要，信息主体通常不得已将自己的隐私透露给处在优势地位的组织或个人。这种表面上看似信息主体自由处置个人信息，实质上存在意思表示不真实性。以普遍使用的"百度"移动应用（以下简称百度App）为例，作为全球最大的中文搜索引擎，当前仅手机"应用商店"上的安装量就超过四亿次，已然成为大部分手机用户赖以使用的搜索工具。在安装百度App之前，北京百度网讯科技有限公司（以下简称百度公司）提供的《"百度"移动应用隐私政策》（以下简称隐私政策），虽规定百度公司可以基于隐私政策直接或间接收集用户的浏览记录、手机号码、交易状态、IP地址等信息，并根据偏好、习惯、位置作分析和用户画像推送个性化内容和广告。但该隐私政策并非基于百度公司和用户之间的平等协商制定的，而是处在优势地位的百度公司提供的格式合同，仅给予用户选择"同意+使用"和"不使用"的权利，导致具备需求的用户"被迫"做出"自愿"的决定。这种决定显然为百度App获取用户隐私信息并基于此获得商业利益提供了"合法"基础，但也将导致用户隐私信息被滥用以及生活安宁遭受侵扰。为此，我国有必要限制诸如百度公司等具备优势地位的组织和个人变相迫使信息主体"自愿"处置自己的私密信息。在保障《宪法》第37条规定的"公民的人身自由不受侵害"的人身自由的同时，保障《宪法》第38条规定的"公民的人格尊严不受侵犯"以及《民法典》第990条所规定的与隐私权和人格尊严利益相关的一般人格权。简言之，在个人信用信息的利用和个人隐私的保护对应的信息主体行为自由和人格尊严的博弈中，为避免信用信息被滥用，我国法律应当

[①] 参见刘金瑞：《个人信息与权利配置：个人信息自决权的反思和出路》，法律出版社2017年版，第106页。

[②] 高富平：《个人信息保护：从个人控制到社会控制》，载《法学研究》2018年第3期。

采取"家长主义",对于与人格尊严及其相关的个人信用信息适当干预,以杜绝对信息主体人格尊严的损害,禁止任何组织和个人利用不对等交易场景以及信息主体的信息自决权去收集隐私信息。

概言之,信息自决理论为全面保护个人信息构建了蓝图,在理论上固然可行。但实际上存在诸多局限:其一,信息时代的背景下,每个公民每天所输入和输出的信息数量很大,均由自己控制缺乏现实基础。其二,若采取信息自决权的立法模式,自然人对个人信息享有绝对的支配权和控制权,那么以公益为目的的个人信用信息利用亦只能通过限制个人信息自决权来实现。这不仅影响到信用信息的自由流动,极大地提高了信息收集的难度,也忽视了网络交流和信息共享的社会价值。其三,"通知—同意"模式难以保障自然人的"同意权"。实践中信息主体一旦选择"不同意",则无缘使用诸如百度 App、淘宝和当当等生活需求极大的应用程序,给信息主体带来不便。而且"处理协议"(或"隐私政策")往往冗长、复杂且难懂,[1] 消费者阅读和理解起来都很困难,更难据此作出反映其真实意志的意思表示。其四,忽略了个人信息与人本身的关联,信息自决权几乎保护公民所有的信息,却未突出甚至忽略了与信息主体人格尊严密切相关信息的保护,存在避重就轻的问题。其五,信息自决权并不能完全自决。一方面,"个人的决定不可能由个人完全独立地、不受任何限制地作出,我们的决定至少会部分受到社会和文化因素的影响,而这些因素是我们不能控制的"[2]。另一方面,对于违背公序良俗的信息,即便信息主体自愿提供,也应该被法律所禁止。其六,个人信用状况对信用主体的影响很大,信用主体具有强烈的隐藏负面信用信息的动机。

三、公平信息实践保护理论

从世界各地的隐私法中抽象出一套共同的原则,通常被称为"公平信息

---

[1] See FTC Staff, *Protecting Consumer Privacy in an Era of Rapid Change: A Proposed Framework for Businesses and Policymakers*, Diane Publishing Co., 2010, p. 19-20.

[2] [美]阿丽塔·L. 艾伦、理查德·C. 托克音顿:《美国隐私法:学说判例与立法》,冯建妹等译,中国民主法制出版社 2019 年版,第 368 页。

实践原则"（Fair Information Practice Principles，FIPPs），①该原则被誉为"现代信息隐私法的基石"②，一般认为包括透明原则、使用限制原则、获取和修改原则、数据质量原则以及数据安全原则。③公平信息实践原则不仅是管理个人信息的收集与使用的原则，同时对隐私权及信息的准确性有所涉及，④而且"或多或少地存在于几乎所有的隐私法中"⑤。

就公平信息实践原则的发展而言，1980年经济合作与发展组织（OECD）制定《关于隐私保护与个人数据跨国流动的指南》（Guidelines on the Protection of Pricacy and Transborder Flows of Persona Data）指出关于个人数据保护的8项原则，包括收集限制原则、数据品质原则、目的特定原则、使用限制原则、安全保障原则、开放性原则、个人参与原则以及责任原则，为信息的保护提供了最低限度的标准。⑥ 2004年，亚太经济合作组织（APEC）制定的《APEC隐私框架》（APEC Privacy Framework）规定了信息隐私的9项原则，包括预防损害、明确告知、收集限定、使用限制、方便选择、信息完整、安全保障、可访问和更正、可追责。⑦ 2018年生效的欧盟GDPR作为公平信息实践原则的"集大成者"，在第5.1条规定了6项原则，具体如下：（1）处理方式合法、合理和透明；（2）目的具体、清晰和正当；（3）处理行为适当、相关和必要；（4）数据准确；（5）限期储存；（6）数据完整且保密。

通过比较不同版本的公平信息实践原则，可以发现它们都对信息主体进行了赋权，对信息处理者施加了责任。而不同之处在于赋权程度和施加的责任存在不同，特别是相比早期的版本，后期版本给信息处理者规定了更多的

---

① See Mike Hintze, *Science and Privacy：Data Protection Laws and Their Impact on Research*, 14 Washington Journal of Law, Technology & Arts 103（2019）.

② Paul M. Schwartz, *Privacy and Democracy in Cyberspace*, 52 Vanderbilt Law Review 1609（1999）.

③ See Fred H. Cate, *The Failure of Fair Information Practice Principles*, in Jane K. Winn ed., Consumer Protection in the Age of the "Information Economy", Ashgate Publishing, 2006, p.344.

④ 参见个人信息保护课题组：《个人信息保护国际比较研究》，中国金融出版社2021年版，第289页。

⑤ See Mike Hintze, *Science and Privacy：Data Protection Laws and Their Impact on Research*, 14 Washington Journal of Law, Technology & Arts 103（2019）.

⑥ 参见许文义：《个人资料保护法论》，台北，三民书局2001年版，第163页。

⑦ 参见丁晓东：《个人信息保护：原理与实践》，法律出版社2021年版，第41~42页。

风险防范和治理义务，增加了个人信息管理制度的内容。整体而言，公平信息实践原则以规定原则的方式，从宏观层面安排了个人信息保护框架。所规定的内容既包括知情同意的民法框架，也包括信息处理者对信息主体的权利保护框架，还包括对违反相关信息处理和保护规则的行为人进行行政处罚的行政法框架。通过多种法律部门综合保护的途径，在形式上对个人信息实现了全方位保护。

然而，个人信息的保护并不能过分地依赖于这些原则性规定，主要原因如下：其一，法律定性模糊。由于信息公平实践原则中涉及多种法律部门的综合保护，这导致该原则中的制度体系安排相较混乱，难以适用统一的法理基础。对此，有论者指出"这些综合性的法律框架并非移植或套用传统侵权隐私或执法隐私，也不是不同部门法的简单叠加。相反，个人信息权利保护中的部门法之间相互交叉，使每个部门法都区别于传统的部门法框架"[①]。应当说公平信息实践原则的落实极具挑战性且不算最优选择。其二，仍然依赖于具体制度的落实。公平信息实践原则偏向于政策性保护，这导致可操作性不足，最终还是要依赖于具体制度的构建。其三，细化的原则之间存在重复的问题。以欧盟GDPR为例，该条例第5.1（a）条规定"对涉及数据主体的个人数据，应当以合法的、合理的和透明的方式进行处理"；第5.1（c）条规定"个人数据的处理应当是为了实现数据处理目的而适当的、相关的和必要的"。虽然前者规制的是一般性数据处理行为，后者规制的是"为了实现数据处理目的"的行为，但是后者中的"适当的、相关的和必要的"实际上可以归入"合理的"之中。其四，部分原则在个人信用信息的利用过程中是难以实现的，如果未规定合理的例外情形，可能会对科学研究造成重大障碍。[②] 比如，数据最小化（Data Minimization）原则与大数据分析和机器学习产生了明显的紧张关系，[③] 因为大数据的功能和应用前景就在于将

[①] 丁晓东：《个人信息权利的反思与重塑——论个人信息保护的适用前提与法益基础》，载《中外法学》2020年第2期。

[②] See Mike Hintze, *Science and Privacy: Data Protection Laws and Their Impact on Research*, 14 Washington Journal of Law, Technology & Arts 103 (2019).

[③] See Mike Hintze, *Science and Privacy: Data Protection Laws and Their Impact on Research*, 14 Washington Journal of Law, Technology & Arts 103 (2019).

大规模的计算能力应用于海量的信息处理之中，以实现对信息的准确分析和对人与事务的准确预测，故而对数据的需求是"大"而不是"小"。再如同意或选择（Consent or Choice）原则。由于在科学研究、大数据分析和机器学习场景中，获得信息主体的明确同意可能是不切实际的或不可能的，而且基于信用主体利益考量后同意提供的信息，可能更多地属于反映信用主体守信状态的信息，而不再是具有代表性的样本，最终导致信息处理结果存在偏差。[1]

第二节　个人信用信息利用与隐私保护的法价值考量

从经济学的角度来看，只有当利用个人信用信息获得的收益大于利用个人信用信息所付出的成本时，个人信用信息才有被利用的经济价值。具体到信息隐私的保护上，其保护成本应当小于利用信用信息的成本。从法价值的角度来看，个人信用信息的利用应当与信息隐私的保护达到一个平衡点，不会因为两者的对抗导致权益的过度减损，而应当增加自由、公平和正义等价值，实现最佳的异质利益衡量。

一方面，经济的发展和社会的治理需要利用个人信用信息。"现有社会条件下信用信息公开范围的扩大势必带来个人信息泄露案件发生概率的增加，但限制信用信息公开将对信息经济的发展形成阻碍"[2]。1977年美国隐私保护委员会报告《信息社会的个人隐私》中指出：和30年前面对面的熟人接触不同，现在人们更多的是依赖于记录的信息对他人做出评价。[3] 为了避免繁重地对每一个需要合作的对象进行当面的评估，需要记录大量的信用信息并进行评估。另一方面，个人信用信息的利用是为了推动信用经济的发展和社

---

[1] See Mike Hintze, *Science and Privacy: Data Protection Laws and Their Impact on Research*, 14 Washington Journal of Law, Technology & Arts 103 (2019).

[2] 章政、张丽丽：《信用信息披露、隐私信息界定和数据权属问题研究》，载《征信》2019年第10期。

[3] 参见［美］阿丽塔·L. 艾伦、理查德·C. 托克音顿：《美国隐私法：学说判例与立法》，冯建妹等译，中国民主法制出版社2019年版，第214页。

会治理能力的现代化，但在利用过程中通常会出现侵犯信息主体隐私权的问题，这些隐私也需要得到充分的保护，因为隐私"与我们的身份感和尊严感直接相关，也是使我们能够享受其他人权的保护伞"[1]，故而有学者提出"全球的趋势是制定更严格的隐私法"[2]。

一、个人利益和公共利益的选择与协同

个人利益通常是指个人生存和发展的各种需要。阿德勒理论（Adlerian Theory）将社会利益理论化为"一种社区感，一种与他人合作生活的取向，以及一种重视共同利益而不是自身利益和欲望的生活方式"[3]。两者之间最为棘手的难题是无法兼得时优先选择何者。[4]

个人信用信息既具有私人属性也具有社会属性。其法益内容"既包括个人隐私权在内的人格权及其衍生的财产权，也有涉及国家和社会公共安全、利益及秩序的'超个人法益'"[5]。这是因为"信用信息是能够判断一个人信用状况的信息，具有私人属性；同时，信用信息是在与其他业务主体发生各种形式的业务关系时产生的，并会对其他业务主体的利益不可避免地会产生影响"[6]。故而产生了权利本位和社会本位的矛盾。特别是"一个完善、稳定的社会信用体系框架的存在将在很大程度上削减交易过程中不可避免的内在和外生交易费用，从而使社会交易得以顺畅进行和持续扩展，市场机制得以继续发挥作用"[7]。这导致在个人利益和公共利益平衡的过程中，公共利益具有了更多的"砝码"。1968年美国发生的特利诉俄亥俄州案[8]偏离了宪法修

---

[1] Valerie Steeves, *The Future of Privacy*, 3 European Data Protection Law Review 438 (2017).

[2] Mike Hintze, *Science and Privacy: Data Protection Laws and Their Impact on Research*, 14 Washington Journal of Law, Technology & Arts 103 (2019).

[3] Danielle T. Guzick & William J. Dorman et al., *Fostering Social Interest in Schools for Long-Term and Short-Term Outcomes*, 60 The Journal of Individual Psychology 361 (2004).

[4] 参见［美］博登海默：《法理学：法律哲学与法律方法》，邓正来译，中国政法大学出版社1998年版，第415页。

[5] 张勇：《个人信用信息法益及刑法保护：以互联网征信为视角》，载《东方法学》2019年第1期。

[6] 孙志伟：《美国消费信用探幽》，中国经济出版社2014年版，第16页。

[7] 张亦春：《中国社会信用问题研究》，中国金融出版社2004年版，第26~27页。

[8] See Terry v. Ohio, 392 U.S. 1 (1968).

正案四确立的搜查须有"充分理由＋搜查令"的传统。第一次确立了"即使没有足够的理由相信将要搜查的目标触犯了刑律而对目标进行的搜查也是合理的。这种表面语言从'充足的理由'向'合理的怀疑'的转变背后实际上是一种思维的转变，即保护权利从反功利主义的方法向平衡成本（对隐私）和效率（即控制犯罪）的直接的功利主义方法的转变"①，也增加了对公共利益的考量。

关于个人信息利用与隐私保护平衡的问题，学界当前的主流观点是不应过度保护隐私而阻碍对信息的利用。如有论者认为"隐私政策的哲学基础过于强调隐私对个人的重要性，而忽视了其更广泛的社会重要性"②。有论者认为"在网络时代，隐私和个人信息保护是个体尊严、自由、自主的重要内容，可这并不意味着隐私和个人信息保护应当成为绝对主义的意识形态"③。有论者从制度经济学的视角认为"对特定信息的隐私权保障给相关主体带来的利益如果小于给社会带来的效率增加，则应取消对该隐私权的保护"④。这些观点大多围绕个人信息的流通价值和公共性价值展开，所关注的是社会公益的保护。就信用信息而言，"信用体系的构建需要必要的信用信息传递、共享和披露机制作为支撑，信用信息的运行应以信息利用为目的"⑤。简言之，相较于客观存在的信息，信用信息产生于对信息的信用识别性筛选和聚合，其主要功能由保护逐渐转向为利用。在这种情形下，传统民法学者所主张的绝对隐私保护观点，可能更易招致集体主义、公共安全主义论者的质疑，而不利于形成合理的隐私保护观念。

本书认为，个人信用信息的体系化利用，虽然在促进市场经济发展和社

---

① ［美］阿丽塔·L. 艾伦、理查德·C. 托克音顿：《美国隐私法：学说判例与立法》，冯建妹等译，中国民主法制出版社2019年版，第114～115页。
② Priscilla M. Regan, *Legislating Privacy: Technology, Social Values, and Public Policy*, University of North Carolina Press, 1995, p. 212.
③ 周辉：《网络隐私和个人信息保护的实践与未来——基于欧盟、美国与中国司法实践的比较研究》，载《治理研究》2018年第4期。
④ 翟相娟：《个人敏感信息法定采集范围之检视——以大数据征信为背景》，载《首都师范大学学报（社会科学版）》2021年第1期。
⑤ 王伟：《社会信用法论纲——基于立法专家建议稿的观察与思考》，载《中国法律评论》2021年第1期。

会治理完善的社会利益需求方面发挥着重要的作用，但也不可避免地减损了个人利益。依据制度经济学、社会契约论和功利主义等理论，个人利益实质上可以做出最小损害的让步。首先，制度经济学认为"交易费用包括：衡量交换物之价值的成本、保护权利的成本，以及监管与实施契约的成本"[①]。一方面，个人信用信息的收集和利用，使交易双方主体均可便捷地获取彼此信用状况，并基于此类信息作出更为理性的决策，不仅有助于减少交易成本和降低交易风险，也有助于增加具有良好信用的信用主体获取公共资源的优势。另一方面，存在其中的规范化信用管理作为一种正式约束"能够补充和强化非正式约束的有效性，从而降低交易的信息、监督以及实施成本"[②]。其次，社会契约论认为"人类由于社会契约而损失的，是他们的天然的自由和他们企图取得和能够取得的一切东西的无限权利；而他们得到的，是社会的自由和他们对拥有的一切东西的所有权"[③]，构建完备的社会信用体系，对个人信用信息的合法利用所带来的社会利益毋庸置疑。但个人信用信息的利用是基于对大量个人信息的收集和处理，信息主体将信用信息交由信息管理机构管理，将会丧失对个人信息的控制，甚至承担隐私被泄露和侵害的风险，可谓个人让渡权利给社会整体时难以完全避免的利益损失所在。最后，功利主义代表者边沁认为"法律的全部作用可归结为：供给口粮、达到富裕、促进平等和维护安全"[④]，并指出"安全"是主要的和基本的目标，"平等"是一种机会的平等。国家的法律无法直接为公民提供"生计"和指导个人寻求财富，但可以通过奖惩来创造驱动力。[⑤] 收集和利用个人信用信息，适用信用惩戒来倒逼生产者、消费者以及投资者等提供满足社会需求、符合安全标准的生产和生活资料。不仅满足了生计，而且为人们获取稳定的财富提供了条件。因为缺乏诚信的生产和交易难以确保公民的人身和财产安全，更无法保

[①] [美]道格拉斯·C.诺思：《制度、制度变迁与经济绩效》，杭行译，格致出版社、上海三联书店、上海人民出版社2014年版，第32页。

[②] [美]道格拉斯·C.诺思：《制度、制度变迁与经济绩效》，杭行译，格致出版社、上海三联书店、上海人民出版社2014年版，第55页。

[③] [法]卢梭：《社会契约论》，李平沤译，商务印书馆2011年版，第24页。

[④] Jeremy Bentham, *The Theory of Legislation*, F. B. Rothman, 1987, p. 96.

[⑤] See Jeremy Bentham, *The Theory of Legislation*, F. B. Rothman, 1987, p. 98–123.

障良好秩序而提供机会上的平等。

个人信用信息的利用反映的是社会利益的需要，而个人隐私的保护则体现的是个人利益的捍卫。正如庞德所言，利益选择的最终目的是"尽可能多满足一些利益，同时使牺牲和摩擦降低到最低限度"[①]。个人为了享受信息社会带来的更多便利，亦应当承担容忍的义务。可见，个人信用信息的利用和隐私权的保护并非完全对立的两种行为，在大多数情况下两者并不冲突。即便有所冲突，应当是个人利益让渡权益给公共利益以寻求真正的生活安宁，因为保障公共利益是权利社会化的历史回应，是互联社会的必然要求，也是法治社会的根本理念。[②] 但这种让渡应当坚持最小损害原则，因为隐私权根源于自然法，是人类思想解放的成果，也是人的一种本能和天性，[③] 需要提供最大限度的保护。

二、公众知情和个人私密的侧重与均衡

随着社会信用体系建设对个人信用信息的开放性需求进一步提高，不少论者提出信用主体隐私权在必要时应向信用信息处理者的信息收集权益作出适当让渡。[④] 这是因为信用主体精准详细的信用状况为公众所知晓[⑤]，具有以下显著的优势：（1）公众知情所形成的舆情压力可以倒逼信用主体守信，并促进社会诚信意识的整体性提高；（2）保障公众的知情利益，有助于信用信息使用者更为方便地了解他人信用状况，从而降低市场交易和社会治理的成本；（3）增加了信用信息的全面性，给予信用主体更多的信息选择空间，从而缓解信用信息领域的"信息茧房"（Information Cocoons）问题。所谓信息茧房，是指人们通常只关注自己选择的或愉悦自己的信息，长此以往将自己

---

① [美] E. 博登海默：《法理学：法律哲学与法律方法》，邓正来译，中国政法大学出版社1998年版，第416页。
② 参见梁上上：《利益衡量论》（第3版），北京大学出版社2021年版，第210页。
③ 参见王丽萍、步雷等：《信息时代隐私权保护研究》，山东人民出版社2008年版，第61~65页。
④ 参见翟相娟：《个人敏感信息法定采集范围之检视——以大数据征信为背景》，载《首都师范大学学报（社会科学版）》2021年第1期。
⑤ 本书认为精准详细的个人信用信息必然涉及信用主体的个人信息隐私。

陷入信息孤岛的现象。① 在信用信息领域，由于信用主体对信用识别性信息缺乏科学的认知，可能主要关注他人的经济实力和身体健康状况等信息，并将这些信息作为判断他人信用状况的基础。这实际上是信用主体"信息偏食"的表现。这种"信息偏食"虽然缩小了信用主体获取信息的范围，提升了信息获取效率，并节约了社会资源，但也存在限制信用主体的威胁，② 影响信用主体对他人信用状况公正、准确的判断，同时导致信用主体往往难以接受异质化的信息并排斥不同的观点，"增加不同群体、代际间沟通的难度，引发社会治理难题"③。

当然，公众知情权也应当受到合理的限制，主要理由如下：其一，在社会信用体系之中，与他人信用无关的信息隐私绝对不能作为个人信用信息收集与利用，这是因为此时的信息隐私利用已经超出了信用建设的目的，并失去了正当性基础；其二，处于核心领域的信息隐私应当原则上受到绝对保护。即便是在刑事侦查案件中，个人隐私也不应当被肆意侵扰。更遑论基于公众的一般性需要，而挖掘和利用他人的核心领域隐私，致使信用主体的生活安宁受到威胁的情形。概言之，在公众知情和个人私密的价值平衡中，我们应当关注到信用状态被公众了解所带来的激励和威慑作用，并尽量使其得到满足，同时应当坚持保护个人隐私的基本原则。

1996年，时任美国总统克林顿签署了《梅根法》，这是美国第一部专门规定政府登记并公开犯罪记录的法律，也是个人信息隐私权和公众知情权进行博弈的一个经典案例。《梅根法》以美国新泽西州一个被曾有强奸前科的邻居骗到家中奸杀的7岁女孩梅根的名字命名。主要内容是要求社区政府对曾有性侵犯的人乔迁新的社区时进行强制性的登记和告知。针对这一规定，有观点认为公开个人犯罪记录，不利于罪犯重新融入社会，而饱受社会排斥。

---

① 参见［美］凯斯·R. 桑斯坦：《信息乌托邦：众人如何生产知识》，毕竞悦译，法律出版社2008年版，第8页。
② 参见崔淑洁、张弘：《数据挖掘对个人信息的侵害与保护路径》，载《西安交通大学学报（社会科学版）》2020年第6期。
③ 崔淑洁、张弘：《数据挖掘对个人信息的侵害与保护路径》，载《西安交通大学学报（社会科学版）》2020年第6期。

甚至使其基于绝望心态重返犯罪之路或者一蹶不振;有观点认为这实际上是"二次惩戒",与宪法原则相悖;亦有观点认为犯罪记录属于公共记录,目的是维护公共安全,因此这些记录不是信息隐私。这些不同的观点也反映在各州通过的《梅根法》的细节上,如新泽西州要求执法机关主动登记和告知,并作为强制义务;纽约州则无此要求,仅要求对于高度危险的性侵犯者,一般应当告知一定的组织。而最近的美国最高法院通过的一项规定,则要求有关政府机关将在押性犯罪罪犯的档案放在互联网上。为了响应这一规定,目前已经有35个州更改了本州的《梅根法》。① 这也是公众知情权在与个人信息隐私的博弈中取得胜利的典型例子。

三、行为自由和人格尊严的倾向与调和

1967年由美国学者艾伦·威斯汀提出强化信息保护的自我决定理论,②在1983年德国联邦宪法法院"人口普查案"中得以应用并定义为信息自决权(Informationelle Selbstbestimmung)③,即"何时以及在何种范围内公开自己生活事实的自我决定"④。该理论旨在赋予信息主体对其信息处理的绝对控制权,并对各国的数据保护立法产生了巨大的影响。如欧盟 GDPR 把个人信息控制原则简化为"通知—同意"机制。⑤《欧盟基本权利宪章》(The Charter of Fundamental Rights of the European Union)规定,"每个人都有权利

---

① 参见[美]阿丽塔·L.艾伦、理查德·C.托克音顿:《美国隐私法:学说判例与立法》,冯建妹等译,中国民主法制出版社2019年版,第108页。

② "The claim of individuals, groups, or institutions to determine for themselves when, how, and to what extent information about them is communicated to others. (…) [It is] the desire of people to choose freely under what circumstances and to what extent they will expose themselves, their attitude and their behaviour to others". See Alan F. Westin, *Privacy and Freedom*, Atheneum Press, 1967, p. 7.

③ Gabriel Stilman, *The Right to Our Personal Memories: Informational Self - determination and the Right to Record and Disclose Our Personal Data*, 25 Journal of Ethics and Emerging Technologies 14 (2015).

④ "The general right of personality encompasses, based on the notion of self - determination, the power conferred on the individual to, in principle, decide themselves whether and to what extent to disclose aspects of their personal life." Bundesverfassungsgericht. Volkszählungsurteil (Census Decision), BVerfGE 65, 1, (Dec. 15, 1983), http://maroki.org/pub/dphistory/1983_Volkszaehlungsurteil_BVerfG.pdf.

⑤ 参见刘金瑞:《个人信息与权利配置:个人信息自决权的反思和出路》,法律出版社2017年版,第51页。

获得收集的关于他或她的数据"①。

尽管如此，各国关于信息自决的权利基础仍然不同。1983年德国联邦宪法法院裁判"人口普查案"②的主要法律依据是《德意志联邦共和国基本法》（Grundgesetz für die Bundesrepublik Deutschland）第1条第1款规定的"人格尊严"和"一般人格权"，采用的是基于对人格尊严保护的个人控制论。与之不同，美国采用的是基于个人自由保护的隐私理论，③并将个人信息归属于个人隐私的范畴，④倡导以隐私权保护个人信息。我国《民法典》人格权编第1038条为"未经自然人同意，不得向他人非法提供其个人信息"的个人信息自决条款。《个人信息保护法》确立以"告知—同意"为核心的个人信息处理系列规则。地方性社会（公共）信用信息法规和规章亦对市场信用信息的收集和使用采取加以范围限制的信息自决权。虽然后两者未对所依据的基本权利作具体说明，但从《民法典》立法体例上，可以看出我国个人信息和隐私的保护更多的是对人格尊严的保护。

如前文所述，美国和欧洲国家在隐私的保护上奉行不同的范式，两者在个人信用信息的收集和利用方面产生了许多冲突。特别是在个人信用报告的使用上，美国立足于信用报告的长期效果，认为良好的信用报告能够让生活更加便利，甚至会让每个人都更富有。然而，欧洲大陆的法律传统则认为，制度运行的最基本问题不仅是市场效率问题，还是人格尊严的保护问题，由此反对任何随机的商人获取自身的信用信息。⑤ 这一现象实际上反映的是行

---

① Pursuant to Article 8 of the Charter of Fundamental Rights of the European Union: "1. Everyone has the right to the protection of personal data concerning him or her. 2. Such data must be processed fairly for specified purposes and on the basis of the consent of the person concerned or some other legitimate basis laid down by law. Everyone has the right of access to data which has been collected concerning him or her, and the right to have it rectified."

② 基本案情如下：1983年，政府依据前一年公布的有关法律对公民的各种信息进行收集和调查，这些调查项目囊括个人姓名、年龄等基本信息及职业、住址、信仰等，调查数据覆盖面非常广泛。为此，民众极其不安和不满，向德国宪法法院提起违宪审查。参见杨惟钦：《价值维度中的个人信息权属模式考察——以利益属性分析切入》，载《法学评论》2016年第4期。

③ 参见高富平：《个人信息保护：从个人控制到社会控制》，载《法学研究》2018年第3期。

④ 参见杨惟钦：《价值维度中的个人信息权属模式考察——以利益属性分析切入》，载《法学评论》2016年第4期。

⑤ See James Q. Whitman, *The Two Western Cultures of Privacy: Dignity Versus Liberty*, 113 Yale Law Journal 1151 (2004).

为自由和人格尊严法律价值的平衡问题。就行为自由而言，当信用信息隐私受到保护时，信用主体可以自由地选择是否公开自己的信息隐私，可以选择自己私人和舒适的方式行动，可以选择思考一些非主流的问题，因而变得更加自由和富有创造性。个人信用信息因为过多地涉及信用主体的信息隐私，同样会对信用主体进行决策或者实施相关行为造成控制性的影响。因为害怕这些信息纳入个人信用信息之中，所以停止实施相关行为，诸如将一些创业想法停留在计划层面，而不付诸实施。就人格尊严而言，"隐私对于保护个人尊严是重要的，不仅是因为它保护了我们的动物本性和个人不幸遭遇免于为公众所知。隐私还允许我们像隐居人士喜欢的那样思考、交谈、行动，但仍然获得我们社会所有成员给予的基本尊重"①。可见，调和两者之间的价值倾向尤为困难。

20世纪60年代，日本"自我信息控制权理论"的支持者认为隐私权是以该国宪法权利——幸福追求权为依据，即信息主体控制自己相关信息的权利。在公权力收集和利用个人信息时，若公权力违背了信息主体的"道德心自律"存在的"隐私固有信息"，②则这类行为原则上会被禁止。若公权力基于正当的目的，合理收集和利用与信息主体"道德心自律"不存在直接相关的"隐私外延信息"，则不能立即认定该行为构成隐私侵权。只有当这些"隐私外延信息"被滥用和积累，影响到信息主体的"道德心自律"时，才被认为是隐私侵权问题。③这一理论赋予了个人信息自由与人格保护请求权双重性质，要求规范公权力的信息处理行为，明确信息主体请求停止、修订和删除信息的权利，还随着日本电子信息技术的快速发展，逐渐成为日本的主流学说，并为日本个人信息的保护立法奠定了理论基础。应当说，该理论

---

① ［美］特蕾莎·M. 佩顿、西奥多·克莱普尔：《大数据时代的隐私》，郑淑红译，上海科学技术出版社2017年版，第11页。
② "道德心自律"是指"以自己的善恶标准自由决定自己行为"。参见葛虹：《日本宪法隐私权的理论与实践》，载《政治与法律》2010年第8期。"隐私固有信息"是指"与精神或身体密切相关且高度私密的信息"；"隐私外延信息"是指"仅单个信息不足以识别特定的个体，而累积起来却可能成为识别个人生活的信息"。参见佐藤幸治『宪法』（青林书院，1990年）119－410页。转引自罗娟：《消费者个人信息权保护：公私兼济模式向场景风险模式的转型》，法律出版社2021年版，第15页。
③ 参见葛虹：《日本宪法隐私权的理论与实践》，载《政治与法律》2010年第8期。

采取的是折中观点，同时吸收了信息自决理论和隐私领域保护理论的优势，既保障了信息主体的核心领域隐私或者基本人格尊严，也肯定了相关主体基于信息主体的信息自决权自由处理其信息的正当性，为行为自由和人格尊严的价值平衡问题提供了相对正确的解决方向。

第三节 个人信用信息隐私保护制度的原则设计

基于对个人信用信息的利用与信息隐私保护的价值平衡，可以进一步明确我国应当在个人信用信息利用过程中如何保护信息隐私。同时，有必要在此基础上建立个人信用信息隐私保护的宏观思路和基本原则，以明确个人信用信息隐私保护制度的方向，并指引下文具体的制度建设。

一、个人信用信息隐私保护制度的宏观思路

（一）开放与利用中的信息隐私保护

隐私权与公共利益的权衡问题并非一场"零和博弈",[1] 具有公益性质的个人信用信息利用与信息隐私保护也不是一场"零和博弈"，不属于非此即彼的问题。一方面，并非所有的个人信用信息利用都会侵害信用主体的信息隐私；另一方面，信息隐私的收集利用并非法律所绝对禁止的，在满足公共利益和符合法律规定的条件后，信息隐私的利用同样具有正当性。如果不加以有益利用，反而会导致科学的进步和知识的扩展受到严重阻碍。[2]

个人信用信息之中的隐私信息应当开放性利用俨然成为公众的诉求。"自2009年以来，以开放数据为核心的开放政府运动日益成为国际社会的主流"[3]。

---

[1] 参见张衡：《大数据监控社会中的隐私权保护：基于美欧实践的观察》，上海人民出版社2021年版，第79页。所谓"零和博弈"，是指参与博弈的各方，在严格竞争下，一方的收益必然意味着另一方的损失，博弈各方的收益和损失相加总和永远为"零"。

[2] See Mike Hintze, *Science and Privacy: Data Protection Laws and Their Impact on Research*, 14 Washington Journal of Law, Technology & Arts 103 (2019).

[3] 邹东升：《政府开放数据和个人隐私保护：加拿大的例证》，载《中国行政管理》2018年第6期。

个人信用信息的开放性利用，有助于降低信用信息处理者和信用信息使用者重复信息检索的成本，以灵活的方式配置流通中的个人信用信息资源，进而实现个人信用信息价值转换的帕累托最优。① 而且正如德沃金所言，"权利理论中没有任何东西表明或暗示应当或者必须给予个人以高于社会的道德优先权"②。在社会失信问题日益严重、已经消极地影响到市场经济发展和社会治理秩序的情况下，我们的生活品质被迫降低，个人的信息隐私在与社会需求的博弈中应当有所让步。

个人信用信息之中隐私信息在利用过程中应当加强保护。无论是欧洲将人格尊严作为核心的康德式隐私保护模式，还是美国将公民自由作为核心的洛克式隐私保护模式。对于隐私，他们不仅通过基本法律进行保护，还通过宪法加以保护。个人信用信息的收集和利用，虽然具有重要的社会利益价值，但是这并不意味着可以肆意地加以利用。特别是我国是"在线上线下各领域全方位落实实名制的国家"③，如果不适当地强化信息隐私的保护，也将给信用主体的隐私权带来极大的威胁。总之，我国对个人信用信息应当坚持在利用中保护以及保护中利用的宏观思路，不可有所偏废，也即论者所提出的构建"利用友好型"的个人信用信息隐私保护模式。④

（二）以信用信息处理者为中心的信息隐私保护

"信息隐私的传统概念是基于个人对自己数据的控制，但当普遍监控使得个人几乎不可能自己保护信息隐私时，这已经成为一个过时的概念。坚持传统的信息隐私观念，过分强调个人维度，并没有真正反映现代对隐私的需求"⑤。这也是信息隐私保护观念需要发生改变的一个重要原因。本书认为，在个人信用信息的利用过程中，对于信息隐私的保护过多地依赖于信用主体

---

① 参见罗娟：《消费者个人信息权保护：公私兼济模式向场景风险模式的转型》，法律出版社2021年版，第178页。
② ［美］罗纳德·德沃金：《认真对待权利》，信春鹰、吴玉章译，中国大百科全书出版社1998年版，第16页。
③ 叶名怡：《个人信息的侵权法保护》，载《法学研究》2018年第4期。
④ 参见李润生：《论个人健康信息"利用友好型"保护模式的建构》，载《行政法学研究》2021年第5期。
⑤ Chen‐Hung Chang, *New Technology, New Information Privacy: Social‐Value‐Oriented Information Privacy Theory*, 10 Taiwan University Law Review 127（2015）.

或者政府部门都是值得商榷的。相反，更有必要关注信用信息处理者在信用信息处理过程中所处的核心地位，赋予其更多的信息隐私利用权利和保护义务。

以信用信息处理者为中心的信息隐私保护具有以下优势：其一，可以促使信息隐私得到有效保护。这是因为：首先，信用主体缺乏保护自身信息隐私的能力。一方面，作为保障获取信用主体信息合法性的"知情同意"规则，只具有形式上的合法性，在实践中难以实现信用主体对自身信息的控制；而且在信息的聚合性使用背景下，信用主体通常难以对信息隐私的侵害后果产生准确的预期，如此不利于控制信息隐私的风险。另一方面，鉴于信息隐私侵害的隐蔽性和技术性，信用主体难以察觉到信息隐私的泄露和不当使用等侵权行为，即便发现隐私信息侵权，在救济上也困难重重。其次，政府部门对于信息隐私的保护过于绝对化或者原则化，均无法反映信息时代对隐私保护的需求。而且政府部门作为最大的信息收集者和使用者，在履职过程中就可能侵害隐私。最后，信用信息处理者能够同时实现信息隐私的利用和保护，因为专门的信用信息处理者都是经过专业培训、具有识别各类信息隐私能力的机构。基于他们的专业性以及严格侵权法律责任的威慑，他们能够在识别各类信息隐私侵害风险和损害后果的基础上，降低信息隐私损害发生的可能性；同时，信用信息处理者有更多的信息技术支持，在信息隐私侵害行为初现端倪的时候，能够及时发现并进行相应的处理，以减轻或避免隐私侵害损失，故具有更强的信息隐私侵害防控能力。其二，可以实现信用信息最优利用。虽然信用主体享有的信息自决权是为了实现信用主体控制自身信息的目标，但这种控制也为信用主体不同意提供负面信用信息等信息提供了合法性的依据，阻碍了个人信用信息的规模化利用。同时，囿于人力和财力，政府部门面对海量的个人信用信息，也难以实现具体信息具体分析，在立法上普遍采用的是禁止收集隐私的原则性规则，这无疑忽视了个人信用信息的社会需求，阻碍了其利用。若赋予信用信息处理者一定的信息利用自由裁量权，并苛以严格的隐私保护义务，则有助于实现信用信息的最优利用。其三，可以落实"放管服"的政策。社会信用体系下的个人信用信息利用是规模化利用，我们不能寄希望于政府部门通过参与所有的信息隐私的处理来实现个人信用信息隐私的保护。这样不仅不现实，而且由于政府部门毕竟不是专门的信息处理的机构，尚缺乏相应的技术基础和保护能力，一定程度上也难以对信用主体的信息隐私进行有效保护。不仅如此，就我国而言，依据国务院印发的《规划纲要》，社会信用体系建设将"政府推动，社会共建"作为主要原则之一，采取的是政府推动模式，而非政府主导模式。在这种情况下我们应当适当对信用信息管理权进行放权，建立以信用信息处理者为中心的个人信用信息利用和保护模式。然而，这并非意味着政府部门不再对信息隐私的处理行为实施行政监管，只是要求政府部门减少对信息隐私利用和保护的过多干预，赋予信用信息处理者更大的自主权。

  目前，关于责任主体的建设模式，在比较法上有两种选择：（1）一元责任主体构建模式。该模式不区分信息的收集和利用是用于公共领域还是私人领域，统一地规定信用主体的权利和义务。如欧盟GDPR第1章第4（7）条"定义"将"控制者"（controller）定义为"能单独或者联合决定个人数据处理目的和处理方式的自然人、法人、公共机构、代理机构（agency）或其他组织（other body）"；将"处理者"（processor）定义为"为控制者处理个人数据的自然人、法人、公共机构、代理机构等其他组织"。均将公共机构等作为"控制者"或"处理者"来设定义务和责任，而未区分公共登记系统和私营征信机构。（2）二元责任主体构建模式。鉴于公共登记系统和私营征信机构在收集和利用信用信息的正当性基础、处理目的和保护方式存在差异，故而分别规定公共登记系统和私营征信机构作为信息处理者的义务责任。例如，新加坡针对公共部门制定了《公共部门（治理）法案》，针对私人主体制定了《个人数据保护法》。[①] 我国《个人信息保护法》实际上采取的是折中模式。一方面，同欧盟GDPR一样将境内外处理个人信息的个人或组织定义为"个人信息处理者"，并由其作为信息保护的一般义务和责任主体，这实际上采用的是一元责任主体框架；另一方面，考虑到国家机关收集利用个人信息的强制性和公益性等特定，又设专节规定了国家机关作为"个人信

[①] 参见龙卫球主编：《中华人民共和国个人信息保护法释义》，中国法制出版社2021年版，第160页。

息处理者"处理个人信息的特殊规则,① 单独规定了国家机关的个人信息处理义务和责任。

本书认为，公共登记系统和私营登记机构在个人信用信息的收集和利用上存在很多的不同，例如，公共登记系统主要采取目录制管理，私营登记机构则主要通过"知情同意"来收集个人信用信息；公共登记系统的信息收集往往存在强制性，而私营登记机构的信息收集在应然层面具有协商性。这种差异决定了对于信息隐私保护的义务与责任设置应当区别对待。但是两者在原则的适用上也存在很多的共通性。由于国家机关在处理个人信息时具有明显的主体地位不平等性和单方强制性，为避免国家机关权力的滥用或过度扩张，《个人信息保护法》第34条引入了法治国家的三项原则来限制国家权力的行使，也即职权法定、程序法定、比例原则。② 本书认为这三项原则同样适用于私营征信机构的信用信息处理。首先，职权法定原则是基于"为履行法定职责或者法定义务所需要"而不需要信息主体的同意。但根据社会契约论的观点，这种权力的基础实际上是公民通过立法（或者社会契约）的方式让渡的，其根本还是公民的"同意"。其次，程序法定和比例原则，应当说是所有信用信息处理者都应当遵守的原则，只是具体到不同类型主体所遵循的程度存在差异而已。但没有必要具体规定，因为这些更应当具体领域具体规定。最后，公共登记系统和私营征信机构的信用信息已存在共享的问题。而且这种共享的要求要远远高于个人信息共享的要求，若采用不同的规则，则会导致信息收集利用要求低的领域向收集利用要求高的领域输送大量的信息，以避开过于严苛的要求。因此，我国所采用的折中模式是科学合理的，既规定了公共登记系统和私营登记机构的一般性责任规则，又规定了公共登记系统的特殊性责任规则，而且随着市场信用服务机构制度的发展，私营登记机构的责任制度也将得到完善。

（三）公私融合的信息隐私保护

个人信用信息既具有私人属性，也具有公共属性。这决定了个人信用信

---

① 参见《个人信息保护法》第2章第3节"国家机关处理个人信息的特别规定"。
② 参见龙卫球主编：《中华人民共和国个人信息保护法释义》，中国法制出版社2021年版，第161～162页。

息隐私既需要有私法的保护，也需要有公法的保护，脱离任何一方来谈信息隐私保护必然是不充分和不全面的。① 其中私法的保护在于赋权，主要体现在信用主体享有以信息自决权为核心的"知情同意权"，其功能在于维护信用主体的信息权益。而公法的保护在于控权，主要强调公权力机构对个人信用信息具有强有力的管控力度、纠纷解决能力、权利保护能力。以避免信用主体信息隐私被侵害，并确保被侵害后能够得到及时的救济，最终保障个人信用信息所具有的社会公共利益。对此，石佳友教授在2019年12月清华大学法学院主办的"个人信息司法保护的现状与趋势研讨会"上提出，由于公法和私法之间界限模糊，"需要承认这样一种新的治理模式，即通过公法与私法的衔接和协调，更好地解决个人信息保护等问题"②。

具体而言，在私法层面，法律调整的是平等主体的权利义务关系，信用信息处理者和信用主体的地位是平等的。个人信用信息的收集和利用是基于两者之间合法、真实、有效的意思表示展开的。而信息隐私侵害后，信用主体主要以合同法和侵权法的相关规定为请求权基础。在公法层面，由于"国家机关处理个人信息的行为是职权行为，具有高权性、强制性、公益性的特点"③。这使国家机关具有大规模收集和利用信用主体个人信息（隐私）的机会，导致信用信息处理者与信用信息主体之间形成了一种不平等的关系。故而公法应当加强对权力的限制，如在个人信用信息的收集和利用时应当坚持比例原则（最小损害原则）和目的特定原则等。对于公权力机构在个人信用信息的收集和利用过程中的违法行政行为，应当加大行政处罚力度。

就当前的立法体系而言，我国《个人信息保护法》的颁行，从一定层面上说明个人信息的保护不能再完全依赖于私法的保障。《民法典》第1034条规定"个人信息中的私密信息，适用有关隐私权的规定；没有规定的，适用有关个人信息保护的规定"。故在个人信用信息隐私的保护中，如果"有关

---

① 参见杨帆、刘业：《个人信息保护的"公私并行"路径：我国法律实践及欧美启示》，载《国际经济法学刊》2021年第2期。
② 董新平：《物联网场景下个人隐私信息泄露的治理体系构建研究》，浙江大学出版社2020年版，第102页。
③ 王锡锌：《国家保护视野中的个人信息权利束》，载《中国社会科学》2021年第11期。

隐私权的规定"不足以保护信息隐私，还可以适用《个人信息保护法》中的相关规定。《个人信息保护法》的制定和颁布应当说很好地与这一条款相衔接。但《个人信息保护法》的相关规定为什么不直接规定在《民法典》第6章"隐私权和个人信息保护"，而是单独作为一部基本法加以规定。本书认为，一个重要原因是为了保障《民法典》各章节条文数量整体上的一致性，以维护规则体系的稳定。更为重要的原因则是，个人信息保护规则实际上不完全是一种私法保护规则，也包括大量的公法保护规则，如个人信息利用的最小化（比例）原则，个人信用信息利用的损害风险预防，在责任的承担上还有行政处罚和刑事处罚等公法保护手段。而反观当前的《个人信息保护法》，也"是一个综合性法律，是一个领域法，既有公法又有私法，但其中关于个人信息保护的相关规定是《民法典》的组成部分"。

由于"人们的日常生活领域既非纯粹的私人空间，也不是完全的公共场所，更多的是介于公开与私人间的模糊地带，界定公私领域的传统二分法并不足以在众多的信息中准确识别应受保护的个人信息"[①]。国内外保护个人信息的模式逐渐从私权救济模式过渡到公私兼济的混合保护模式。该模式是指运用公权力和私权益共同保护信息主体的信息隐私权。应当说这一模式是现代信息社会的必然产物，因为现代信息社会中海量的信息收集、快速的信息传播使信息主体逐渐丧失了保护自身信息隐私的能力，所以必须依赖于包括政府、事业单位、社会组织等"公共权力"来加以保护。但是合理的公私兼济模式对公权力的干预是具有限制的，干预过多会滋生公权力机构"既是运动员，又是裁判员"的现象，干预过少则会导致处于弱势地位的信用主体缺乏信息隐私保护能力。

同时，公私兼济保护并不是公权力保护同私力保护的简单相加。因为公权力保护的手段主要是限制信息的收集和利用，严厉地打击信息隐私侵权者。这一手段将可处理的个人信用信息控制在一个较小的范围，从而不利于准确地分析信用主体的信用状况。私力保护则主要是通过信息自决的方式来防止

---

① 罗娟：《消费者个人信息权保护：公私兼济模式向场景风险模式的转型》，法律出版社2021年版，第171页。

信息隐私的泄露,由于信用主体根本无法做出真实可靠的同意选择,被许多学者诟病流于形式。即便具有一定的实质作用,该方式也将个人信用信息的收集范围交由信用主体控制,也会招致不良的信用信息无法得到收集,信用主体主观上不愿为让他人知晓的信息无法得到收集。进而阻碍社会信用体系建设之信用信息数据库的形成。因此有学者提出,这种公私兼济的保护模式"忽略了个人信息权利保护的多面性、不加区分笼统保护信息相关主体、偏重风险转化后的事后补救等缺陷"[①]。其中的事后补救措施,显然无法保护信息高度流通环境下的信息隐私,难以将损害降至最低。

为此,有必要对这种公私兼济的保护模式进行改良,采用"公私融合保护模式",这一模式要求公权力机构和私主体具有以下三点特征。首先,深度融合。信用信息处理者和信用主体的目标是一致的,都在于提高我国信用交易和信用治理的水平,实现守信联合激励和失信联合惩戒,推动我国社会信用体系的建设。共同设计完善的预防制度来防止信息隐私被侵害。其次,高度信任。信用信息处理者在处理信用主体个人信用信息时应当站在客观公正的角度上,不应当因为私人目的而存在偏袒,只处理信用主体的良好信用信息或者不良信用信息,同时在保护信用主体信息隐私时应当尽到"善良管理人"的义务。最后,权责清晰。一方面,允许信用信息处理者在合法的情况下最大化使用和共享个人信用信息,获取加工信用服务或产品所带来的经济和管理效益;另一方面,在个人信用信息的处理过程中若出现严重的信息隐私侵权行为,应当承担过错推定责任。

二、个人信用信息隐私保护制度的基本原则

《个人信息保护法》第 6 条所规定的个人信息处理基本原则包括目的性原则、必要性原则和最小范围原则,这实际上是行政法中比例原则在个人信息保护方面的拓展,核心内容是"个人信息处理者执行信息处理手段所实现的目的价值与损害公民个人信息保护权的减少价值之间的权衡关系,亦即

[①] 罗娟:《消费者个人信息权保护:公私兼济模式向场景风险模式的转型》,法律出版社 2021 年版,第 158 页。

'信息利用'和'信息保护'之间的权衡关系"①。讨论个人信用信息隐私保护的原则设计，也是为了基于个人信息处理的基本原则，结合信用领域的具体需求，在个人信用信息利用和信息隐私保护之间寻找最为合适的平衡点。

（一）限制"二次使用"原则

"大数据的价值不再单纯来源于它的基本用途，而更多来源于它的二次利用"②。实践中常见的现象是，很多个人信息被收集时本无意用于其他用途，但是最终却产生了很多创新性的用途，③ 进而出现"二次使用"的问题。应当说基于信用主体同意等符合法律规定的"二次使用"，本身是有利于个人信用信息的深度加工和利用的。但是不当的"二次使用"，则对信用主体的隐私权、信息控制权益都造成了严重的威胁。而本书建议设置的限制"二次使用"原则，目的是避免个人信用信息的不当使用，给信用主体带来更大的隐私侵害风险。与此同时，这一原则的设置，不仅便于信用主体对自身信息的持续性控制，也可以有效地避免各种不同信用信息的不当聚合，避免发生重新分析信用主体的信息隐私的情况。

具体而言，限制"二次使用"原则可以延伸到"目的限制"原则，即要求收集和利用个人信用信息应当具有明确、合理的目的且只能在这一目的之内加以利用。超出目的的需要获得信用主体的再次同意；未经再次同意而使用的，需要承担违约侵权民事责任，以及相应的行政责任，甚至刑事责任。其要求如下：（1）应将个人信用信息的二次使用或者改变个人信用信息的使用目的等情况告知信用主体。私营征信机构采用"同意—禁止"模式收集个人信用信息，公共登记系统采用信用目录管理模式收集个人信用信息，正当性依据分别是个人自决权利和法律明确规定（包括实现公益目的），但这种正当性依据只有个人信用信息用于信用主体同意的目的以及法律规定的目的时才有效。而且，这些目的本身都是清晰明确的，故个人信用信息只有在收

---

① 龙卫球主编：《中华人民共和国个人信息保护法释义》，中国法制出版社2021年版，第25页。

② ［英］迈尔·舍恩伯格、库克耶：《大数据时代》，盛杨燕、周涛译，浙江人民出版社2013年版，第197页。

③ ［英］迈尔·舍恩伯格、库克耶：《大数据时代》，盛杨燕、周涛译，浙江人民出版社2013年版，第197页。

集后依照特定目的加以了利用才具有正当性，超出原始目的加以利用则不具有正当性，故而需要重新获得合法性基础。（2）应充分地考虑"二次使用"目的与原始使用目的之间的兼容性。若两者之间具有兼容性，则应慎重考虑"二次使用"的正当性；反之则应当坚决避免"二次使用"情形的发生，防止个人信用信息的不当使用，对信用主体隐私造成侵害。当然，此处的兼容性应具体考虑"二次使用"目的与原始使用目的之间的联系、当前所收集的个人信用信息中信息隐私的私密等级，以及"二次使用"个人信用信息所带来的信息隐私侵害风险和风险防控能力。

（二）个人信用信息质量原则

个人信用信息质量原则主要包括确保个人信用信息的准确性、完整性和及时性。其中，准确性是指个人信用信息与信用主体的事实情况相符。设置这一要求是因为个人信用信息作为判别信用主体的信用状况的基础，若缺乏真实性则会导致信用的误判，从而影响到信用主体的交易活动、资格的获取以及惩戒的承担等，最终不利于构建公平正义的社会信用体系。完整性是指个人信用信息不存在遗漏和不全面等情况，在一定程度上完整性也可以归入准确性之中，同样是决定个人信用信息准确性的基础。但是完整性反映的是个人信用信息的横向维度，也即要求覆盖所有可以判断信用主体的个人信用信息；而准确性更多反映的是纵向维度，要求具体个人信用信息真实无误，故两者各有侧重。除此之外，个人信用信息质量原则还要求个人信用信息能够及时更新，对于一些超期披露的个人信用信息应当予以清理或者存档，并不再加以使用；对于信用主体最新产生的信用信息应当及时收集，并纳入个人信用信息系统，作为判断信用主体信用状况的依据，以保障信用主体的信用利益。当然，这一原则在具体制度中的设计还包括信用信息异议机制、信用信息被遗忘机制等。

（三）全过程信息隐私保护原则

在信息海量储存和高速传播的背景下，信息隐私一旦泄露，所造成的损害结果通常是无法彻底消除的，也难以通过法律救济来"恢复原状"，这对信息隐私的保护提出更为严格的要求。故个人信用信息的隐私保护机制，应当涵盖事前、事中以及事后的保护，本书称这种"预防+保护"的保护原则为"全过程信息隐私保护原则"。这一原则突出的特点是将信息隐私的法律保护前置，在加强事前信息隐私保护的同时，完善信息隐私的事中和事后保护，并将事前的信息隐私防控机制作为信息隐私保护体系的重点。在实践中，一般认为"知情同意"规则属于事前保护机制，民事侵权责任是典型的事后保护机制。但仅通过此类机制来保护信息隐私还是远远不够的，我国应当通过加强信息隐私风险防控机制建设，来预防信息隐私侵害的风险；通过加强信用信息处理者的隐私保护义务，来减少和消除信用主体在事中（个人信用信息处理过程中）隐私遭受侵害的可能性；通过设置更为严厉的侵权责任，来威慑和惩戒隐私侵害主体，以此建立涵盖全程且系统的信用信息隐私保护体系。

CHAPTER 06 >> 第六章

个人信用信息隐私保护的权责制度构建

第一节 引入以信义义务为基础的个人信用信息隐私保护框架

随着信用主体对信用信息的控制难度日益增大，加之隐私侵害事件频繁发生，信用主体对信息隐私保护会产生"一种徒劳和厌倦之感"[1]。同时，由于"公权力的'侵权'本性和能力"[2]，纯粹的私力救济和民法保护，很难从根本上促使公权力机关尊重和保护信用主体的隐私权。这些共同导致信用主体丧失了对自身信息隐私保护的信心，导致信息隐私陷入消极保护的困境之中。为此，我国有必要引入严格的信义义务，以平衡信用主体和信用信息处理者之间的利益和重建信任关系，为解决信息隐私保护难题提供新的途径。

一、信用信息隐私保护制度的构建依赖于信任关系的重建

在大数据时代，由于信用信息处理者对信息隐私的非法

---

[1] 吕炳斌：《个人信息保护的"同意"困境及其出路》，载《法商研究》2021年第2期。

[2] 孙平：《"信息人"时代：网络安全下的个人信息权宪法保护》，北京大学出版社2018年版，第190页。

泄露和不当利用，信用主体普遍遭受到各种垃圾信息的骚扰，饱受生活安宁被侵扰的折磨，甚至因此受到信息诈骗而蒙受人身财产损失。加上信用主体和信用信息处理者之间有信息不对等的情况，信用信息处理者可以单方面地掌握信用信息处理过程，而信用主体却对该过程的绝大多数事项不知情，而且缺乏有效途径直接参与自身信息管理。这些都使信用主体对信用信息处理者产生不信任，不愿意提供自己的信用信息。为此，"在当下，我们已经很难将任何信息进行独占，对于信息流动更是无法实现'控制'。因此，重要的不是与社会的隔离，而是如何基于信任进入社会"①。

显然，信息隐私的披露或者共享，依赖于个人之间、个人和机构之间的信任关系，既要在信任的前提下披露或者共享信用信息，也要在信任的背景下保护好信息隐私，因为信任的期望就是隐私的合理期望。② 在信用信息的利用和保护过程中，需要努力做好的是在客观和主观上提高信用主体对信用信息处理者的信任，让信用主体相信信用信息的利用有利于自己，不会因此给自己带来无穷无尽的困扰和伤害。

鉴于此，如何在信用主体和信用信息处理者之间建立信任关系，应该是解决信用信息利用和保护的又一重要问题。在理论上，现代社会的信任主要来自陌生人之间能够建立的信任——"系统信任"③，来自对权威的信任、对专业体系的信任和以及对规则的信任。其中，对规则之下的法律和制度的信任最为重要，④ 也是产生信任的基础。⑤ 故信任关系的建立首先应当考虑的就是法律制度的完善，通过法律制度来保障信任关系的长期存在。然而，"民法路径将隐私保护的希望完全寄托于法院，信息隐私的执行依赖于个人且只

---

① 余成峰：《信息隐私权的宪法时刻：规范基础与体系重构》，载《中外法学》2021年第1期。
② See Ari Ezra Waldman, *Privacy as Trust: Sharing Personal Information in a Networked World*, 69 University of Miami Law Review 559（2015）.
③ ［美］福山：《信任：社会美德与创造经济繁荣》，郭华译，广西师范大学出版社2016年版，"导读"第4页。
④ 参见［美］福山：《信任：社会美德与创造经济繁荣》，郭华译，广西师范大学出版社2016年版，"导读"第4页。
⑤ 参见任龙龙：《大数据时代的个人信息民法保护》，对外经济贸易大学2017年博士学位论文，第101页。

能发生于私主体之间，这无法回应新技术发展带来的挑战"①。在信息隐私的保护上缺乏信任基础。"信任是指在对他人的不确定的未来行为造成负面结果的情况下，对他人的行为确实是肯定的"②。在利用个人信用信息时，有必要通过规定严格的法律义务和责任的方式来约束信用信息处理者的行为，以确保信用信息处理者行为的合法性和合理性，进而获得信用主体对信用信息处理者的信任和肯定。

具体而言，一个值得信任的信用信息处理者应当符合以下要求：（1）诚实地向信用主体解释了其持有和使用信用信息的术语；（2）基于提供信息保密的假设，谨慎地利用和披露信用信息；（3）穷尽所有能力保护提供的信用信息不被泄露和不当使用；（4）忠诚地将信用主体的利益置于自己利益之上，不损害信用主体的利益。③ 在实践中，"无论是欧盟、美国还是中国，个人信息保护法的基本框架都有类似之处，都采取了对信息主体进行赋权与对信息控制者与处理者施加责任的进路"④。这种传统的方式基于增加信用信息处理者普通（或非信义）义务或者责任，以及加强对信用信息处理者监管来保护信息隐私，虽然对信用信息处理者的处理行为具有一定的约束作用，但这种约束是弱化信用信息利用的保护性约束，可能阻碍信用信息在合法层面上的最大化利用。而且，作为一种传统的保护方式，也难以超越现有的信用信息管理的义务和责任，要求信用信息处理者作为一个"善良的管理人"保护信用主体的信息隐私，故无法满足上述要求。与之不同，为了同时满足这些要求，在信用主体和信用信息处理者之间建立信义关系不失为一种经济有效的途径。因为在这种关系中，信用信息处理者负有法定且严格的信义义务和信义责任，需要为了信用主体的利益而行事，这样有助于消除信用主体对信用信息处理者侵害隐私的担忧，并在两者之间建立良性持久的信任关系。

---

① 余成峰：《信息隐私权的宪法时刻：规范基础与体系重构》，载《中外法学》2021 年第 1 期。
② Lewis J. David & Andrew Weigert, *Trust as a Social Reality*, 63 Social Forces 967 (1985).
③ See Neil Richards & Woodrow Hartzog, *Privacy's Trust Gap: A Review*, 126 Yale Law Journal 1180 (2017).
④ 丁晓东：《大数据与人工智能时代的个人信息立法——论新科技对信息隐私的挑战》，载《北京航空航天大学学报（社会科学版）》2020 年第 3 期。

二、信用信息处理者与信用主体之间信义关系的证成

信义义务（fiduciary duty）起源于英国法中的衡平法（Equity）。[①] 由于其高度的灵活性且以救济为导向（remedy-driven），能够为特定法律关系中的受害人提供救济，从20世纪（尤其是后半叶）已经开始呈现大规模扩张适用的趋势。[②] 20世纪90年代初肯尼思·劳顿（Kenneth C. Laudon）教授首创了"信息受托人"（information fiduciaries）的概念，[③] 到目前为止，国外关于信息信托的研究已经初具体系。其中影响最为广泛的是耶鲁大学法学院教授杰克·巴尔金（Jack Balkin）的论述。[④] 而本书讨论的信用主体的信息隐私保护和救济问题，实际上存在于信用主体和信用信息处理者不平等的特殊法律关系之中，故而有必要引入信义义务。

一般认为，作为信义义务产生基础的信义关系，是指"一方（受托人）享有对另一方（受益人）的重大实际利益的自由裁量权"[⑤]，包括法律上的信义关系和事实上的信义关系。[⑥] 前者是指依据相应的法律所形成的信义关系，产生于"当一个人接受或承担对另一个人重大实际利益的裁量权"[⑦] 的情形。其中的"接受或承担"主要存在双方同意、单方承诺和法令三种方式。实践中则通常是基于"双方同意"而建立信义关系，即"一旦双方同意，则产生信义关系，并在转让方和受让方之间出现权利转移"[⑧]。后者是指在法律没有明文规定的情况下，法官通过"公平正义"和"良心"的理念，拟制推定当

[①] 参见徐化耿：《信义义务研究》，清华大学出版社2021年版，第1页。

[②] 参见徐化耿：《信义义务研究》，清华大学出版社2021年版，第60页。

[③] See Lina M. Khan & David E. Pozen, *A Skeptical View of Information Fiduciaries*, 133 Harvard Law Review 497 (2019).

[④] See Jack M. Balkin, *Information Fiduciaries and the First Amendment*, 49 U. C. Davis Law Review 1183 (2016).

[⑤] Paul B. Miller, *A Theory of Fiduciary Liability*, 56 McGill Law Journal 235 (2011).

[⑥] 参见［美］安德鲁·S. 戈尔德、保罗·B. 米勒编著：《信用法的法理基础》，林少伟、赵吟译，法律出版社2020年版，第11页。

[⑦] ［美］安德鲁·S. 戈尔德、保罗·B. 米勒编著：《信用法的法理基础》，林少伟、赵吟译，法律出版社2020年版，第83页。

[⑧] ［美］安德鲁·S. 戈尔德、保罗·B. 米勒编著：《信用法的法理基础》，林少伟、赵吟译，法律出版社2020年版，第83页。

事人之间存在的信义关系。① 表现为一方因另一方的专业知识（knowledge）而产生信任，从而形成信义关系。

部分论者认为信义关系产生于身份关系。然而，该观点中的"身份关系"实际上可以定位为从义务人承诺中推断出的默示意思的基础。也就是说，此时的信义关系实际上是建立在义务人明显表现和客观行为的基础上，②而不是纯粹的身份关系上。因此，越来越多的学者"将信义义务视为直接基于同意和自愿承诺，而非基于身份或预期"③。本书所讨论的是学界已经达成共识的基于"双方同意"而成立的信义关系，也可以"视为"信用主体和信用信息处理者之间因签订信用信息管理合同而成立的信义关系。

在信用信息处理者和信用主体之间的关系论证中，可以假设其为一种信义关系。这种假设的主要理由是，当前我国信用主体和信用信息处理者之间的关系呈现不平等性（inequality）、依赖性（dependence）以及脆弱性（vulnerability）④ 等特征，符合信义关系的基本特征，⑤ 也符合信义义务成立的逻辑。⑥ 具体表现为：首先，信用信息处理者具有专业的信用信息处理能力，而信用主体则基本只拥有决定是否"同意"的选择权，对信用信息处理和应用情况缺乏了解。信用信息处理者能够轻易知悉和监控信用主体的行为，而信用主体却很难核实信用信息收集、处理和应用的情况，并对信用信息处理者的信用信息利用和隐私保护行为进行监督，两者之间形成了一种不平等的关系。其次，在信用主体提供信用信息给信用信息处理者时，信用信息控

---

① 参见［美］安德鲁·S. 戈尔德、保罗·B. 米勒编著：《信用法的法理基础》，林少伟、赵吟译，法律出版社2020年版，第11页。

② 参见［美］安德鲁·S. 戈尔德、保罗·B. 米勒编著：《信用法的法理基础》，林少伟、赵吟译，法律出版社2020年版，第39页。

③ ［美］安德鲁·S. 戈尔德、保罗·B. 米勒编著：《信用法的法理基础》，林少伟、赵吟译，法律出版社2020年版，第51页。

④ "脆弱性"是指"对伤害的易受性"。See Lac Minerals Ltd. v International Corona Resources Ltd.，［1989］2 SCR574，61 DLR（4th）14，La Forest J［Lac Minerals cited to SCR］. at 663. 索宾卡（Sopinka）法官认为依赖性和脆弱性为信义关系存在不可或缺的要素。See Paul B. Miller, *A Theory of Fiduciary Liability*, 56 McGill Law Journal 235（2011）.

⑤ See Paul B. Miller, *A Theory of Fiduciary Liability*, 56 McGill Law Journal 235（2011）.

⑥ See Jack M. Balkin, *Information Fiduciaries and the First Amendment*, 49 U. C. Davis Law Review 1183（2016）.

制权丧失，信用主体虽然存在各种担忧，但也只能寄希望于信用信息处理者合法合理地处理信用信息，"希望他们不会滥用我们的机密，或以伤害我们的方式泄露关于我们的信息"①。这使信用主体在隐私保护上基本依赖于信用信息处理者。最后，信用主体在信用信息的自我控制、隐私侵害的风险承受以及信用信息管理监督等方面的能力极其有限，随时可能遭受信用信息监管者的隐私侵害。当然，这种脆弱性也是前述依赖性和不平等性的必然结果。②然而，根据脆弱性理论（vulnerability theory），为了保障信用主体的利益，防止信用信息处理者利用这种脆弱性谋取私利，必须对信用信息处理者规定信义义务。③ 当然，信用信息处理者也具有作为受托人的积极性。一方面，信用信息处理者相信自身的专业化信息处理水平，并认同自身的信托角色；④另一方面，基于建立的信义关系，作为受信人的信用信息处理者享有对作为受益人的信用主体信用信息的自由裁量权，有权将信用主体的信用信息视为自己的信息来管理。这不仅有助于其提高信用信息收集、使用的效率，降低信用信息管理的成本，而且由于严格信义义务的存在，会提升信用主体对信用信息管理者的信任度。以上讨论已经说明，在两者之间成立法律上的信义关系具有可行性基础。

三、信用信息处理者与信用主体之间设定信义关系的优点

信义义务是一系列义务，旨在消除任何以牺牲受益人利益而获利的诱惑。⑤

---

① Jack M. Balkin, *Information Fiduciaries and the First Amendment*, 49 U. C. Davis Law Review 1183 (2016).

② 参见［美］安德鲁·S. 戈尔德、保罗·B. 米勒编著：《信用法的法理基础》，林少伟、赵吟译，法律出版社2020年版，第82页。

③ "脆弱性理论（vulnerability theory），即受益人相对于受托人而言，地位不平等，具有脆弱性，必须依赖于受托人的能力与决策，譬如监护关系中的被监护人与监护人，为了保障受益人的利益，防止委托人利用这种脆弱性谋取利益，必须对其课以信义义务。"详见徐化耿：《信义义务研究》，清华大学出版社2021年版，第80页。"脆弱性理论（vulnerability theory）认为，当某法律关系中存在脆弱性时，则应该适用信义义务。"参见史欣媛：《我国股权众筹投资者适当性制度的构建》，载《现代经济探讨》2017年第2期。

④ See Jack M. Balkin, *Information Fiduciaries and the First Amendment*, 49 U. C. Davis Law Review 1183 (2016).

⑤ 参见［美］安德鲁·S. 戈尔德、保罗·B. 米勒编著：《信用法的法理基础》，林少伟、赵吟译，法律出版社2020年版，第45页。

将信义义务引入信用信息处理者和信用主体关系之中，目的在于消除信用信息处理者利用信用主体信息隐私获利的诱惑，敦促信用信息处理者以"善良的管理人"的身份管理好信用主体的信用信息。具体而言，在信用信息的利用和保护方面引入信义义务，主要有以下优点：

其一，有效减轻信用主体管理和保护自身信用信息的负担。信义义务的引入，可以减轻信用主体不断处理信用信息的负担，缓解信用主体因信用信息失去控制以及怀疑隐私会受到侵害而产生的焦虑。因为信用主体信用信息的托管是基于信用信息处理者负有严格的忠实义务展开的，故信用主体有理由相信信用信息处理者在信义责任的约束下会尽职尽责地管理好信用信息。只要有充分的制度保障，信用主体完全可以放心将其信用信息提供给信用信息处理者利用和管理，而无须面对不断选择是否"同意"收集和利用的困境，[①] 从而减轻信用主体管理自身信用信息的负担。也可以解决上文所讨论的信用主体"知情"困难、"同意"受限等难题，避免信用主体基于瑕疵的意思做出"同意"收集与利用的决定，从而失去对自身信用信息的有效控制，造成信息隐私陷入被动保护的局面。

其二，有效降低信用信息处理者侵害他人信息隐私的风险。基于严格的信义义务，信用信息处理者需要对信用主体承担"善良的管理人"的义务。这要求信用信息处理者对信用主体信息隐私的保护不能仅局限于以信用主体同意收集和利用为核心的约定义务，还要承担忠实义务和注意义务等信义关系中的法定义务（下文展开讨论）。这样可以有效避免和降低信用信息处理者仅规避形式上的约定义务而实施隐私侵害行为的现象发生。同时，可以保护与信用主体信用信息存在关联性的第三人信息隐私。一般而言，信用信息源自信用主体的经济与社会活动，存在于信用主体参加各种经济与社会活动所形成的"行为轨迹"之中。故信用主体的信用信息通常会"掺入"与之存在交往关系的第三人信息，甚至包含了第三人信息隐私。因此，信用信息利用过程中的信息隐私保护对象不应局限于信用主体，还应当包括与之存在交往关系的第三人。然而，现有的信息处理规则却将此类信息的处理权利不加

[①] 参见丁晓东：《个人信息保护：原理与实践》，法律出版社 2021 年版，第 100 页。

区分地赋予信用主体，实际上无法保障与信用信息存在关联性的第三人的权利。通过建立信义关系，让信用信息处理者统筹处理和保护各方信息隐私，可有效地减少或避免第三人信息隐私被不当收集和利用的情况发生。

其三，确保信用信息处理者收集和利用信用信息的完整性。信用信息处理者基于信义关系，享有"信息受托人"自由裁量权。这样有助于摆脱信用信息处理者信息收集和使用的合规困境，[1] 丰富信用信息处理者的信用信息库，保障信用信息处理者能够高效地收集和利用更为完整的信用信息。这可以避免信用主体基于信息自决权，热衷于选择性地提供良好信用信息，而拒绝提供或缺漏提供不良信用信息，最终影响到信用评级的公正性和准确性。而且这些完整的信用信息有助于推动信用信息的规模化和产业化运作，促进信用信息服务行业的成长和创新，[2] 为社会提供能够更多满足于市场经济和社会治理的信用商品和服务。

其四，确保信用主体信息隐私被侵害后可以得到充分救济。信义义务（责任）的引入将信息隐私保护的责任转向信用信息处理者，这突破了传统信息流通缓慢背景下"政府—用户"的两端隐私保护模式，更加契合海量信用信息高速流通的大数据时代隐私需要及时保护的要求。[3] 而且，信用信息处理者在违背信义义务之后，所应当承担的责任也将不再单纯地根据合同条款进行判断，还应当基于司法（执行）程序依据审慎义务与忠诚义务的标准进行判断（下文具体介绍）。如此可以督促信用信息处理者在信用信息的处理过程中，必须对信用主体提供的所有信息持谨慎态度，综合考虑这些行为现在以及未来是否存在侵害信用主体信息隐私的风险，并将风险控制到最低。这些都有助于抑制信用信息处理者牺牲信用主体利益而获利的机会主义（opportunism）倾向，[4] 最大限度地保障信用主体的权益。

---

[1] 参见丁晓东：《个人信息保护：原理与实践》，法律出版社2021年版，第100页。
[2] See Ariel Dobkin, *Information Fiduciaries in Practice: Data Privacy and User Expectations*, 33 Berkeley Technology Law Journal 1 (2018).
[3] 参见胡凌：《商业模式视角下的"信息/数据"产权》，载《上海大学学报（社会科学版）》2017年第6期。
[4] See Kenneth B. Davis Jr., *Judicial Review of Fiduciary Decisionmaking—Some Theoretical Perspectives*, 80 Northwestern University Law Review 1 (1985).

其五，便于对信用信息处理者法律责任的认定和追究。目前我国对个人信息隐私的保护仍然是以宣示权利为主，[1] 对于信用信息处理者的义务责任性规定则以注意性和原则性规定为主。这导致信用信息处理者在侵害信用主体信息隐私后，往往能够作出大量利己性解释，并以此来逃避责任的承担。如将信用主体缺乏真实意思表示的"知情同意"作为信息隐私收集和利用的抗辩事由，将收集利用的信息隐私是为了满足公共利益（实际上是为了满足自己）的需求作为抗辩事由。不仅如此，信用信息处理者的个人信用信息处理活动合法与否，也是信用信息处理者是否需要就侵害信用主体信息隐私权益承担行政责任、民事责任甚至是刑事责任的核心要件。[2] 如果缺乏实质性的合法性判断标准，也可能为信用信息处理者逃避法律责任提供机会。为此，通过引入信义义务，信用信息处理者将承担更为实质性的约定和法定义务及责任，如信息隐私的收集和利用应当以信用主体的利益为中心，为信用主体的利益行事，否则将违背忠实义务或注意义务进而需要承担相应的信义责任。如此，更有利于判断信用信息处理者的行为是否存在违约或违法，并作为追究其相应法律责任的依据。

除此之外，引入信义义务有助于另辟蹊径地解决信用信息和信息隐私界定不清的困境。如前文所述，即便是在法学理论上，从信用信息和信息隐私之间划分一条泾渭分明的界限，也是困难重重的。寄希望于信用主体能够全面考虑信用信息披露所带来的不利影响，或准确地去判断哪些信息属于自己的隐私而拒绝同意收集和使用，更属于无法实现的期望。因此，需要信用信息处理者引入具有专门知识的工作人员从专业的角度去标识和保护具体场景中的信息隐私范围，并依据所处理的信用信息的特征（包括性质、范围和目的），处理行为的隐私侵害可能或致损风险等级，以及法定或信用行业规定方式定期审查结果，进行相应升级或适当调整以提高信息隐私保护水平。[3]

---

[1] 参见徐艺心：《信息隐私保护制度研究：困境与重建》，中国传媒大学出版社 2019 年版，第 129 页。
[2] 参见程啸：《个人信息保护法理解与适用》，中国法制出版社 2021 年版，第 417 页。
[3] 参见解正山：《数据驱动时代的数据隐私保护——从个人控制到数据控制者信义义务》，载《法商研究》2020 年第 2 期。

四、信义关系下信用信息处理者的义务责任框架构建

将信用义务引入信用主体和信用信息处理者的关系中,并非完全否认以"知情同意"规则为核心的信息自决隐私保护框架,而是要求信用信息处理者以信息受托人的身份参与信用信息隐私保护之中,以此提高信用信息处理者的义务标准并据此增加其问责制。① 具体而言,信用信息处理者应当基于"双方同意"与信用主体成立信义关系。由于"在当事人的交易持续性和固有自由裁量权导致难以订立完全合同的情形下,法律将信义义务确认为默示法律"②。并通过"默示法律"的方式,解决"私人秩序"下意思自治的"市场失灵"问题。③ 这导致信义义务虽然基于合意成立,并以合同为载体,但不同于普通的合同关系。因为其内容不仅包含约定义务,还包含法定义务。④ 信用信息处理者需要履行超出约定义务之外的忠实义务和注意义务(或者勤勉义务),并在其违反这些义务时承担信义责任。

首先,在信义义务的基础理论层面。关于忠义义务,有论者认为"忠义义务不仅是其(信义义务)必要构成部分,还是信义实践的核心元素",其内容包括"避免受信人利益冲突""积极奉献""诚实守信""公平正义"等。⑤ 也有论者认为忠义义务禁止代理人滥用代理权,并要求受托人为了委托人的"最大"利益或甚至"只"为委托人的利益而行动,由此来协调利益冲突。这主要包括避免利益冲突规则(the conflict of interest rule)和避免义务冲突(the conflict of duty rule),前者是指"受托人避免牟取个人利益与履行为受益人利益行事的义务之间的冲突"⑥;即在交易中,受托人自身利益和受益人利益发生冲突时,受托人不应获取或有责任返还该项交易(未授权)

---

① 参见解正山:《数据驱动时代的数据隐私保护——从个人控制到数据控制者信义义务》,载《法商研究》2020年第2期。
② [美]安德鲁·S. 戈尔德、保罗·B. 米勒编著:《信用法的法理基础》,林少伟、赵吟译,法律出版社2020年版,第51页。
③ 参见吴泓:《信赖理念下的个人信息使用与保护》,载《华东政法大学学报》2018年第1期。
④ 参见吴泓:《信赖理念下的个人信息使用与保护》,载《华东政法大学学报》2018年第1期。
⑤ 参见[美]安德鲁·S. 戈尔德、保罗·B. 米勒编著:《信用法的法理基础》,林少伟、赵吟译,法律出版社2020年版,第202~222页。
⑥ Paul B. Miller, *A Theory of Fiduciary Liability*, 56 McGill Law Journal 235 (2011).

的收益。后者则是指"要求受托人避免个人义务与牟取他人利益之间的冲突"①。两者实际上存在一定的重叠,核心内容都包括受托人应当为委托人利益行事。而相较于信义立法国家所普遍规定且内容相对确定的忠实义务,注意义务的内涵更为模糊,也还没有被各国立法所普遍规定。② 就其内容而言,注意义务的标准主要包括"合理"(Reasonableness)和"谨慎"(Prudence)两项,且通常依据行业规范和实践的要求,参照理智的或谨慎的人在相似情况下可能采取的何种行为来确定。③ 由于信用信息处理者之间的经验与能力差别很大,而且不同场景中信用信息处理者所管理的信用信息情形不一样。因此,注意义务的内涵应当在个案中具体判断。④ 但这并不意味着可以随意做出判断,而应当保证信用信息处理者的注意水平处于行业最低注意水平和最优注意水平的"滑尺"之间。⑤

其次,在信用信息处理的具体操作层面。一方面,信用信息处理者应当遵守忠实义务。在信用信息的利用过程中,信用信息处理者必须以信用主体的利益为中心,为信用主体的利益行事。在未经信用主体授权的情况下,获取的利益应当返还给信用主体。其具体内容至少包括:(1)不得滥采滥用信用主体信息。在信息收集和利用时应当遵循信用相关性原则和最小损害原则,避免各种信息的不当聚合给信用主体带来信息隐私侵害。(2)不得通过所掌握的信用信息窃取信用主体的机会。信用信息处理者的职责在于客观地收集、分析信用主体的信用信息,为合法的需求者提供准确可靠的信用信息或信用产品。除法律法规要求其主动公示相关信用信息,信用信息处理者不宜以信用主体具有不良信用记录为由,主动地去干扰信用主体的经济社会活动,甚至阻碍信用主体的发展机会。(3)设计的信用信息管理系统必须避免与信用

---

① Paul B. Miller, *A Theory of Fiduciary Liability*, 56 McGill Law Journal 235 (2011).
② 英国法上信义义务仅包括忠实义务一项;美国法上包括忠实义务和注意义务(勤勉、谨慎义务);《中华人民共和国信托法》(以下简称《信托法》)将忠实义务和注意义务同时放于信义义务之下,更接近美国。参见徐化耿:《信义义务研究》,清华大学出版社2021年版,第38页。
③ 参见[美]安德鲁·S.戈尔德、保罗·B.米勒编著:《信用法的法理基础》,林少伟、赵吟译,法律出版社2020年版,第231页。
④ 参见徐化耿:《信义义务研究》,清华大学出版社2021年版,第39~40页。
⑤ 参见徐化耿:《信义义务研究》,清华大学出版社2021年版,第131页。

主体产生利益冲突。如应当禁止设计系统漏洞，以诱导信用主体提供与信用不相关或者可归属于核心隐私的信息。另一方面，信用信息处理者应当遵守注意义务。这要求信用信息处理者在信用信息处理过程中，应当遵守合法性、信用关联性、使用限制性、信息最小化与准确性原则，按照"理性人"的谨慎态度合理行事。甚至要求信用信息处理者"以受托人的特殊能力为基础"[1]来管理信用信息，减少信用信息"不当累积"给信用主体带来的信息隐私侵害。与此同时，应当避免对信用信息处理者提出极为苛刻的要求，而削减其收集和利用信用信息的积极性。其具体义务主要包括：（1）技能要求。谨慎的信用信息处理者应当具备必要的技能和专业知识，这要求相关从业人员参加隐私信息保护培训，获取相应的准入和从业资格。（2）风险性要求。信用信息的利用必然具有隐私侵害的风险，信用信息处理者应当将隐私侵害的风险控制在合理范围内。（3）流动性要求。信用信息的价值在于共享利用，信用信息处理者应当合法合理地推动信用信息的流通和共享，而非让收集的信用信息停滞不动，阻碍信用信息的有效利用。

最后，信用信息处理者在违反忠实义务和注意义务时应当承担信义责任。严格的信用义务需要有完善的责任体系予以保障，在"英美法系，违反信义义务的责任形式有很多种，包括利益归入、推定信托、禁止令、损失赔偿、恢复原状、解散公司和刑事处罚等等"[2]。《信托法》虽然没有明确表述"忠实义务"和"注意义务"，但规定了信托义务的主要内容包括"为受益人的最大利益处理信托事务"、"不得利用信托财产为自己谋取利益"和"不得将信托财产转为其固有财产"等，[3] 还规定了违背义务的受信人应当承担"所得利益归入信托财产"、恢复原状、给予赔偿的责任。这些都与国外信义义

---

[1] 于海涌：《英美信托财产双重所有权在中国的本土化》，中国政法大学出版社2011年版，第152~162页。

[2] 陶伟腾：《信义义务的一般理论研究》，华东政法大学2020年博士学位论文，第5页。

[3] 《信托法》第25条规定："受托人应当遵守信托文件的规定，为受益人的最大利益处理信托事务。受托人管理信托财产，必须恪尽职守，履行诚实、信用、谨慎、有效管理的义务。"第26条规定："受托人除依照本法规定取得报酬外，不得利用信托财产为自己谋取利益。受托人违反前款规定，利用信托财产为自己谋取利益的，所得利益归入信托财产。"第28条规定："受托人不得将信托财产转为其固有财产。受托人将信托财产转为其固有财产的，必须恢复该信托财产的原状；造成信托财产损失的，应当承担赔偿责任。"

务的承担方式相同。基于此，我国可以在未来的全国性社会信用立法中明确规定，当信用信息处理者违背信义义务、侵害信用主体利益时，适用现有的信托责任。除此之外，可考虑引入惩罚性赔偿，[1] 以惩罚违反信义义务的信用信息处理者，对其潜在的侵害信用主体隐私的行为形成足够的威慑。[2]

第二节　完善公私并用趋势下的信用主体权利体系

个人信用信息隐私保护不可能依赖于单一的权利，也不可能寄希望于多种分散权利的集合，而应当是基于特定法律逻辑所构建的能够满足信用主体基本需要的权利体系。在整体上主要涉及信用主体的实体性权益保护和程序性救济措施。

一、信用主体的权利体系保护

正如耶林所言，"当现在一个新的法律规范出现时，这不仅关涉到真理，还涉及新的法律规范、反对既存利益的斗争"[3]。个人信用信息的利用必然使公民个人的权益受到直接影响。而确保信用主体的权利得到及时的保护，是减少信用主体对自身信息被不当利用甚至泄露之担忧的有效措施，也是保障信用信息得到充分利用的基本前提。

（一）信用主体的知情同意权

所谓"知情"，是指信用信息处理者在收集个人信用信息之前应当告知信用主体的信用信息收集范围、收集和使用目的、信息保护措施等情况。在消费者信息隐私保护领域，告知的方式主要是阅读"隐私政策"。在个人信息处理规则中，告知的要求则是"以显著方式、清晰易懂的语言真实、准

---

[1] 参见解正山：《数据驱动时代的数据隐私保护——从个人控制到数据控制者信义义务》，载《法商研究》2020年第2期。
[2] 参见徐化耿：《信义义务研究》，清华大学出版社2021年版，第46页。
[3] ［德］耶林：《为权利而斗争》，郑永流译，商务印书馆2016年版，第70页。

确、完整地向个人告知"①。本书认为告知应当包括事前告知和事后告知,其中事前告知是指信用信息处理者在收集他人信用信息前,应当将个人信用信息的处理目的、处理方式、处理的信息种类、保存期限,以及信用主体的权利救济方式等情况告知信用主体。事后告知则是指信用信息处理者收集个人信用信息后,应当定期和不定期告知信用主体相关个人信用信息的利用和隐私保护等情况。

关于同意的方式,我国《民法典》规定处理他人私密信息需要有"法律另有规定或者权利人明确同意",②但未对"同意"的方式进行具体规定。而我国《个人信息保护法》规定,处理他人敏感个人信息要获得单独同意或者书面同意。③其中的单独同意是指,信用信息处理者就法律所规定特定类型的个人信用信息处理活动需要专门取得信用主体同意,不得概括性取得信用主体的同意。④在欧洲,各国隐私保护的程度不一样,有的国家要求处理任何类型的信用信息都要取得信用主体的同意,而有的国家则只要求收集敏感信息时需要征得信用主体的同意。⑤除此之外,还存在"推定同意"这一方式,即在个人信用信息的收集过程中,信用主体知情后在合理期限内没有作出同意与否的选择,则推定为同意。有学者认为这种方式"既可以避免侵犯隐私权的嫌疑,又节约了征信成本、提高了征信效率"⑥。本书认为,针对个人信用信息的收集与利用,应当依据其私密程度分别适用不同的同意方式。对于与人格尊严最为密切的信用信息隐私应当经过信用主体的单独书面同意,即通过书面的形式作出单独同意的决定;对于与人格尊严相关性较弱的信用信息隐私应当取得信用主体的单独同意;其他信用信息则可以采取口头同意或者"推定同意"的方式,以减少个人信用信息收集的成本。与此同时,为

---

① 参见《个人信息保护法》第17条。
② 参见《民法典》第1033条。
③ 《个人信息保护法》第29条规定:"处理敏感个人信息应当取得个人的单独同意;法律、行政法规规定处理敏感个人信息应当取得书面同意的,从其规定。"
④ 参见程啸:《个人信息保护法理解与适用》,中国法制出版社2021年版,第157页。
⑤ 参见孙志伟:《国际信用体系比较》,中国金融出版社2014年版,第160页。
⑥ 冯湘君:《档案管理视角下个人信用信息有效性保障研究》,中国出版集团、世界图书出版公司2010年版,第117页。

保障信用主体同意的真实性和便利性，在具体的操作上，可通过分项同意的"一事一决"模式来避免处理协议冗长难懂的弊病。①

除此之外，信用主体还应当拥有撤回同意和重新同意的权利。② 撤回同意权利是指信用主体拥有无条件撤回已作出的同意的权利。即当信用主体认为所提供的个人信用信息中涉及自己不愿意为他人知晓的信息时，有权向信用信息处理者提出撤回同意的权利。当然，如果所收集的个人信用信息属于法律规定应收集的信息或者是出于公共利益的需要时，其撤回同意权利应当受到限制。虽然《个人信息保护法》第15条创新性地规定了撤回同意权，但在实践中如何解释适用以及如何同其他规定衔接，应当说成为该权利所必须面对的问题：（1）这一权利与《民法典》第1036条规定的拒绝利用自己已公开的信息的权利如何衔接？（2）《民法典》第141条规定撤回当事人的意思表示，应当在意思表示到达相对人之前或者与意思表示同时到达；《个人信息保护法》实际上表达的是信息主体可以随时撤回其同意，包括了同意到达相对人之后。（3）《个人信息保护法》第31条实际上赋予了14周岁以上的未成年人具有完全的信息自决能力，这和《民法典》将完全民事行为能力人的年龄定为18周岁如何衔接，等等。而重新同意权利则是指在信用主体做出同意决定的重要事项发生变更的情况下，信用信息处理者应当重新取得信用主体的同意，③ 以保障信用主体对自己信用信息隐私实质意义上的控制权，防止个人信用信息的不当"二次利用"给信用主体带来信息隐私侵害风险。

（二）信用主体的信息异议权

信用信息异议制度，是指信用主体及其利害关系人认为当信用信息处理者所披露的公共信用信息存在纰漏时，可以提出异议、要求更改或删除相关信息的制度。该制度作为社会信用立法的核心内容之一，具有及时纠正错误

---

① 关于"一事一决"模式，百度App在设置访问权限时，就单采取了访问位置、储存器、通讯录的分项决定模式。赋予了用户更大的选择空间。

② 《个人信息保护法》第15条规定："基于个人同意处理个人信息的，个人有权撤回其同意。个人信息处理者应当提供便捷的撤回同意的方式。"

③ 参见《个人信息保护法》第14条第2款、第22条、第23条。

信息和填补遗漏信息、保障信用主体"信用信息权"和"信用信息异议权"的功能，而且有助于在源头控制错误、遗漏的信用信息，维护整个社会信用体系建设所依赖的信息根基的稳定。

目前，征信业领域的信用信息异议制度主要由《征信业管理条例》予以规定，公共信用信息异议制度调整的信用信息范围是行政机关、司法机关、法律法规授权的具有管理公共事务职能的组织以及公共企事业单位、团体组织等提供的公共信用信息。① 这基本无法适用中国人民银行颁布的《征信业管理条例》的规定，② 加之国家层面的信用立法还不够完善，公共信用信息异议制度实际上缺乏高位阶法律法规依据，主要依赖于《规划纲要》等国家层面的政策性文件和地方性信用信息法规和规章。由于该制度的建设仍然处于探索阶段，在理论上和实践中已经暴露出异议申请条件的设置存在权益保障与信用管理的困境、异议处理程序紊乱且止损功能欠缺，以及异议申诉结果和后续救济利益难以得到保障等问题。

然而，信用信息异议制度对于个人信用信息隐私的保护具有至关重要的作用：（1）完善的制度将赋予最为知悉信息准确性的信用主体及利害关系人对相关信用信息提出异议或确认的权利，进一步保障公共信用信息的准确性和正当性。信用主体可以基于这一制度，对信用信息处理者泄露或者不当使用自身信息隐私的行为提出纠正和删除的权利，为信用主体增加了更为便捷和高效的救济途径。（2）通过明确信用信息处理者的相关职责，促使其自觉履行职务以保障信用主体的基本诉求。换言之，信用信息处理者不仅负有解

---

① 参见罗培新：《社会信用法：原理·规则·案例》，北京大学出版社2018年版，第63页。
② 《征信业管理条例》第2条第4款规定："国家机关以及法律、法规授权的具有管理公共事务职能的组织依照法律、行政法规和国务院的规定，为履行职责进行的企业和个人信息的采集、整理、保存、加工和公布，不适用本条例。"依据此规定，《征信业管理条例》的调整范围基本排除了公共信用信息的收集、利用与管理。不仅如此，公共信用信息和《征信业管理条例》所调整的征信信息还存在以下两个区别：在信息含盖范围方面，公共信用信息不包括市场交易信息，而征信信息包括金融信用信息基础数据库归集的由从事信贷业务的机构提供的信贷信息，也包括征信机构主动收集其他反映信息主体信用状况的信息；在信息的运用方面，公共信用信息在于提高政府公共管理与公共服务效能，提高社会诚信水平。征信信息则主要服务于金融征信系统。参见罗培新：《社会信用法：原理·规则·案例》，北京大学出版社2018年版，第126页。因此，公共信用信息基本无法直接适用《征信业管理条例》。

决传统隐私侵害问题的义务，还负有受理和处理异议申请的义务，这将提高信用信息处理者的信息隐私保护职责意识。（3）信用信息异议制度的构建，不仅确定了信用主体实体上的权益，而且通过明确规定异议申请的条件、异议申请的期限、异议申请的受理机构或单位、异议处理的具体程序以及异议处理的行政和司法救济手段等内容的方式，从程序角度保障了信用主体的异议申诉权利的实现，也畅通了个人信用信息隐私的保护路径。在与个人信用信息隐私保护相关的信用信息异议制度构建上，应当进行以下制度的完善：

其一，有利害关系的第三人应当享有异议权。目前各地已实施的信用法规和规章普遍将异议申请主体限制为信用主体。若所记载的信用信息不直接反映某主体的信用状态，则该主体不属于信用主体，也不具备异议申请的资格。如此，则将具有信用信息利害关系的第三人（如信用主体的配偶和子女）排除在外，导致其即便发现信用主体的某项信用信息存在纰漏或者与其自身隐私存在关联性且该信息与自身利益密切相关，也无法直接提出异议申请，存在减损有利害关系的第三人应有权益的情况。同时，限制了有利害关系的第三人发现信息隐私被侵害并及时予以纠正的途径，一定程度上增加了纰漏信息流入信用信息数据库的可能性。而赋予有利害关系的第三人信息异议权，则具有以下优势：首先，可以解决信用主体对自身信息隐私被泄露或不当使用行为知情滞后、处理消极等问题，便于信用信息处理者及时发现违规记录或泄露信息隐私等问题，并采取相应措施予以纠正。其次，有利害关系的第三人与信用主体之间通常有一定的交往活动，信用主体的信用信息往往会涵盖第三人的（隐私）信息，故第三人的隐私利益可能因信用主体的异议信息而招致损害，甚至发生较信用主体更为严重的损害。最后，信用信息是客观存在的，知情的有利害关系的第三人提出异议后，相关机构及时予以更正或者补充，并不会损害信用主体的合法权益，反而可从源头清理不当的信息隐私，减少信息隐私的扩散以及由此带来的损失和纠纷。

其二，加强申请事由的客观性和全面性。信用主体在信息归集、收集、保存等过程中能否获悉自身的信用信息，主要取决于信用信息处理者的告知和披露行为。对此，信用信息异议制度应当作出合理的规定。一方面，最大限度地确保信用主体能够及时获悉自身信用信息状况；另一方面，应当防范信用主体无条件、无限制地要求在信用信息征集、处理、公开等所有过程中掌握自身信用信息，进而妨碍信用信息处理者自我核查工作的展开。对此，可仅规定异议对象为信用信息处理者所"披露"的信用信息。因为异议的提出须以信息的"披露"为前提，作此规定完全可以客观涵盖实践中所有异议信息。与此同时，可以信用主体的信用信息是否存在不良记录以及是否因此受到惩戒为标准，分为一般性公共信用信息和惩戒性公共信用信息。前者属无不良记录或者不良记录显著轻微尚无须加以惩戒；后者属于存在不良记录且须加以惩戒甚至联合惩戒。对于一般性公共信用信息，只须确保信用信息经过相关部门内部层层核实且信息无误以及不存在泄露信息隐私的情况，就可直接向社会公开披露，信用主体可据此提出异议。而对于惩戒性公共信用信息，则应当在上述核实行为后至向社会公开披露的期间内，向信用主体发布包括惩戒措施、惩戒依据以及异议权告知在内的惩戒通知，信用主体在收到通知后法定期限内可提出异议。一般而言，对于提出异议且查证属实的应当予以更改。而对于法定期限内未提出异议或者异议未被采纳的，则依法向社会公开披露。当然，如果信用主体或有利害关系的第三人具有新的证据且足以证明公布的信息存在隐私侵害行为的，经相关部门批准，仍然享有提出异议的权利。

就异议事由的信息范围而言，美国 FCRA 规定消费者可就其信用档案的完整性或准确性提出异议，[1]《广东省公共信用信息管理系统异议信息处理工作指引》亦规定信用主体对信用信息的真实性、完整性等存疑的可以提出申请。将信息的"完整性"和"准确性"作为异议申请事由，拓宽申请事由范围，虽一定程度上解决了前文提及的对申请事由涵盖不足的困境，但由于忽略了超期披露和保存相关信息等"适当性"问题而不够全面。对此，我国未来立法可考虑统一规定为"不准确"、"不完整"和"不适当"三种类型。现有规定的"错误"和"与事实不符"的信息可归入"不准确"类型中，"遗漏"信息可归入"不完整"类型中，而"侵害个人隐私"的情形则完全

---

[1] FCRA. §611（a）（1）（A）："if the completeness or accuracy of any item of information contained in a consumer's file at a consumer reporting agency is disputed by the consumer and the consumer notifies the agency directly."

可以归入"不适当"类型中。这样的分类不仅更为完整地涵盖了申请事由所有情形，而且可提高申请事由的可操作性。不仅如此，因为信用信息异议权是保证信用信息真实、准确、完整与有效的重要救济手段。[①] 其价值在于确保记录得当、可靠，而非惩戒侵权人。信息侵权的事实基础主要为信息记录存在不当，无须符合包括侵权主体、客体、因果关系以及造成损害的侵权责任构成要件。对于侵犯信用主体个人隐私的情况，只要存在不当记录他人信息隐私的事实基础，即可提出异议。

其三，我国应当统一适用"同时走"的异议处理模式。就目前而言，有地方规定信用主体可选择性地对信用信息管理机构[②]（以下简称"管理机构"）或信用信息提供单位（以下简称"提供单位"）提出异议，然后经办机构同时启动核查和更正程序，本书暂且称此种处理流程为"同时走"模式。而现行的地方性信用信息管理法规规章则大多未规定这方面的选择权，相反采取了"两步走"模式，即信用主体只能向"管理机构"提出异议申请，若核查的信息与"提供单位"提供的信息不一致，则由该机构单独完成审查工作并将处理结果告知申请人；若处理时发现与"提供单位"提供的信息一致，则转交给"提供单位"处理并由该单位作出处理结果，再将结果告知"管理机构"，最后由"管理机构"通知申请人。相比之下，两种模式各有利弊："同时走"模式中申请人虽可选择向"提供单位"提起异议，在形式上拓宽了申请异议的途径，但实践中具体的异议案件仍存在"管理机构"和"提供单位"共同处理的情况，若无具体的程序分流，反而会导致程序混乱和处理周期冗长，不利于异议案件得到及时解决。而至于"两步走"模式，虽规定了异议处理的程序分流，"更好地体现了服务过程重组和主体间的协同"[③]，然而"两步走"模式下申请人只能向特定级别的"管理机构"

[①] 参见陈鹏飞：《社会信用管理法律制度研究——基于国家需要干预的视角》，西南政法大学2009年博士学位论文，第102页。

[②] 各省市所使用的机构名称不统一，如省信用信息中心（湖北省）、社会信用信息工作主管部门（湖南省）、省公共信用工作机构（浙江省）等。由于均具有公共信用信息管理职能，为避免讨论时机构繁多，本书将此类机构统称为信用信息管理机构。

[③] 周毅、吉顺权：《公共信息服务社会共治模式构建研究》，载《中国图书馆学报》2015年第5期。

提起异议，这样势必加剧受理机构地域分布不均衡的问题，并提高了申请人的异议成本。

虽然"两步走"模式更易提高处理纠纷的专业性，亦可防范权力的滥用，但就目前而言，异议受理机关基本限制在县（市、区）一级及以上，这种设置是不便于申请人提出异议的。而且，异议的处理一般不需要"管理机构"具有很高的专业性。倘若信息记录存在差异的原因为工作失误，就应该快速处理解决；若为信息本身存在失真或者隐私侵害等问题，则最终也需要转送"提供单位"处理。相反，选择"同时走"模式则存在更多的优势：第一，"提供单位"是指"国家机关、法律法规授权的具有管理公共事务职能的组织以及群团组织"，[①] 相对于特定级别机关或组织专门成立的"管理机构"，一般靠近信用主体工作和生活区域，可以降低申请人的交通成本和时间成本，符合便民原则。[②] 第二，信用信息是"提供单位"在履职和提供服务过程中所产生和获取的，在信息的调查和核实上更具优势。将其作为申请备选单位，有利于提高异议处理的效率，避免信息隐私被流通和共享到其他领域，导致损害结果的放大。第三，"提供单位"通过处理异议纠纷进一步参与社会信用体系的建设，不仅增强其诚信建设参与感，更有助于诚信文化的培养。第四，确保信用主体和"提供单位"一一对应，能够发挥"管理机构"本身所拥有的专业性、统筹性等优势，有助于在信息数据巨大且复杂多样的公共信用信息处理过程中提高异议审查的效率和准确性，也有利于防范隐私侵害行为的发生。

（三）信用主体的被遗忘权

大数据时代，信息处理技术正在不断地弱化社会遗忘的能力，导致我们很多信息都被永久性记忆。正如论者所言，"我们的个人数据就像达摩克利斯剑一样悬在头上，多年之后也会因为一件私事或者一次遗憾的购买记录而被翻出来再次刺痛我们"[③]。个人信用信息的收集与利用作为一项系统性信息

[①] 参见《湖北省社会信用管理条例》第 3 条第 2 项。
[②] 参见《行政法与行政诉讼法学》编写组：《行政法与行政诉讼法学》，高等教育出版社 2017 年版，第 50 页。
[③] ［英］迈尔·舍恩伯格、库克耶：《大数据时代》，盛杨燕、周涛译，浙江人民出版社 2013 年版，第 222 页。

处理工程，涉及海量个人信用信息的收集、储存、加工、共享等处理环节，而每一环节的个人信用信息都可能由不同的单位及其工作人员经手处理并进行备份，这会导致信息被多处记忆，进而难以彻底遗忘，存在被泄露和不当使用的风险。一是对于信用主体应当依法遗忘的负面信用信息，如果被长期保存或非法使用，会导致失信信用主体丧失"回归社会"的机会，而产生"破窗效应"。二是存在其中的信用隐私信息也可能被他人非法使用，导致信用主体隐私权受到侵害。因此，有必要赋予信用主体被遗忘权，赋予信用主体请求信用信息处理者、网络中心等信息保存者"遗忘"相关信息的权利。

虽然我国《个人信息保护法》第47条规定了信息主体拥有请求信息处理者删除其个人信息的权益，但是其中的个人信息删除请求权与本书所讨论的"被遗忘权"尚存在较大区别：（1）个人信息删除请求权是实现相关信息被遗忘的一种手段，但并非唯一手段。《个人信息保护法》规定在符合法定情形的情况下，个人信息处理者应当主动删除个人信息，信息主体也可以请求删除，这实际上说明了我国只有在法定情形下才会删除相关信息，所强调的是信用主体主动提出删除请求的权利。与之不同，"被遗忘权"则是"以'遗忘'（即删除）为原则，以不删除为例外"[1]，故而"被遗忘权"的覆盖范围更广，需要"遗忘"的个人信息更多，所侧重的则是信用信息处理者的"遗忘"义务。（2）个人信息删除请求权是一种存在于"一对一"关系中的权益，即个人信息处理者只对自己记录的特定信息主体的相关信息具有删除义务，对于其他信息处理者的信息处理行为不存在连带义务；而"被遗忘权"突破了"一对一"的关系，在满足被遗忘的条件下，个人信息处理者不仅要自己删除相关信息，还需要通知其他信息处理者删除。[2]（3）设立个人信息删除请求权的目的在于保障信息主体在其信息存在错误或在无法定及约定的情况下，可以及时地删除相关个人信息，[3] 所强调的是当前的信息状态。而构建"被遗忘权"的目的则在于避免信息主体长期受到负面历史信息困

---

[1] 王利明：《论个人信息删除权》，载《东方法学》2022年第1期。
[2] 参见王利明：《论个人信息删除权》，载《东方法学》2022年第1期。
[3] 参见刘学涛、李月：《大数据时代被遗忘权本土化的考量——兼以与个人信息删除权的比较为视角》，载《科技与法律》2020年第2期。

扰，以解决"上帝宽恕和忘记我们的错误，但互联网从来不会"的问题，这使"被遗忘权"往往是基于公共利益和个人利益平衡后做出的便于保障信息主体人格尊严的价值选择。基于上述比较，本书认为个人信息删除实际上是一种实现相关权利的方式，同信息储存、信息传输一样，是可以作为"被遗忘权"和信息异议权等权利的一项请求事项。具体到个人信用信息的隐私保护领域，由于信用信息处理者和信用主体的不平等性，以及信用主体牺牲个人利益而维护公共利益的主观目的，对于信用主体应当给予更多的权益保护，而且这种权益保护应当是系统的，也即不仅信用信息处理者要自己"遗忘"相关信息，还需要通知其他信息处理者"遗忘"。除此之外，在社会信用体系下，信用信息处理者主要收集的是包括良好信用信息和不良信用信息的信用评价性个人信用信息，而这些信息基本都关乎信用主体的信誉，若这些带有信用识别性的个人信用信息隐私得不到及时的遗忘，则会形成不良的历史记录，并长期存在于互联网上。构建"被遗忘权"，不仅可以在更大程度上保障信用主体的信息隐私，而且有利于"失信主体对失信信息进行补救"[1]，更好地回归社会。为此，个人信用信息的运行体系应当采用"被遗忘权"。

一般认为，"被遗忘权"源于法语中的"被忘却权"（droit à l'oubli），其最初的含义是犯人享有的不希望其犯罪档案被公众所获取，以对抗公众知情权的权利。[2] 2014年欧洲法院对"谷歌诉西班牙数据库"一案作出判决，要求谷歌公司直接承担对个人数据的删除责任，该案裁判文书首次使用了"被遗忘权"（the right to be forgotten）这一法律术语，之后逐渐发展为以欧盟GDPR为典型的适用于线上数据的"被遗忘权"。我国《征信业管理条例》规定个人不良信息的保存期限为5年，[3] 各地信用信息管理法规规章规定自然人基本信息的公开期限为公开时至自然人死亡，而不良信息的公开期限则为3年至7年。期限届满后虽予以删除或者转为档案保存，可谓信用信息体

---

[1] 虞李辉：《论被遗忘权融入社会信用体系》，载《法治研究》2022年第2期。
[2] 参见段卫利：《被遗忘权的概念分析——以分析法学的权利理论为工具》，载《河南大学学报（社会科学版）》2018年第5期。
[3] 参见《征信业管理条例》第16条第1款："征信机构对个人不良信息的保存期限，自不良行为或者事件终止之日起为5年；超过5年的，应当予以删除。"

系中"被遗忘权"的雏形——"被忘却权",但正如维基百科的创始人将"被遗忘权"描述为"完全疯狂"(completely insane)的权利,① 在网络上已经披露的信息,很难被彻底删除,而长期存在于相关系统中,其中的不良个人信用信息甚至成为信息主体日后工作、学习和生活的阻碍。对此,应当从管理部门的技术和义务角度以及信息主体个人救济层面保障个人信用信息的被遗忘权。一方面,由于被记录甚至披露的数据很难彻底被遗忘,应当通过密码学和数据安全技术解决,而且在法律层面上应当明确相关机构的安保义务,明文禁止相关行政机构、事业单位和社会组织超期使用个人信用信息记录,否则须承担相应的行政责任。另一方面,应当赋予信息主体救济权,对于相关网络平台非法保存、公开超期的个人信用信息的,可以以隐私权遭到侵害为由主张停止侵害并要求赔偿。

二、信用主体的程序性救济措施

(一)适用信息隐私侵权的特殊诉讼制度

一般情况下,侵权行为的构成要件包括:存在侵害行为、造成他人人身或财产损害的事实、侵害行为与损害后果之间存在因果关和行为人主观上存在过错。其中,侵害的行为必须违反法律规定且实际上造成了某种形式的伤害或损害,符合"没有伤害,没有犯规"(no harm, no foul)的基本思想。但罗伯特·C. 波斯特认为,隐私侵犯在性质上与之不同,隐私的侵害结果在逻辑上是由不当行为引起的,但也不局限于不当行为。隐私侵犯在本质上是有害的,因为它被定义为损害社会人格(social personality)的行为。被侵害人利用侵权行为来维护社会人格利益,而社会人格利益必然因被告违反文明规则(civility rule)而受到损害。② 该观点实际上是将隐私侵害行为和社会性救济联系起来。我国《个人信息保护法》也规定个人信息保护不仅可以通过

---

① See McKay Cunningham, *Privacy Law That Does Not Protect Privacy, Forgetting the Right to Be Forgotten*, 65 Buffalo Law Review 495 (2017).

② See Robert C. Post, *The Social Foundations of Privacy: Community and the Self in the Common Law Tort*, 77 Yale Law School Legal Scholarship Repository 957 (1989).

个人诉讼来实现，也可以通过公益诉讼来予以救济。① 这些都为信用主体在信息隐私侵权行为发生后获得特殊性司法救济提供了依据。

个人信用信息隐私侵权案件可以适用代表人诉讼制度。社会信用体系下的个人信用信息的收集和利用具有收集范围大、适用领域广、功能价值高等特点。② 一旦发生泄露或者非法处理信用主体隐私信息的情况，所侵害的是众多信用主体的合法权益。对于信用信息处理者大规模轻微的隐私侵权，期待信用主体去投诉甚至提起个人诉讼，不仅不切实际，而且强人所难。③ 但如果放任侵害行为不管，也不寻求救济，也将对信用主体造成诸多不利影响，比如会降低信用主体对信用信息收集利用行为的信任，阻碍个人信用信息体系建设的进程。故而，有必要采用代表人诉讼来追究侵害人的责任，这样可以"使原本处于劣势地位的众多自然人因集合而改变诉讼格局，从而能够与侵害人对抗，并对其形成一定程度的威慑"④。无论是在获得具体案件的胜诉上，还是在预防信用信息处理者隐私侵权上，都具有显著的优势。

个人信用信息隐私侵权案件可以适用公益诉讼制度。公益诉讼是指以公益保护为直接目的的非传统诉讼，包括民事公益诉讼和行政公益诉讼两种类型。⑤ 公益诉讼的前提是公益的公共性或者说是主体的不特定性。在"大信用"信息的背景下，个人信用信息除了具有私益特征之外，还具有公益性特征：一是受侵害的信用主体具有不特定性，我国《征信业管理条例》虽对收集信息主体信息的方式和行为作出明确规定，但并未对信息主体作出限制性解释。根据我国国家标准《个人信息安全规范》第 3.3 条的规定，个人信息主体（personal information subject）是指"个人信息所标识或者关联的自然人"，包含了所有具有个人信息的自然人。而有论者认为，社会信用体系下

---

① 参见《个人信息保护法》第 70 条。
② 参见顾敏康、白银：《"大信用"背景下的信息隐私保护——以信义义务的引入为视角》，载《中南大学学报（社会科学版）》2022 年第 1 期。
③ 参见张陈果：《个人信息保护救济机制的比较法分析与解释论展开》，载《苏州大学学报（法学版）》2021 年第 4 期。
④ 孙莹：《大规模侵害个人信息高额罚款研究》，载《中国法学》2020 年第 5 期。
⑤ 参见巩固：《公益诉讼的属性及立法完善》，载《国家检察官学院学报》2021 年第 6 期。

的自然人信用主体应当限于具有完全行为能力的自然人。① 即便如此，自然人信用主体依然是一个庞大的群体，基本上与所有的公民都息息相关，而这些信息发生泄露或者不当使用对被害人也具有很大的不确定性。二是个人信用信息的规模化收集与利用是为了服务于市场经济和社会治理，也是为了"弘扬诚信传统美德，增强社会成员诚信意识"②，这些都具有国家利益性和社会利益性。而且，在个人信用信息隐私侵权的案件中，"个人在缺乏直接的利益关系的情况下不会起诉，即便起诉也仅仅是维护个人合法权益"③，故而有必要建立公益诉讼制度，因为这样不仅可以更好地维护社会公共利益，还可以拓宽信用主体隐私被侵害后的救济途径，进一步保障其合法权益，以提高信用主体提供自身个人信用信息的热情和信心。

（二）适用过错推定责任原则

我国一般侵权行为的归责原则是过错责任原则，④ 无过错责任原则和过错推定责任原则的适用，都需要有法律的明确规定。由于法律并未明确规定隐私侵权适用何种归责原则，因此从解释论的角度来看，我国对一般性隐私侵权适用的是过错责任原则。然而，《个人信息保护法》也明确规定在"处理个人信息侵害个人信息权益造成损害"的案件中，需要由个人信息处理者证明自己没有过错，否则将承担相应责任，⑤ 这里则是过错推定责任原则。就信息隐私侵权而言，不仅可以作为隐私侵害案由适用过错责任原则，而且由于信息隐私侵权属于个人信息侵权之下的一种类型，同样可以适用过错推定责任原则。

现阶段，我国个人信用信息隐私侵权应当适用过错推定责任原则。即信用信息处理者应当证明自己在个人信用信息处理过程中不存在隐私侵害的过错，否则应当承担相应的责任。原因如下：首先，在信息隐私侵权案件中，

---

① 参见罗培新：《社会信用法：原理·规则·案例》，北京大学出版社2018年版，第39页。
② 国务院办公厅《关于加强个人诚信体系建设的指导意见》。
③ 程啸：《个人信息保护法理解与适用》，中国法制出版社2021年版，第530页。
④ 《民法典》第1165条第1款规定："行为人因过错侵害他人民事权益造成损害的，应当承担侵权责任。"
⑤ 《个人信息保护法》第69条第1款规定："处理个人信息侵害个人信息权益造成损害，个人信息处理者不能证明自己没有过错的，应当承担损害赔偿等侵权责任。"

由于信用信息处理者几乎掌握着所有的信用信息处理活动，个人信用信息隐私侵害形成的过程也处于信用信息处理者的控制之中，两者之间的地位极其不对等。在举证层面也呈现"证据的偏在性"问题。① 在这种情况下要求被侵害的信用主体证明信用信息处理者存在过错，显然不利于实现公平正义，甚至会导致"大量的侵权案件因无法证明过错的存在而得不到救济"②。其次，个人信用信息的利用是规模化利用，主要表现为公益性利用。采用过错推定责任原则相较过错责任原则更有利于信用主体获得救济，进而保障不特定主体的利益，满足社会公益的需要。再次，从功利角度出发，采用过错推定责任原则，在一定程度上可以消除信用主体在隐私被侵害后对救济困难的担忧，增强其提供自身个人信用信息的信心，进而促进个人信用信息数据库的建设。最后，适用过错推定责任原则相较于无过错责任原则更能够满足现阶段的需求。现阶段我国社会信用体系尚处于建设阶段，其中的市场性的信用服务机构更是处在萌芽阶段。若对信用信息处理者适用过于严厉的无过错责任原则，可能导致信用服务机构的创业者们因惧于源源不断的被诉风险和严苛的法律责任而失去创业动力，最终不利于我国信用服务市场或行业的培育。故而基于这一价值衡量，我国暂时不宜适用严厉的无过错责任原则。

即便如此，我们也应当预期在未来的信息社会中，包括个人信用信息收集、加工和评估等在内的信用信息处理行业将得到充分的发展，并将走向规模化和产业化。同时，信用信息处理者的优势地位必然会不断凸显，信息处理者与信用主体之间的地位将变得不平等。加之在算法、去识别化、加密等技术的参与下，信用信息处理者证明自己在隐私侵害上没有故意或者过失，具有一定的专业性和技术性优势，极其容易影响法官的认定，进而增加了信用主体败诉的风险，故而过错推定责任原则依然"难以从根本上扭转受害人的弱势地位"③。在归责原则上，我国应当适用无过错责任原则，进一步保障

---

① "证据的偏在性"是指"大量能够证明法律要件事实的证据被集中控制于一方当事人，且往往是加害的当事人一方"。参见张卫平：《民事诉讼法》（第5版），法律出版社2019年版，第261页。
② 徐明：《大数据时代的隐私危机及其侵权法应对》，载《中国法学》2017年第1期。
③ 蒋丽华：《无过错归责原则：个人信息侵权损害赔偿的应然走向》，载《财经法学》2022年第1期。

信用主体的权益，以便对抗信用信息处理者的优势地位。不仅如此，无过错责任原则实际上在国外的信息法律中已有规定，有必要予以借鉴。例如，欧盟GDPR对信息侵权采用的就是无过错责任原则，该条例第82.1条明确规定"任何因为违反本条例而受到物质或非物质性伤害的人都有权从控制者或数据者那里获得对损害的赔偿"。第82.2条进一步规定即便是"处理者"没有遵守本条例规定的对处理者的要求，或者违反"控制者"的合法指示，都应当对信息处理所造成的损失负责。[1] 当然，为避免个人信用信息的合理收集利用受阻，在规定无过错责任原则之后，应当明确规定信用信息处理者的免责事由，如意外事件和不可抗力等，以确保责任承担的合理性和公正性。

（三）适用因果关系举证责任倒置规则

如前文所述，当前我国对个人信用信息隐私侵权案件应当适用过错推定责任原则。但是即便如此，信用主体仍然需要证明存在信息隐私侵害行为、损害结果以及侵害行为与损害结果之间具有因果关系，如此才能完成"谁主张，谁举证"框架下的所有举证事项，并获得胜诉的机会。然而，《个人信息保护法》并没有明确规定因果关系的举证责任。在信息隐私侵权案件中，信用主体对上述三项举证事项都存在较大的证明困难，在诉讼过程中处于证据链底层，与信用信息控制者之间所形成的两造诉讼地位并不平等。[2] 但相较于因果关系的证明，侵害行为和损害结果的举证困难更多的是一种主观上的困难，在一定程度上可以通过以下方式予以解决：要求信用主体加强信息控制意识，避免信息隐私的过度泄露；提高信息隐私保护能力，注意相关证据的保留；在确实存在举证困难的情况下，委托第三方机构对侵害行为进行证明，故而并非必须交由信用信息处理者举证。而且，如果这些事项的举证责任均由信用信息处理者来承担，容易产生信用主体因为免于举证而实施虚假诉讼和恶意诉讼的问题，给信用信息处理者带来不必要的诉讼困扰，进而

---

[1] 参见GDPR第82.2条。
[2] 参见田野、张耀文：《个人信息侵权因果关系的证明困境及其破解——以相当因果关系理论为进路》，载《中南大学学报（社会科学版）》2022年第1期。

丧失收集他人个人信用信息的积极性，故而不宜将所有举证事项均分配给信用信息处理者。但是，由于信息侵权的隐蔽性和技术性，信息隐私侵害行为和损害结果之间存在因果关系的证明则存在客观上的困难，对此有学者指出"个人信息侵权救济的最大难题是因果关系的证明"[①]。

为此，在个人信用信息隐私侵权责任案件中，我国有必要采用因果关系举证责任倒置的规则，即信用信息处理者有必要就隐私侵害行为与损害结果之间不存在因果关系承担举证责任。这是因为此类案件满足举证责任倒置的两个基本要素，分别是原告举证存在客观上的困难和"社会反应十分强烈"[②]。就个人信用信息隐私侵权而言：一方面，在大数据和信息技术的参与下，信息隐私侵害极其具有隐蔽性。在这种情况下，受制于知识和信息壁垒等因素，[③] 信用主体连个人信息被谁泄露的都可能无从知晓，[④] 更不用说具有探求侵害行为与损害结果之间因果关系的能力，如个人信用信息被收集后储存在哪里，个人信用信息如何加工，个人信用信息（包括信用服务产品）如何披露以及为谁所使用，等等。如果对于这些情况信用主体都缺乏了解，则实际上增大了信用主体发觉信用信息处理者侵害自身信息隐私的难度。同时，将导致侵害行为和损害结果之间的因果关系具有不确定性。故而有必要修改举证责任，以确保这种不确定性不至于迎合隐私侵害人的利益。[⑤] 另一方面，由信用信息处理者承担举证责任具有强烈的社会需求。信息隐私侵害虽为社会所广泛关注，但这种侵害依然愈演愈烈，主要原因在于司法救济不力。[⑥] 而反映在举证责任之中，则是因为信用信息处理者与信用主体之间处于不对等的地位，如果继续强调由信用主体承担举证责任，只能让信用主体维护自

[①] 叶名怡：《个人信息的侵权法保护》，载《法学研究》2018 年第 4 期。
[②] 叶自强：《举证责任倒置规则的构成要素与适用》，载《河北法学》2011 年第 5 期。
[③] 参见田野、张耀文：《个人信息侵权因果关系的证明困境及其破解——以相当因果关系理论为进路》，载《中南大学学报（社会科学版）》2022 年第 1 期。
[④] 参见张陈果：《个人信息保护救济机制的比较法分析与解释论展开》，载《苏州大学学报（法学版）》2021 年第 4 期。
[⑤] See Sara M. Peters, *Shifting the Burden of Proof on Causation: The One Who Creates Uncertainty Should Bear Its Burden*, 13 Journal of Tort Law 237 (2020).
[⑥] 参见蒋丽华：《无过错归责原则：个人信息侵权损害赔偿的应然走向》，载《财经法学》2022 年第 1 期。

己隐私权的时候处于极度不利的地位。这不仅会阻碍信用主体主张权利，也将降低对外提供个人信用信息的热情，最终不利于整个社会信用体系的信息基础建设。除此之外，也有其他一些国家采用了举证责任倒置的方式并取得了成效，我国应当予以借鉴。例如，《德国联邦数据保护法》第7条第2款和欧盟GDPR第82条就采用了举证倒置的方式，要求信用信息处理者证明自己不存在隐私侵权的行为，或者虽有侵权行为但不构成隐私侵权。

第三节 建设个人信用信息隐私侵害风险防控机制

在大数据与互联网时代，相较于行为隐私侵害和空间隐私侵害，信息隐私侵害传播的速度更快、侵害范围更广、损害可控性更低。继续采取强化事后保护的方式已难以达到保护目的。故而有必要"从侧重个体主义许可转向侧重风险控制，从侧重静态化保护转向侧重动态化保护"①，将信息隐私保护的立法旨趣，由严格保护转为防止侵害。②

一、源头控制损害的信息隐私侵害风险防控机制

根据风险产生的原因不同，可以将信用信息隐私侵害风险分为意外风险和人为风险。前者是指信用主体的个人信用信息因意外而泄露，主要指代的是不可抗力导致个人信用信息数据库的数据被损坏或者丢失，而导致包括信息隐私在内的个人信用信息泄露；后者是指第三方侵权主体、信用信息处理者以及信用信息使用者的故意或过失导致信用主体的信息隐私被不当收集、泄露或使用。其中信用信息隐私的意外风险主要涉及的是信用信息数据库的备份和自动毁灭的技术防护问题，主要还依赖于信息技术部门不断地进行技术升级。而信用信息隐私的人为风险则不仅涉及技术防护措施，还涉及信用

---

① 丁晓东：《大数据与人工智能时代的个人信息立法——论新科技对信息隐私的挑战》，载《北京航空航天大学学报（社会科学版）》2020年第3期。
② 参见任龙龙：《大数据时代的个人信息民法保护》，对外经济贸易大学2017年博士学位论文，第61页。

信息的管理行为，具体可分为越权利用、欺诈收集和通过网络病毒处理。①

二、构建信息隐私侵害风险防控机制的必要性

其一，避免或减轻隐私损害。信息隐私受到侵害的被侵权人通常是众多的不特定信用主体，侵害信息隐私所造成的损害规模大于普通的侵权行为。不仅如此，信息隐私损害通常难以恢复。在大数据背景下，由于信息储存的海量化和信息传播的高速化，信用主体信息隐私一旦被泄露或者不当公开，就很难再被遗忘，所带来的损失往往无法准确确定。而且这种损失主要表现为精神损失，相较于财产损失，其损失计算方式更为复杂，形成的纠纷也更难化解。而事前的风险防控机制建设则是在信息隐私侵害之前做好预防措施，这样显然有利于避免损害的发生，即便是损害已经产生，也可以根据预备方案及时解决，以减少对信息隐私的侵害。

其二，增加信用主体的信任。如前文所述，在当前的立法实践中，私营征信机构管理个人信用信息采取的是"同意—禁止"的管理方式，而公共信用登记系统的个人信用信息采取的是目录管理方式。前者主要依赖于信用主体的"同意权"，或者说是信用主体对信用信息处理者的信任。构建完善的信用信息隐私风险防控机制，从"事前"开始保护信用主体的信用信息隐私，将信用信息隐私被侵害的风险降至最低，显然有利于提高信用主体的信心，更愿意提供自身的信用信息。

其三，提高个人信用信息运转的稳定性。"凡事预则立，不预则废"。个人信用信息系统的运转，所涉及的并非个别信用主体的少量信息隐私，而是所有信用主体信用相关的信息隐私。倘若个人信用信息系统经常出现隐私侵害的问题，则会屡遭信用主体和相关组织的控诉。一方面，信用主体对信用信息控制将失去信任，不愿意提供个人信用信息，导致个人信用信息系统缺乏信息基础，成为"无源之水"；另一方面，没有有效的隐私侵害防控机制，可能造成个人信用信息隐私侵权案件的累积，导致信用信息处理者不得不降

---

① 参见罗娟：《消费者个人信息权保护：公私兼济模式向场景风险模式的转型》，法律出版社2021年版，第182页。

低个人信用信息的处理效率,或者受到严格的法律责难,从而一蹶不振。这些都将阻碍个人信用信息系统的顺利运行。

三、信息隐私侵害风险防控机制的具体设计

信息隐私侵害风险防控机制,是指通过评估个人信用信息处理过程中的隐私侵害风险,并依据评估结果对风险加以防范和控制的机制。这一机制主要针对的是事前的预警,在基础的设计上主要包括三个层面:认识层面、操作层面和制度层面。三者虽存在一定的交叉,但各自存在侧重点。

其一,在信息隐私风险认识层面。"知情同意"规则目前仍然是比较流于形式的信息保护方式,这要求信用主体在某个时间节点对其做出理性选择,[①] 提高对信息隐私风险的认知水平,包括:(1)提高信用主体隐私信息和非隐私信息的识别能力。由于实践中信息隐私缺乏统一的判断标准,信息隐私保护纠纷往往具有较大的争议。这要求我国应当明确信息隐私的初步识别标准,并在此基础上加强信息隐私保护的普适教育和宣传,以帮助信用主体获得相对可观的隐私识别能力。(2)提高信用主体信息隐私侵害手段的识别能力。与传统的隐私侵害不同,信息隐私的侵害具有极强的隐蔽性和技术性。通常只有当损害结果已经出现后,信用主体才能够发现信用信息隐私被侵害。而且由于侵权行为的技术性较高,即便产生了严重的损害后果,信用主体往往也难以知晓具体的侵害行为或者侵害方式。鉴于此,通过"事前"提高信用主体对信息隐私侵害方式的识别能力,有利于信用主体防患于未然,积极主动地避免实施相关行为,以降低自身隐私被侵害的风险。(3)提高信息隐私侵害后的危害的认识能力。由于信用主体认识水平上的局限性,以及大数据时代信息的创新性使用,个人信用隐私泄露或不当使用可能造成的危害,是普通信用主体所难以预见的。故而有必要提高信用主体对信息隐私侵害后果的识别能力和预见能力。因为只有这样,才能帮助信用主体基于真实的意思表示行使个人信用信息使用同意权,通过信息自决权来保护自身的信息隐私。

---

① 参见高富平:《个人信息保护:从个人控制到社会控制》,载《法学研究》2018年第3期。

其二，在信息隐私风险防控操作层面。首先，在个人信用信息收集前，应当将隐私影响评估流程标准化，并作为不可或缺的一个部分。其次，应当设置专门的政府机构，负责审核信用信息处理者在收集和利用个人信用信息隐私前，是否采取了所有信息隐私保护的措施。最后，在收集个人信用信息隐私之后，应当注重及时更新和优化去识别化技术，当存在较大的被"重识别"技术挖掘出个人信息隐私的风险时，则应当采用不易被修改的形式公开或将相关信息删除。①

其三，在信息隐私风险防控制度层面。我国《个人信息保护法》是一部符合时代需求且极其具有前瞻性的法律。不仅规定了大量的事后救济措施，而且整部法律都立足于预防个人信息被侵害的角度，设计制度对信息隐私风险实施事前控制，尽量地避免信息侵权的发生，具体包括"合规审计""个人信息保护影响评估""安全评估"制度。然而，此处提到的"安全评估"的情形是相关数据系"确需向境外提供的"②，指代的是国家数据安全，故而与本书讨论的个人信用信息隐私保护还存在较大差异。因此，本书将围绕"合规审计"和"个人信息保护影响评估"展开讨论。

所谓合规审计，是指"审计人员尽职尽责，依据法定程序对被审计客体可能存在的问题揭示上报"③。一般情况是由专门的审计机关和审计人员所实施的一种外部监督。我国《个人信息保护法》规定，个人信息处理者对其信息处理行为的守法情况具有合规审计义务。④ 此处的审计主体是个人信息处理者，审计对象是信息处理者的处理行为。应当说该规定强调了个人信息处理者的自律。⑤ 同时，《个人信息保护法》第64条规定"履行个人信息保护

---

① 参见邹东升：《政府开放数据和个人隐私保护：加拿大的例证》，载《中国行政管理》2018年第6期。

② 《个人信息保护法》第36条规定："国家机关处理的个人信息应当在中华人民共和国境内存储；确需向境外提供的，应当进行安全评估。安全评估可以要求有关部门提供支持与协助。"第40条规定："关键信息基础设施运营者和处理个人信息达到国家网信部门规定数量的个人信息处理者，应当将在中华人民共和国境内收集和产生的个人信息存储在境内。确需向境外提供的，应当通过国家网信部门组织的安全评估；法律、行政法规和国家网信部门规定可以不进行安全评估的，从其规定。"

③ 赵息、张世鹏：《基于博弈视角的国家审计风险分析》，载《审计研究》2015年第6期。

④ 《个人信息保护法》第54条规定："个人信息处理者应当定期对其处理个人信息遵守法律、行政法规的情况进行合规审计。"

⑤ 参见程啸：《个人信息保护法理解与适用》，中国法制出版社2021年版，第416页。

职责的部门"可以要求委托专业机构进行合规审查。这些对个人信用信息隐私的保护具有重要的意义。其一，这种合规审计是动态持续性的审计，[①] 有助于实现信用信息处理者对信息隐私的全过程保护。其二，定期的合规审计义务，加大了信用信息处理者对其信用信息处理行为的管控力度，可以避免信用信息处理者信息隐私侵害行为的发生，减少与之相关的纠纷。其三，便于信息隐私侵害责任的举证。信用信息处理者是否定期进行了合规审计，在侵权责任中可以证明自己是否履行了注意义务，在违约责任中可以证明自己是否履行了约定义务。就合规审计的具体内容而言，《个人信息保护法》规定为"处理个人信息遵守法律、行政法规的情况"，应当说属于一个大范围的合规性审计。与之不同，《个人信息安全规范》第11.7条规定的是"安全审计"，并对"安全审计"的内容进行了具体的列举。但是"安全审计"的内容也属于法律、行政法规的要求，故其审计范围小于"合规审计"的范围。[②] 而在审计主体上，信用信息处理者可以自己（如成立法务部）对自己进行审计，也可以委托专业机构进行合规审计，并接受"履行个人信息保护职责的部门"等部门的监管。

个人信息保护影响评估，属于预防性的个人信息保护手段，主要针对可能对信息主体造成高风险的信息处理活动展开。[③] 我国《个人信息保护法》第55条明确规定了个人信息处理者应当进行事前个人信息保护影响评估的情形，并以"其他对个人权益有重大影响的个人信息处理活动"为兜底性规定，[④] 这实际上说明了只能对具有"重大影响"的处理活动启动个人信息保护影响评估。由于针对所列举的情形，除"向境外提供个人信息"以外，其他情形基本都会出现在个人信用信息的收集、加工和应用等过程中，因此，对信用主体"权益有重大影响"的个人信用信息处理活动，都需要进行个人

[①] 参见程啸：《个人信息保护法理解与适用》，中国法制出版社2021年版，第417页。
[②] 参见程啸：《个人信息保护法理解与适用》，中国法制出版社2021年版，第418页。
[③] 参见程啸：《个人信息保护法理解与适用》，中国法制出版社2021年版，第420页。
[④] 《个人信息保护法》第55条规定："有下列情形之一的，个人信息处理者应当事前进行个人信息保护影响评估，并对处理情况进行记录：（一）处理敏感个人信息；（二）利用个人信息进行自动化决策；（三）委托处理个人信息、向其他个人信息处理者提供个人信息、公开个人信息；（四）向境外提供个人信息；（五）其他对个人权益有重大影响的个人信息处理活动。"

信息保护影响评估。而依据《个人信息保护法》第 56 条的规定,个人信息保护影响评估的评估对象具体包括:个人信息处理的目的和处理方式、个人权益的影响和安全风险以及所采取的保护措施。[①] 这些评估内容实际上涉及个人信息处理的各个阶段,而且都与信息隐私的保护密切相关。

就个人信用信息隐私的影响评估而言,鉴于个人信用信息隐私保护的迫切需要,我国可以借鉴国外经验,在个人信息保护影响评估之下进行专门讨论,或者借鉴国外经验建立隐私影响评估制度。所谓隐私影响评估,是指"依据法律和政策的规定,对组织机构所收集、存储、管理、利用、开放的数据是否对隐私产生影响所进行的全生命周期的、系统的评估过程和结果"[②]。通过隐私影响评估可以有效地回应和控制公私主体过度地侵入个人私生活,确保公私主体在个人信用信息的利用上保持透明度;而且隐私影响评估能够提高信用主体对个人信用信息利用的信任度,[③] 提高其提供信用信息予以利用的信心。简言之,隐私影响评估是降低信用信息处理者侵害隐私风险的重要工具和手段。[④] 2002 年,美国颁布《电子政府法案》(The E-Government Act of 2002),第 208 条规定,政府机构必须对电子信息系统和收集的数据进行隐私影响评估。2007 年,美国发布了修订版的《隐私泄露影响评估指南》(Privacy Impact Assessment Guide),具体规定了方法和框架影响评估提供指导机构(查阅)。欧盟 GDPR 也提出了对高风险个人数据处理行为实施数据保护影响评估(Data Protection Impact Assessment,DPIA)的要求,包括需要评估的情形、评估的程序和具体内容。2010 年,加拿大联邦财政委员会(TBS)发布《隐私影响评估指令》,规定联邦机构展开隐私风险

[①] 《个人信息保护法》第 56 条规定:"个人信息保护影响评估应当包括下列内容:(一)个人信息的处理目的、处理方式等是否合法、正当、必要;(二)对个人权益的影响及安全风险;(三)所采取的保护措施是否合法、有效并与风险程度相适应。个人信息保护影响评估报告和处理情况记录应当至少保存三年。"

[②] 黄如花、李楠:《美国开放政府数据中的个人隐私保护研究》,载《图书馆》2017 年第 6 期。

[③] 参见张衡:《大数据监控社会中的隐私权保护:基于美欧实践的观察》,上海人民出版社 2021 年版,第 81 页。

[④] 参见黄如花、李楠:《美国开放政府数据中的个人隐私保护研究》,载《图书馆》2017 年第 6 期。

评估形成 PIA 报告,并提交至加拿大财政委员会和隐私专员署(OPC)。[①] 我国个人信用信息的利用应当将隐私影响评估制度作为重要的隐私保护防控机制,通过隐私影响评估来区分不同的隐私侵害风险,并实施与之对应的干预手段。其中隐私影响评估具体包括合法性评估、必要性评估、合比例性评估、权利和自由风险评估、个人权利实现评估、风险减轻措施评估等。[②] 应当说隐私风险评估是动态的,是结合不同场景进行的评估。隐私影响评估的内容包括:(1)确保个人信用信息处理符合有关隐私的法律、法规和政策的要求;(2)确定个人信用信息收集、维护和传播的隐私风险和影响;(3)在电子信息系统中以可识别的形式提供信息,以及检查、评估保护和替代过程以处理信息,减少潜在的隐私侵害风险。[③]

当然,隐私侵害的风险评估是为了更好地应对隐私侵害风险,而完善的隐私风险应对机制则是信息隐私风险防控机制的重中之重。一方面,应做好隐私侵害风险防控预案。根据个人信用信息隐私类型的不同、信息隐私被侵权原因的不同和可能造成的危险的不同,设计与之相对应的风险防控预案。另一方面,及时采取补救措施。对于已经具有隐私侵害可能性或者发生隐私侵害影响尚未扩散的事件,信用信息控制者应当及时进行处理,在寻求信用信息使用者、网络管理机构等相关机构予以协助处理的同时,应当及时告知信用主体,以便其能够采取一些补救措施,尽可能地避免或降低损害。

[①] 参见邹东升:《政府开放数据和个人隐私保护:加拿大的例证》,载《中国行政管理》2018 年第 6 期。

[②] 参见张衡:《大数据监控社会中的隐私权保护:基于美欧实践的观察》,上海人民出版社 2021 年版,第 81 页。

[③] 参见黄如花、李楠:《美国开放政府数据中的个人隐私保护研究》,载《图书馆》2017 年第 6 期。

CHAPTER 07 >> 第七章

个人信用信息隐私保护的信息管理制度设计

第一节 制定宽进严出的个人信用信息认定标准与目录

个人信用信息是具有信用识别性的个人信息，因为不同的信用信息使用者对信用的认识存在差异，不同场景中的信用信息收集对象也存在差异，所以个人信用信息的范围具有一定的主观性和场景性。为确保个人信用信息认定是基于同类型个人信用信息作出的，为保障信用评价的客观性和公正性，故而有必要从"理性人"的角度出发，制定相对统一、合理的个人信用信息目录。

一、个人信用信息的认定标准

在立法上，虽然很多国家为了避免歧视对待和防止信息隐私的泄露明确将信用主体的健康信息、不动产登记信息和婚姻状况信息等排除在信用信息之外，但在实践中，由于这些信息往往能够反映信用主体的义务履行能力，所以被广泛地应用在信用识别之中，与信用等级建立的不当关联，已经造成了信用信息应用的混乱。由于本书所支持的观点为个人信用信息是指具有信用识别性的个人信息，其认定标准主要包括：(1) 属于个人信息，也即个人信用信息本身属于以电子或者其他方式记录的具有身份识别性的信息。(2) 具有信用识别性。这种信用识别性包括信用"已识别"和信用"可识别性"。其中信用"已识别性"是指已经进行了信用识别的个人信息；而对于信用"可识别性"，则是指具备识别信用主体的识别要素，只是目前还未进行识别，但是可以评估未来具有信用识别性，两者的主要区别在于时间维度的不同。① 本书将信用"可识别性"纳入其中，就是为了进一步扩充个人信用信息的范围，② 形成个人信用信息"入口宽，出口严"的管理方式。(3) 不属于法律禁止收集的个人信用信息。"入口宽"并不意味着所有与个人信用相关的信息都应当被收集，仍应当受到国家政策的调整和国家禁止性规定的约束，如与性别、种族、血型等相关，容易形成群体歧视的个人信用信息就应当被禁止收集。

二、个人信用信息目录的规制与应用

2014 年《规划纲要》明确要求制定信用信息目录，推动信用信息的分类管理，并加大对贩卖个人信用隐私行为的查处力度。③ 2021 年 12 月发布的《基础目录》，规定了"公共信用信息纳入范围"、"应当依法审慎纳入的信息"和"公共信用信息归集的重点领域"。除此之外，《基础目录》明确规定"除法律、法规或者党中央、国务院政策文件另有规定外，公共管理机构不得超出本目录所列范围采集公共信用信息"。而针对公共信用信息目录的补充规则，《基础目录》规定地方可以在该目录及国家有关部门（单位）编制的有关条目基础上编制"地方公共信用信息补充目录"。

在《基础目录》颁布之前，我国地方性法规规章亦规定实行公共信用信

---

① See Julian Holze, *Differential Privacy and the GDPR*, 5 European Data Protection Law Review 184 (2019).

② See Julian Holze, *Differential Privacy and the GDPR*, 5 European Data Protection Law Review 184 (2019).

③ 《社会信用体系建设规划纲要（2014—2020 年）》第 5 部分"完善以奖惩制度为重点的社会信用体系运行机制"第 2 点"建立健全信用法律法规和标准体系"规定："建立信用信息分类管理制度。制定信用信息目录，明确信用信息分类，按照信用信息的属性，结合保护个人隐私和商业秘密，依法推进信用信息在采集、共享、使用、公开等环节的分类管理。加大对贩卖个人隐私和商业秘密行为的查处力度。"

息目录管理，一般包括以下六类信息中所涉及的信用信息：（1）基本情况类；（2）行政行为类；（3）受到表彰奖励和参加社会公益、志愿服务类；（4）拒不履行生效法律文书类；（5）生效判决认定构成犯罪类；（6）其他类。[①] 或者对信用信息作二分法[②]、三分法[③]和四分法[④]的分类。虽然两种模式均涵盖了"基础信息"，但各地所认定的"基础信息"的范围差异较大，如《广州市公共信用信息管理规定》规定"基础信息"包括自然人的姓名、居民身份证号码或者其他有效身份证件号码；《北京市公共信用信息管理办法》规定"基础信息"包括姓名、身份号码、婚姻状况、就业就学、资格资质等信息。这些均未对所归集的信用信息如何使用进行明确规定。笔者认为，通过领域理论划分信用信息后，应将"私人领域"中经同意使用的信息以及"社会领域"中可以公开使用的信息纳入个人信用信息目录中进行分类利用。而关于上述"基本情况"类信用信息，则不存在失信和守信标签的"中性信息"，除了满足上文讨论的身份识别性个人信用信息的要求外，还应当禁止收集，以保障信息处理的相关性原则和最小损害原则得以实现。

其一，私营征信机构个人信用信息应当实施目录管理。在现行的管理条例中，除少数地方条例明确对市场信用信息实行目录管理以外，[⑤] 其他地方条例均采用"同意—禁止"清单模式。《基础目录》明确规定其制定目的是"规范界定公共信用信息纳入范围"，也即要求公共管理机构（公共登记系统）一般情况下不得超出《基础目录》所规定的范围收集和利用信用信息，以此来限制公共登记系统的权力（利），避免其滥采滥用信用信息。就个人

[①] 参见《河南省社会信用条例》第12条、《河北省社会信用信息条例》第12条、《厦门经济特区社会信用条例》第8条。
[②] 《陕西省公共信用信息条例》分为基本信息和提示信息；《泰州市公共信用信息条例》分为基本信息和信用信息。
[③] 《汕头经济特区公共信用信息管理办法》分为基本信息、失信信息和其他信息；《浙江省公共信用信息管理条例》分为基础信息、不良信息和守信信息。
[④] 《福建省公共信用信息管理暂行办法》和《福州市公共信用信息管理暂行办法》章分为基本信息、良好信息、提示信息和警示信息；《广州市公共信用信息管理规定》（2019年）分为基础信息、守信信息、失信信息和提示信息；《南京市社会信用条例》分为基础信息、良好信息、失信信息和其他信息；《深圳市公共信用信息管理办法》分为基本信息、监管信息、涉诉涉裁信息和其他信息。
[⑤] 如《河南省社会信用条例》。

信用信息领域而言，也有单独制定个人信用信息目录的必要，理由如下：（1）个人信用信息的特殊性。个人信用信息反映的是自然人的信用状况，相较于其他主体的信用信息，对人格尊严的需求和信息保护的要求更高，更需要通过制定目录来限制信用信息处理者的信息处理范围。（2）就目前的规定而言，《基础目录》之外的市场信用信息可以与公共信用信息实现共享。一方面，《基础目录》明确规定"公共信用信息纳入范围"包括"市场主体自愿提供的信用信息"，这为市场信用信息成为公共信用信息提供了途径；另一方面，无论是国家层面还是地方层面，都倡导公共信用信息与市场信用信息之间的互通共享。在这种情况下，公共信用信息目录限制公共管理机构处理信用信息范围的功能受限。因此，有必要对私营征信机构收集的个人信用信息也设置信用信息目录，保障此类信息同样受到信息目录的限制，以降低在个人信用信息在互通共享过程中信用主体信息隐私被侵害的概率。（3）目前市场信用信息采用"同意—禁止"的清单管理模式，意味着禁止收集信用信息以外的私营征信机构个人信用信息可能存在基于形式上的同意被无限收集和利用的风险，不利于保护信用主体的隐私权益。（4）规定个人信用信息目录，有助于指引市场信用信息的运行，整体上提高所收集个人信用信息的信用相关性，避免和减少信用信息处理者对信用不相关的信息进行处理。

其二，严格信息目录清单的制定和修改程序。个人信用信息目录作为个人信用信息利用和保护的基础性依据，在立法层面决定了个人信用信息归集、使用、披露的范围，制定该目录清单应当确保各方主体深度参与，广泛向社会公开征求意见，履行民主确定程序。对于存在较大分歧意见或者可能造成较大社会影响的，更应当组织评估，并听取相关群体代表、专家等方面的意见。

其三，明确"领域理论"所对应的禁止使用、经同意使用和可直接使用的个人信用信息目录清单。对于禁止使用的信息应当完全禁止使用；对于经同意使用的信息应当规定合理透明的利用程序，须经过信息主体同意才能使用的信用信息只有经过同意以后才能使用，并充分发挥其市场和监管价值，否则应当承担相应的民事侵权和违约责任、行政责任和信用责任；而对于可直接使用的信息,应当依据法律的规定和当事人约定的用途最大化利用,实现公共登记系统个人信用信息和私营征信机构个人信用信息之间、公法主体和私法主体之间的高度共享。

三、个人信用信息目录的局限与弥补措施

制定个人信用信息目录的目的是给信用信息的收集设置信息范围限制,提高个人信用信息收集的效率。但是由于个人信用信息种类的庞杂,以及不同地区和不同行业对于个人信用信息的需求不同,单纯地寄希望于通过全国性个人信用信息目录来囊括所有的具体个人信用信息类型,是缺乏现实基础和合理性的。对此可借鉴"潘得克吞体系"(Pandeketen System)在建构民法总则制度时所使用的"提取公因式"的立法技术,[①] 采取在提取共性过程中进行抽象的方式,将各领域中抽象的、共通的一般事项整理出来后作为"统一标准"的列入事项,然后赋权各个地方的立法机关制定"地方个人信用信息补充目录",并在此基础上联合地方各个行业协会共同制定"地方行业个人信用信息补充目录",以适应各行各业的需求。但是,上述两种补充目录一般情形下不应当超过全国性个人信用信息目录的范围。确有必要超过的,还应当获得省级主管部门的批准。

不仅如此,在制定个人信用信息目录时,应当考虑信息的信用关联性,与信用不相关的信息不应当纳入个人信用信息目录之中。当然,还应当考虑信息隐私的保护。因为个人信用信息不可避免地包括隐私信息,所以全部纳入和全部不纳入个人信用信息目录的做法都是不妥的。对此,应当在进行价值权衡后类型化为可纳入的隐私信息和不可纳入的信息隐私。对于可纳入的

[①] "'潘德克吞'(Pandeketen)一词,来源于拉丁文的Pandecta。而Pandecta,是指《罗马法大全》(《国法大全》)中的《学说汇纂》(Digesta)。以《学说汇纂》为基础而创立的体系称为潘德克吞体系(Pandeketen System)。"参见陈华彬:《潘德克吞体系的形成与发展》,载易继明主编:《私法》第4辑第2卷,北京大学出版社2004年版。而"潘德克吞体系中的总则,至少从立法的角度言,重在提取民法诸单元之间的公因式"。参见徐国栋:《民法学总论与民法总则之互动——一种历史的考察》,载《法商研究》2007年第4期。该体系的概念化、逻辑化和体系化可以有效地补充法律在司法实践中的不足。参见李少伟:《潘德克吞立法模式的当代价值与我国民法典的模式选择》,载《河北法学》2009年第5期。

隐私信息，应当严格规定：信用信息处理者只有在"明确同意禁止该信息对外传播"的前提下，[①] 才被允许收集。在信用信息的使用过程中，应当注意此类信息隐私的保密性，此类信息仅能作为信用评级的相关指标，而不宜直接出现在信用产品之中。

第二节 构建个人信用信息开放利用下的隐私去标识化机制

去标识化作为一种典型的"利用友好型"保护手段，是通过对个人信息中的识别性因素进行暂时的去除或隐匿来保护信用主体的隐私利益。[②] 其与匿名化有以下不同：一是经匿名化处理后的个人信息不属于个人信息，更不属于个人信用信息；二是完美的匿名化是不存在的，通常被认为是一个神话（myth）。[③] 因此，本书主要对去标识化予以讨论。

一、未去信用识别性的个人信息属于个人信用信息

我国《个人信息保护法》对"个人信息"和"去标识化"都进行了明确的定义。其中个人信息是指"以电子或者其他方式记录的与已识别或者可识别的自然人有关的各种信息，不包括匿名化处理后的信息"[④]。去标识化是指"是指个人信息经过处理，使其在不借助额外信息的情况下无法识别特定自然人的过程"[⑤]。与匿名化处理后的个人信息不同，《个人信息保护法》并未将去标识化处理后的个人信息排除在个人信息范围之外。这说明去标识化

---

① 参见冯湘君：《档案管理视角下个人信用信息有效性保障研究》，中国出版集团、世界图书出版公司2010年版，第116页。
② 参见李润生：《论个人健康信息"利用友好型"保护模式的建构》，载《行政法学研究》2021年第5期。
③ See Ira S. Rubinstein & Woodrow Hartzog, *Anonymization and Risk*, 91 Washington Law Review 703 (2016).
④ 《个人信息保护法》第4条。
⑤ 《个人信息保护法》第73条第3项。

处理后的个人信息仍然具有已识别或者可识别自然人的特征。就个人信用信息而言，个人信用信息是指具有信用识别性的个人信息且以信用识别性为基础。因此对于尚未去信用识别性的个人信息，同样应当认定为个人信用信息。

关于去标识化的操作方式，欧盟GDPR对其进行了规定，虽然该条例称此过程为假名化（pseudonymisation），但是与我国所规定的去标识化大同小异。该条例对去标识化规定了附加条件，即去标识化中的"额外信息"应当单独保存，"并且已有技术与组织方式确保个人数据不能关联到某个已识别或可识别的自然人"[1]。这一规定的目的就是避免去标识化后的信息被"重标识"，以保障信息去标识化的效果。然而，有论者指出"假名化只是一个旨在减少信息控制者内部产生风险的概念，因为它只限制了某些组织部门或个人对信息的识别。但是，从外部监管的角度来看，这些数据显然仍然可以被信息控制者识别出来"[2]。我国国家标准《个人信息安全规范》第3.15条也对"去识别化"进行了释义，并对其进行进一步的注释，即去标识化（de-identification）"建立在个体基础上，保留了个体颗粒度，采取假名、加密、哈希函数等技术手段替代对个人信息的标识"，对去标识化的主要方式进行了规定。去标识化"一个常见的行业做法是通过处理一个人的名字来创建一个随机的唯一标识符（unique identifiers）"[3]，其中的唯一标识符是指"可用于识别消费者、家庭，或随着时间推移和提供多种服务后链接到消费者或家庭的设备的持久标识符"[4]。2014年国务院发布的《规划纲要》虽然要求"建立自然人、法人和其他组织统一社会信用代码制度"，但是其中的自然人统一社会信用代码所对应的是个人的身份证号码，该代码当前的功能在于实

---

[1] GDPR第4(5)条规定："'假名化'（pseudonymisation）是指在采取某种方式对个人数据进行处理后，如果没有额外的信息就不能识别数据主体的处理方式。此类额外信息应当单独保存，并且已有技术与组织方式确保个人数据不能关联到某个已识别或可识别的自然人。"

[2] Julian Holze, *Differential Privacy and the GDPR*, 5 European Data Protection Law Review 184 (2019).

[3] Yianni Lagos, *Taking the Personal Out of Data: Making Sense of De-Identification*, 48 Indiana Law Review 187 (2014).

[4] Article 1798.140 (x) of California Consumer Privacy Act (2018).

现个人信用信息的有效查询和共享。其不仅没有通过代码替代信用主体标识信息的制度构建目的,而且其本身属于个人信息隐私,因此并非本书所讨论的去标识化措施。

二、去标识化的信息具有"重标识"性

大数据的聚合性使用,有以下两个方面的影响:一方面,改善了信息的识别效果。2000 年拉坦亚·斯威尼（Latanya Sweeney）分析了美国 1990 年的人口普查数据后发现,仅通过邮政编码、出生日期和性别,就可以识别出 87% 的美国公民的身份。① 不仅如此,即便是经过匿名化②处理的信息,也会因为收集的信息越来越多,加之各种信息的聚合性使用,而对大数据无效,或者说大数据具有反匿名化的特征。③ 另一方面,增加了去标识化信息被"重标识"的可能性。所谓"重标识"（re-identification）是指"将去标识数据集中的数据与原始数据主体相关联的过程"④。"2006 年 AOL 数据泄露事件就是一个个人数据被假名化而又被重新识别的典型例子"⑤。2020 年发布的国家标准《个人信息安全规范》,也明确指出去标识化的信息具有被重新识别的风险。⑥ 这些重标识的方式包括黑客、监视以及引诱违反机密（inducement to breach confidentiality）的行为。⑦

2021 年 4 月发布的国家标准《信息安全技术 个人信息去标识化效果分

---

① See Caroline Perry, *You're Not So Anonymous*, The Harvard Gazette (Oct. 18, 2011), https://news.harvard.edu/gazette/story/2011/10/youre-not-so-anonymous/.

② 《个人信息保护法》第 73 条第 4 项规定:"匿名化,是指个人信息经过处理无法识别特定自然人且不能复原的过程。"

③ 参见［英］迈尔-舍恩伯格、库克耶:《大数据时代》,盛杨燕、周涛译,浙江人民出版社 2013 年版,第 200 页。

④ ISO/IEC 20889: 2018 Privacy enhancing data de-identification terminology and classification of techniques part 3: Terms and definitions. https://www.iso.org/obp/ui/#iso:std:iso-iec:20889:en.

⑤ 邹东升:《政府开放数据和个人隐私保护:加拿大的例证》,载《中国行政管理》2018 年第 6 期。

⑥ 参见国家市场监督管理总局、国家标准化管理委员会《信息安全技术 个人信息安全规范》,GB/T 35273—2020。第 11.4 条 b）规定,对于"匿名化或去标识化处理后的数据集重新识别出个人信息主体或与其他数据集汇集后重新识别出个人信息主体的风险"应当开展个人信息安全影响评估。

⑦ See Ira S. Rubinstein & Woodrow Hartzog, *Anonymization and Risk*, 91 Washington Law Review 703 (2016).

级评估规范》（征求意见稿），根据重标识的风险从高到低将个人信息划分为4个级别：能直接识别主体的数据（1级）、消除直接标识符的数据（2级）、重标识风险可接受数据（3级）以及聚合数据（4级）四大类。这一分类模式"为个人信息保护立法根据不同信息蕴含的安全风险对其采取相应的规制和保护措施提供了基础"[1]。其中能直接识别主体的数据（1级）是指包括姓名、手机号码以及身份证号等直接标识符的数据，这些数据在特定环境下能直接识别信息主体。然而，在我国"几乎所有的（半）官方数据库（如电信、交通、银行、快递、支付系统等），都使用同一套基础性身份验证系统（姓名+身份证+手机号），而且线上线下没有隔离"[2]。这一现象导致去标识化的个人信用信息很容易在经过信息集合性匹配后被重新识别。不仅如此，人工智能也有从不同的个人信用信息系统集生成全面的信用主体行为档案，以及"重标识"去标识化信息的能力。[3]

三、个人信息去标识化的具体制度设计

其一，对于信息隐私的有效保护，不应局限于法律的规制，还应当在实践中加强技术的设计和开发。[4] 去标识化是法律与技术结合的典型，是法律最小损害原则和信息技术的结合。在技术的设计开放上，可以使用"差异化隐私（differential privacy），也即在个人信用信息和信用信息使用者（或授信人）之间提供了一个保护层，其中保护层在数学上扭曲了数据和轻微的伪造，从而掩盖了数据的敏感方面，同时保留了统计上显著的特征"[5]。在技术上阻断信用主体与其个人信用信息隐私的匹配，进而保障信用主体的信息隐私安全。不仅如此，在制度的设计上应当考虑经济成本，因为严格地执行去

---

[1] 齐英程：《我国个人信息匿名化规则的检视与替代选择》，载《环球法律评论》2021年第3期。

[2] 叶名怡：《个人信息的侵权法保护》，载《法学研究》2018年第4期。

[3] See Karl Manheim & Lyric Kaplan, *Artificial Intelligence: Risks to Privacy and Democracy*, 21 Yale Journal of Law and Technology 106 (2019).

[4] See Adamantia Rachovitsa, *Engineering and Lawyering Privacy by Design: Understanding Online Privacy Both as a Technical and an International Human Rights Issue*, 24 International Journal of Law and Information Technology 374 (2016).

[5] See Anna Myers & Grant Nelson, *Differential privacy: Raising the bar*, 1 Georgetown Law Technology Review 135 (2016).

标识化管理，会增加信用信息处理者的处理成本。这个成本包括去除标识化过程中所产生的成本，如删减标识性信息的"减法唯一性"（subtractive uniqueness）方式，在考虑删减何种信息时，由于信息的去标识化与信息的预期用途不兼容，也即去标识能力越强，数据的效用就越低，[1] 故而很容易陷入保护信息主体隐私和实现信息利用价值的选择困境之中，[2] 所产生的信息管理层面的成本较高。而且，这个成本还包括处理"额外信息"防止去标识化信息"重标识"所产生的成本，这一成本与后期的信息集合程度、重标识技术等密切相关，并且呈现不断上升的趋势。当然，信息保护技术的适用还需要充分地平衡好隐私保护程度和适用技术成本的关系，不宜顾此失彼。

其二，设置明确的去标识化标准。只要对个人信用信息的处理整体上达到去标识化的标准，就可以认为重标识风险已被控制在可容忍的程度内。这是因为追求零风险既不现实，也不经济。[3] 一方面，社会公众对于没有交往或者合作意图的信用主体的个人信用信息并不会过多关注，更不会花费时间和精力去重标识。另一方面，对于一些媒体、网友以及有信息需求的第三人利用信息科技进行深度挖掘和重标识的行为，即便是采取比去标识化更为严格的匿名化措施，也难以规避信息被重新识别的风险。对于按标准去标识化的信息，仍被第三人采取重标识等方式侵害的，所应当适用的是第三人隐私侵害的相关规定，而不应完全寄希望于通过去识别化来保护信息隐私。但是这并不意味着信用信息处理者去标识化后不再负有管理义务，他们仍然应当做好个人信息安全影响评估，加强信息隐私风险防控。

其三，严格控制重标识的主体范围和方式。对于去标识化的个人信用信息，有学者提出信用信息处理者应当承担不得从事重标识行为的法律义务和责任，以强化对信用主体权益的保护。[4] 但这一观点尚值得商榷，主要原因

---

[1] See Mike Hintze, *Science and Privacy: Data Protection Laws and Their Impact on Research*, 14 Washington Journal of Law, Technology & Arts 103 (2019).

[2] See Steven M. Bellovin, Preetam K. Dutta & Nathan Reitinger, *Privacy and Synthetic Datasets*, 22 Stanford Technology Law Review 1 (2019).

[3] 参见孔祥稳：《行政处罚决定公开的功能与界限》，载《中外法学》2021年第6期。

[4] 参见齐英程：《我国个人信息匿名化规则的检视与替代选择》，载《环球法律评论》2021年第3期。

有以下两点：一是重标识未侵害信用主体权益。因为信用信息处理者是基于信用主体的同意等合法事由，不去收集信用主体包括信息隐私在内的个人信用信息，他们有权在不超出使用目的的前提下，合法地使用个人信用信息。去标识化制度的设计是为了履行其权利保护义务，不额外收集信用主体的信息。利用已经掌握的信息重标识被自己去标识化的个人信用信息，并未超出使用目的之范围，因此不存在侵害信用主体权益之说。二是重标识方便信用信息处理者管理个人信用信息。去标识后的信息可能存在错漏情况，以至于影响信用评级的准确性。在这种情况下，信用主体享有提出异议的权利，信用信息处理者也负有及时予以纠正的义务。如果信用信息处理者无法重标识这些信息，可能加大信用信息处理者的调查难度。故而，本书认为有必要控制重标识，而不是全然禁止。在实践中可以采用仅对少数信用信息处理者中工作人员提供"私钥"的方式，来减少他人"重标识"的机会。如此，即便是去标识化的信息隐私发生了泄露，非法利用者在不具有"私钥"的情况下，无法识别出信息主体，进而损害信用主体的权益。除此之外，还应当明确规定"下游信息使用者不得将经过去标识化处理的间接识别性个人信息用于对信息主体身份进行再识别"[1]，以保障信用主体的信息自决权，防止其信息隐私被侵害。

第三节　完善个人信用信息隐私的场景化保护与分层级保护制度

个人信用信息隐私的保护是存在主要矛盾和次要矛盾之分的，对所有的个人信用信息隐私的保护采取同样的方式，不仅难以突出隐私保护的重点，而且会因为囿于人力财力而难以采用全面统一的保护模式。当前比较成熟的理论是隐私保护核心领域理论，该理论实际上就是对隐私进行类型化，然后根据领域的不同实施不同的保护措施。与此同时，个人信用信息隐私的范围

---

[1] 齐英程：《我国个人信息匿名化规则的检视与替代选择》，载《环球法律评论》2021年第3期。

并非一成不变，往往"随个人所处生活情境的不同而不同"[①]。故而在信息隐私的保护上应当采用辩证唯物主义的哲学观点，遵循事物处于变化发展之中的观点和具体问题具体分析的矛盾观，在动态变化和具体的场景中保护个人信用信息隐私。

一、个人信用信息隐私的类型化和相对性

如前文所述，个人信用信息可以分为三类，不同类型的个人信用信息所对应的隐私保护需求是存在差异的：（1）根据个人信用信息在信用评级中发挥的作用不同，可将个人信用信息划分为身份标识性个人信息和信用评价性个人信息。前者是用来识别和匹配特定信用主体的个人信用信息，主要包括信用主体的姓名、单位以及存档编号等信息，目的在于方便个人信用信息能够有序加工、查询与应用。而且此类信息都属于常用性信息，即便被单独泄露，通常也不会给信用主体造成严重的隐私侵害，因此在信息的保护上无须设置特别措施。后者则是个人信用信息的核心内容，涉及信用主体诸多方面，内容极其庞杂，在信息隐私的保护上需要分层级和场景化保护。（2）根据个人信用信息的失信严重程度或规制的需求不同，可将个人信用信息划分为个人诚信教育性信息和个人信用共享性信息。其中个人诚信教育性信息是基于对信用主体轻微失信信息加工评判产生的，由于拥有此类信息的信用主体失信情节轻微。故而此类信息不需要被跨领域、跨区域共享，同时在信用主体接受相关教育后，这些信息应该被及时删除，以实现最小损害的信息处理原则。个人信用共享性信息旨在对信用主体实施失信联合惩戒，其产生的目的就是在不同的地区和领域之间互通共享，以达到惩戒和威慑的目的。对于此类信息，目前的保存期限一般在5年左右。因此，个人信用共享性信息相较于个人诚信教育性信息，在信息隐私被泄露或不当使用的场景中所造成的损害结果更加严重，这也对个人信用共享性信息的隐私提出了更高的保护要求。（3）依据个人信用信息提供单位的不同，可将个人信用信息划分为公共登记系统和私营征信机构个人信用信息。针对此种类型化，需要讨

[①] 周悦丽：《个人信用信息的法律保护研究》，载《法学杂志》2007年第4期。

第七章 ‖ 个人信用信息隐私保护的信息管理制度设计

论的是国家机关相较市场机构对个人隐私的保护的要求是否更为严苛。就典型的法律而言，针对国家机关的隐私保护，《政府信息公开条例》第15条明确了有个人隐私侵害风险的政府信息以不公开为原则，以公开为例外。① 而针对市场机构的隐私保护，《民法典》第1032条明确规定，"任何组织或者个人不得以刺探、侵扰、泄露、公开等方式侵害他人的隐私权"，但同样规定了在同意的范围内合理收集和利用等例外情形。② 应当说《民法典》对个人隐私的保护也属于以保护为原则，公开（利用）为例外。只是相较于市场机构，国家机关及其工作人员还需要接受党内法规的规制，故而对待履职过程中的隐私保护行为更为重视。

对个人信用信息隐私的保护应当是相对的。这是因为信息隐私本身就是指不愿为他人知晓的个人私密信息，在"家长主义"保护的核心隐私范围之外，实践中主要还依赖于信用主体对自身信息隐私的控制程度和期待利益，也即信用主体同意他人收集和利用的范围。由于不同职务、不同性格的信用主体，对自己的个人隐私的侵害容忍度或者对自身隐私的保护态度是存在差异的，故而并不能一味地强调同样的保护方式，需要因人而异。不仅如此，由于隐私侵害的场景不同，所反映的公共利益需求以及信用主体的保护期待也是不一样的，如"分散的个人数据（如社保账号）孤立地看，不太具有伤害性，可一旦与其他数据如金融信息结合，就变得异常敏感"③。对此，有学者提出了"相对隐私观"，该观念强调隐私权的意涵和保护力度会因隐私信息私密性不同、主体隐私期待不同和隐私使用的具体情境目的不同而有差异。④

---

① 《政府信息公开条例》第15条规定："涉及商业秘密、个人隐私等公开会对第三方合法权益造成损害的政府信息，行政机关不得公开。但是，第三方同意公开或者行政机关认为不公开会对公共利益造成重大影响的，予以公开。"

② 《民法典》第1036条规定："处理个人信息，有下列情形之一的，行为人不承担民事责任：（一）在该自然人或者其监护人同意的范围内合理实施的行为；（二）合理处理该自然人自行公开的或者其他已经合法公开的信息，但是该自然人明确拒绝或者处理该信息侵害其重大利益的除外；（三）为维护公共利益或者该自然人合法权益，合理实施的其他行为。"

③ 翟相娟：《个人敏感信息法定采集范围之检视——以大数据征信为背景》，载《首都师范大学学报（社会科学版）》2021年第1期。

④ 参见翟相娟：《个人敏感信息法定采集范围之检视——以大数据征信为背景》，载《首都师范大学学报（社会科学版）》2021年第1期。

这也是个人信用信息隐私保护相对性的体现。

二、个人信用信息隐私的场景化保护

信息隐私的界定与保护是动态变化，而非静止不变的，因为"具体的语境下涉及的隐私权问题也不相同，与习俗、惯例、传统、文化等也有关系"[①]。譬如"像中国文化中那种人情味很浓的来自社会或他人的关心常被美国人视为对隐私的侵犯"[②]，但在中国这种邻里乡亲的关心历来如此，可能很久以后都难以作为一种隐私侵害的行为。更何况"隐私"一词还"带有信息、身体、财产和决定方面的含义"[③]，这使学者们对隐私采用统一的定义或者范围终究以失败而告终。不仅如此，对于隐私保护的程度和目的，在学界中存在着多种不同的观念，更不用说不同信用主体所拥有的不同看法了。如有学者认为"隐私侵权的基本结构既注重保护文明的规则和它们所建立的仪式规则（chain of ceremony），也注重保护个人的情感健康"[④]。有学者认为"隐私权保护的实质在于防止对个人隐私信息的非法刺探和公开，不愿披露的一切私生活的内容及其信息"[⑤]。有学者认为"保护个人信息亦须兼顾个人信息的合理利用，重要的是需要合理控制可能产生的风险，即个人信息的处理给用户带来精神压力、差别待遇及人身财产损害的可能性"[⑥]。还有学者认为"隐私的功能不只在于保护个体，它对于社会本身也具有重要的建构作用"[⑦]。因此，对于隐私的保护目的和程度，应当说是"仁者见仁，智者见智"。

鉴于信息隐私并不能形成完全统一的标准，海伦·尼森鲍姆（Helen Nissenbaum）提出了"隐私权情境脉络完整性理论"（privacy as contextual

---

[①] 徐明：《大数据时代的隐私危机及其侵权法应对》，载《中国法学》2017年第1期。
[②] 张梦：《中美两国文化中的隐私观念比较》，载《河南师范大学学报（哲学社会科学版）》2006年第5期。
[③] ［美］阿丽塔·L.艾伦、理查德·C.托克音顿：《美国隐私法：学说判例与立法》，冯建妹等译，中国民主法制出版社2019年版，第8页。
[④] Robert C. Post, *The Social Foundations of Privacy: Community and the Self in the Common Law Tort*, 77 Yale Law School Legal Scholarship Repository 957 (1989).
[⑤] 周悦丽：《个人信用信息的法律保护研究》，载《法学杂志》2007年第4期。
[⑥] 李媛：《大数据时代个人信息保护研究》，西南政法大学2016年博士学位论文，第182页。
[⑦] 余成峰：《信息隐私权的宪法时刻：规范基础与体系重构》，载《中外法学》2021年第1期。

integrity)，该理论认为界定隐私性个人信息，重点在于寻找情境脉络，必须探究谁是个人信息处理者，① 其认为"引发人们担忧的根源并非数据可控性或者保密性，而是合理性，尤其是真正影响人们隐私感受的是技术、系统和实践中那些不合理的个人信息流通。所谓不合理的信息流通，是指违反特定场景的信息规范的流通，特定场景中的信息规范是不同社会场景中一般规范的集合"②。

该理论创造了一个理论模型，该理论模型要求信息处理行为符合信息规范，若信息处理行为违背了信息规范，导致信息主体的预期落空，则不符合场景一致性的要求，存在隐私侵害的行为。其中信息规范由信息类型（information types）、参与主体（actors）、传输原则（transmission principles）三个要件构成。信息的流通是否合理，以及是否侵害了信用主体的隐私，就是围绕这三个要件展开的，包括是何种类型的信息，信息与谁相关、由谁传输给谁、信息传输的条件或限制。就个人信用信息隐私的信息规范而言：（1）信息类型包括政务领域、商务领域、司法公信领域以及社会领域的个人信用信息，或者说可以进一步细化为安全生产、航空铁路旅客、产品质量、科研诚信等领域的个人信用信息。在具体的领域中，基于精准信用画像的需要，所需要的同一领域的信用信息往往较多，对于该领域中的信息隐私保护利益让渡也相对更大。即便如此，在收集某一领域的信息时，也应当禁止收集和利用与该领域关联性不强的其他领域的个人信用信息（隐私）。如在收集科研诚信领域的信用信息时，不应当收集信用主体不赡养父母的不良信用信息。这是因为此类信息不仅与具体的领域缺乏相关性，而且信用主体对信用信息处理者收集其不相关的信息隐私容忍度更低。（2）参与主体主要包括信用主体、信用信息处理者、信用信息使用者。在个人信用信息的收集和利用过程中，基于准确信用评级的需要，信用信息处理者需要获得更多的个人信用信息，其中就包括大量的信息隐私，应当说这属于信用信息加工的客观

---

① See Helen Nissenbaum, *Privacy in Context: Technology, Policy, and the Integrity of Social Life*, Stanford University Press, 2010, p. 127–129.
② ［美］海伦·尼森鲍姆、王苑：《何为场景？——隐私场景理论中场景概念之解析》，载周汉华主编：《网络信息法学研究》2021年第1期，中国社会科学出版社2021年版。

需要。然而，信用信息使用者在使用信用产品时，关注的则是信用评级的结果。因此，在信用信息处理者参与的处理场景中，信息隐私保护的要求应当要高于信用信息使用者参与下的信息隐私保护要求。（3）传输原则主要包括知情同意规则、信息处理豁免规则等。信用信息处理者收集或者利用信用主体的个人信用信息，一般情况下要取得信用主体的同意，若信用信息处理者获得了信用主体的同意，则具有责任抗辩事由。除此之外，为了公共利益的需要而收集利用个人信用信息隐私，利用信用主体已经公开的个人信用信息隐私，以及法律法规规定的其他可以使用信用主体信息隐私的事由，都可以作为信用信息处理者传输或者使用信用主体信息隐私的正当理由。

在个人信用信息隐私的场景保护框架中，有以下几点需要注意：其一，信息规范的是动态变化的。一方面，大数据和信息技术的发展，降低了信用主体对个人信用信息隐私保护的期望。另一方面，国家的政策需要会改变"传输原则"。基于公共利益的需要，国家可能需要更为全面、准确地评估相关信用主体的信用状况，这将导致具体场景中个人信用信息隐私的利用价值大于保护价值。在不同的场景中所适用的"知情同意"规则有所不同，如告知和同意的方式、内容和范围都应当有所不同。其二，信息隐私场景化保护的一个重要考量因素是信用主体的隐私信息处理容忍度。在个人信用信息以利用为价值取向的背景下，信用主体对包括信息隐私在内的个人信用信息被利用和共享应当具有一定的容忍义务，这种容忍义务的评判标准应当根据不同的场景进行调整。其三，信息场景理论实际上"将'目的限定''使用限制'原则修订为信息使用的'情境一致'原则"[1]，即"个人有权期望企业收集、使用、披露信息的方式与其提供信息时的情形保持一致。企业对信息的使用与披露应在以下两个方面与以往保持一致，即个人最初披露信息时的情境及企业与个人之间所处的关系"[2]。

三、个人信用信息隐私的分层级保护

核心领域保护理论依据信息与人格尊严关系的不同，将信息隐私分为隐

---

[1] 李媛：《大数据时代个人信息保护研究》，西南政法大学2016年博士学位论文，第182页。
[2] 李媛：《大数据时代个人信息保护研究》，西南政法大学2016年博士学位论文，第182页。

秘领域、私人领域以及社会领域三个领域，三个领域所对应的保护力度不同。该理论所存在的利弊上文虽然已有讨论，但是这一理论是极其符合马斯洛需求层次理论[①]的，即应当以保障信用主体"被尊重的需要"为前提，再去满足"自我实现的需要"。同时，这一理论与个人信用信息的类型化具有一定的对应性，因此在个人信用信息隐私保护中应当作为重要的理论基础，而与该理论对应的则是分层级保护。

在个人信用信息的保护过程中，首先应当明确与人格尊严及其相关的"隐秘领域"，不仅应当将这一领域作为保护重点，而且应当作为评判个人信用信息隐私保护制度优劣的主要指标。关于"隐秘领域"的设计，美国罗伯特·C. 波斯特教授认为，在隐私价值方面，欧盟法律与许多国家的法律一样，承认两种不同形式的隐私，即数据隐私（data privacy）和尊严隐私（dignitary privacy）。[②] 其中数据隐私依据欧盟指令95/46/EC中的"公平信息实践"（the fair information practices）加以保护，通过工具逻辑（instrumental logic）操作，旨在赋予信息主体"控制"个人数据的权利。欧盟法律承认尊严隐私目的在于防止因违反文明规范而对人格造成损害，规制可能会减少不适当的通信、侮辱和责骂。[③]这种二分法虽然关注了与尊严关系密切的隐私的保护，但对于尊严隐私的范围未作出具体的界定。我国在明确其范围时，应当注意以下问题：首先，构建人格尊严关联度的统一认定标准。《辞海》将人格尊严定义为"公民作为平等的人的资格和权利应该受到国家的承认和尊重"，[④]《宪法》第38条亦规定"中华人民共和国公民的人格尊严不受侵犯"，都属于极其宽泛的概念。与之不同，"领域理论"中作为区分标准讨论的人格尊严应当是因人性而具有的内在的尊严，包括但不限于"性别、年龄、种族、

[①] 马斯洛的需求层次结构是心理学中的激励理论，包括人类需求的五个层次。由需求的低级到高级分别是生理的需要（physiological need）、安全需要（safety need）、归属和爱的需要（belongingness and love need）、尊重的需要（esteem need）以及自我实现的需要（self-actualization need）。

[②] See Robert C. Post, *Data Privacy and Dignitary Privacy: Google Spain, the Right to Be Forgotten, and the Construction of the Public Sphere*, 67 Duke Law Journal 981（2018）.

[③] See Robert C. Post, *Data Privacy and Dignitary Privacy: Google Spain, the Right to Be Forgotten, and the Construction of the Public Sphere*, 67 Duke Law Journal 981（2018）.

[④] 王利明：《论一般人格权——以〈民法典〉第990条第2款为中心》，载《中国法律评论》2023年第1期。

宗教或政治信仰、国籍、地位、性取向、精神以及身体状况"①。我国地方性信用法规和规章规定的禁止收集事项范围虽与之存在部分重合，但仅进行了部分列举，没涵盖所有项目。对此，我国宜根据"合理隐私期待"②理论来制定人格尊严关联度的评定标准，即通过主观标准中信息的披露、风险的披露、范围的披露去判断是否侵犯个人隐私的实际期待，通过客观标准中的社会要素、事实要素去评判社会对个人隐私的期待利益是否合理，③ 进而确保个人信用信息中的私密信息得到充分的保护。其次，在判断上可借鉴美国《消费者隐私权法案》所适用的"语境完整性理论"，即以信息流动的适当性为基本原则，考虑行为因素、信息类型和传导原则三个关键因素，④ 以适应自然人私密信息的主观性和开放性。最后，在区分不同领域时，应根据不同的场景具体问题具体分析。可参考《个人信息安全规范》将个人信息分为个人基本资料、个人身份信息、个人生物识别信息、网络身份识别信息、个人健康生理信息、个人教育工作信息以及个人财产信息等13类信息的做法，⑤ 将个人信用信息划分为个人商业信用信息、个人消费信用信息、个人科研信用信息、个人司法执行信用信息等类型，并基于不同类型的信息划分个人信用信息的不同领域。对于其中的"隐秘领域"的信息隐私原则上应当采取绝对保护；对于个人领域和社会领域的信息隐私，则可以在个人信用信息利用和保护的平衡基础上，依法予以利用。但应当注意区分类别，并在此基础上

---

① Conor O'Mahony, *There is No Such Thing as a Right to Dignity*, Oxford University Press, 2012, p. 555.
② 合理隐私期待是指"法律主体期待被保护的隐私是合理的，是一般理性人可以表现出来并能够被外界所识别的隐私，强调在应然状态下一般理性人对隐私的合理期待。"参见张新平：《智能视频监控之法律与技术的嵌合治理》，载《法制与社会发展》2020年第5期。
③ 参见肖中华：《大数据时代"合理隐私期待"主客观标准的适用》，载《江西社会科学》2016年第11期。
④ 美国《消费者隐私权法案》（系全面报告《网络世界的消费者消费隐私：隐私保护和推动全球数字经济创新框架》的一部分）第三项原则"尊重语境"（PRC）中，对"公司收集、使用并披露消费者数据的方式应与消费者提供数据的语境一致"；参见［美］马克·罗滕伯格、茱莉亚·霍维兹、杰拉米·斯科特主编：《无处安放的互联网隐私》，苗淼译，中国人民大学出版社2017年版，第131页。
⑤ 参见国家市场监督管理总局、国家标准化管理委员会《信息安全技术 个人信息安全规范》，GB/T 35273—2020，附录A。

实行不同的保护。①

依据信息隐私泄露或不当利用给信用主体带来的损害后果的不同，可以对拥有一般信用信息的信用主体实行常态化管理，对拥有较为严重失信信息的信用主体实行预警管理，对拥有严重失信信息的信用主体实行联合惩戒管理。个人信用信息作为一种具有"识别性"和"相关性"的自然人信息。若在收集、加工、应用等过程中不做任何技术处理，即便是非隐私信息也可能被不当挖掘，从而导致"人肉搜索""精准广告"等网络侵害甚至网络暴力的发生。关于一般信用信息的常态化管理：一方面，我国应当对收集的原始信息进行加密处理，确保明文（plaintext）通过代码的形式转化为密文（cipher text），仅对信用主体的信用评价报告及相关必须公开的文件进行实名披露。而对于密文的查询应当赋予监管部门、信息管理部门、信息提供单位、信息主体以及相关利害关系人"私钥"，为其了解和掌握所记录信息的具体情况提供途径，以确保其知情权、异议权、被遗忘权等信用信息权利。另一方面，为保护信用主体的信息隐私，信用主体、信用信息使用者以及信用信息处理者之间可以采取密码学中的安全双方和多方计算。② 即使信用信息处理者知道所有信用主体的全部信息隐私，也难分辨具体是哪一个信用主体的信用信息，更不会侵犯该信息主体的信息隐私。③ 而对于较为严重的失信信息应当在常态化信用信息的监管下以内部实名告诫为主。此外，严重失信信息应当基于具体个案、具体场景来确定失信信息应否对外披露以及信息披露的范围，形成各联合惩戒部门内部共享为主、公开为辅的模式。综言之，应当尽可能地减少不必要的信息公示，最大限度防范信息的泄露以保障信用主体的生活安宁。

---

① 参见任龙龙：《大数据时代的个人信息民法保护》，对外经济贸易大学2017年博士学位论文，第87页。

② 所谓安全双方计算，如电话公司A和政府机构B达成安全双方计算方式的合作：一方面，B获得其需要的A方数据；另一方面，A对B的关注对象并不知情。安全多方计算亦是如此，即多方主体之间达成安全多方计算方式的合作后，他们应对各自关注的对象互不知情，并在不泄露任何一方数据的情况下对数据进行整合和分析。参见［美］马克·罗滕伯格、茉莉亚·霍维兹、杰拉米·斯科特主编：《无处安放的互联网隐私》，苗淼译，中国人民大学出版社2017年版，第94~97页。

③ 参见［美］马克·罗滕伯格、茉莉亚·霍维兹、杰拉米·斯科特主编：《无处安放的互联网隐私》，苗淼译，中国人民大学出版社2017年版，第94~97页。

结 论

个人信用信息和信息隐私都属于边界模糊的概念，少数论者所提出的个人信用信息不包括信息隐私的观点是值得商榷的。因为这一观点既不能真实地反映个人信用信息与信息隐私交叉的客观现状，也可能引导立法偏向于追求信息隐私的全面保护，以至于缩小个人信用信息的利用范围，进而阻碍社会信用体系的建设。与此同时，不宜采用"隐私已死"的悲观态度，因为信息隐私权是保障公民人格尊严、人身自由的重要权利，在人性的关怀、创造力的培养、和谐的社会交往等方面都具有不可替代的作用。

个人信用信息隐私保护应当是动态性的保护，个人信用信息的利用范围主要由法律的禁止和政策的规范来确定，信息隐私得以利用的正当性基础一般是信用主体的同意以及社会公共利益的需求。因为这些限制因素或者变量都是动态的，所以个人信用信息隐私的利用范围和方式同样处于动态变化之中。针对这一特征，个人信用信息隐私的保护显然无法"以不变应万变"。在制度的设计上应当以在利用中保护为轴线，不断地平衡好个人信用信息的利用与保护之间的关系，适用具体场景具体分析和保护的隐私场景理论，采取对不同类型的个人信用信息隐私适用不同隐私保护措施的区别化管理方式。

个人信用信息隐私保护应当是体系化的保护。目前，民法、行政法、刑法三大实体法虽然都对信息隐私的保护加以规定，但是由于我国隐私的立法保护发展相对较晚，各部门法中本身就存在很多需要完善的地方。而且全国统一的社会信用法也已经呼之欲出，该法不仅应当增补信息隐私保护相关规定，而且应处理好同三大实体法的关系。不仅如此，大数据背景下的个人信用信息隐私的侵害，手段更为隐蔽、损害更为严重且难以止损，对此我国应当将信息隐私保护贯穿于个人信用信息利用的始终，也即实现有效的事前预防、事中控制和事后补救。

个人信用信息隐私保护应当是以信用信息处理者义务为中心的保护。个人信用信息之所以从个人信息中筛选出来，是因为这些信息具有信用识别性，收集后加以处理，能够获取信用主体的信用等级，进而满足市场经济和社会治理对此类信息的需要，故个人信用信息的利用本身就具有公益性质。在这种具有公益性质的个人信用信息处理行为中，信用信息处理者容易实施以公益为说辞、变相迫使信用主体同意提供信息隐私的行为。加之个人信用信息处理过程的不透明、信息技术的应用以及信息侵害行为的隐蔽性，信用信息处理者与信用主体之间处于不对等的状态。而且，信用主体在一定程度上丧失了对信用信息的控制能力，继续单纯地寄希望于通过"信息自决"来保护信息隐私，已经无法从根本上解决问题。为了更有效地保护信息隐私，有必要根据"双方同意"建立信义关系，来处理信用信息利用和信用信息隐私保护问题，这样就可以将信用主体针对国家的正当程序权利主张转嫁到信用信息处理者身上。而且通过借鉴合作治理中的意思自治与国家监管，[1] 将个人正当程序权利与合作治理方法结合起来，形成类似公共参与治理的"二元治理"（Binary Governance）结构。[2] 在这一结构中，信用信息处理者在收集、处理和应用信用主体信用信息时应当充当"善良的管理人"，履行好包括忠义义务和注意义务在内的信义义务，以保障信用主体的信息隐私。同时，信用信息处理者会基于信义关系获得处理信用主体信用信息的自由裁量权，可以发挥其信息处理的专业能力，合法高效地利用信用信息。因此，引入信义义务，可以有效地解决信用信息利用和信息隐私保护之间的利益平衡问题。

---

[1] 参见丁晓东：《个人信息权利的反思与重塑——论个人信息保护的适用前提与法益基础》，载《中外法学》2020年第2期。

[2] See Margot E. Kaminski, *Binary Governance: Lessons from the GDPR's Approach to Algorithmic Accountability*, 92 Southern California Law Review 1529 (2019).

参考文献

一、著作类

（一）中文著作

[1] 程啸：《个人信息保护法理解与适用》，中国法制出版社2021年版。

[2] 丁晓东：《个人信息保护：原理与实践》，法律出版社2021年版。

[3] 徐化耿：《信义义务研究》，清华大学出版社2021年版。

[4] 梁上上：《利益衡量论》（第3版），北京大学出版社2021年版。

[5] 张衠：《大数据监控社会中的隐私权保护：基于美欧实践的观察》，上海人民出版社2021年版。

[6] 张新宝、葛鑫：《个人信息保护法（专家意见稿）及立法理由书》，中国人民大学出版社2021年版。

[7] 龙卫球主编：《中华人民共和国个人信息保护法释义》，中国法制出版社2021年版。

[8] 罗娟：《消费者个人信息权保护：公私兼济模式向场景风险模式的转型》，法律出版社2021年版。

[9] 个人信息保护课题组：《个人信息保护国际比较研究》，中国金融出版社2021年版。

[10] 程啸：《侵权责任法》（第3版），法律出版社2021年版。

［11］杨立新主编：《中华人民共和国民法典释义与案例评注·人格权编》，中国法制出版社2020年版。

［12］罗力：《新兴信息技术背景下我国个人信息安全保护体系研究》，上海社会科学院出版社2020年版。

［13］曾智安：《中国传统文化精神》，清华大学出版社2020年版。

［14］顾炎武撰：《日知录集释》，黄汝成集释，栾保群校点，中华书局2020年版。

［15］董新平：《物联网场景下个人隐私信息泄露的治理体系构建研究》，浙江大学出版社2020年版。

［16］徐阳光：《英国个人破产与债务清理制度》，法律出版社2020年版。

［17］徐艺心：《信息隐私保护制度研究：困境与重建》，中国传媒大学出版社2019年版。

［18］中国邮政储蓄银行、中国金融认证中心组编：《个人信息保护基于GB/T 35273的最佳实践》，中国标准出版社2019年版。

［19］汪东升：《个人信息的刑法保护》，法律出版社2019年版。

［20］刘勇、李达：《开放银行：服务无界与未来银行》，中信出版社2019年版。

［21］毛典辉：《大数据隐私保护技术与治理机制研究》，清华大学出版社2019年版。

［22］郭彦丽、陈建斌主编：《信息经济学》（第2版），清华大学出版社2019年版。

［23］张卫平：《民事诉讼法》，法律出版社2019年版。

［24］张继红：《大数据时代金融信息的法律保护》，法律出版社2019年版。

［25］朱宝丽、马运全：《个人金融信息管理：隐私保护与金融交易》，中国社会科学出版社2018年版。

［26］费孝通：《乡土中国》，商务印书馆2018年版。

［27］孙平：《"信息人"时代：网络安全下的个人信息权宪法保护》，北

京大学出版社2018年版。

[28] 赵旭东等：《黑名单制度》，中国法制出版社2018年版。

[29] 罗培新：《社会信用法：原理·规则·案例》，北京大学出版社2018年版。

[30] 杨胜刚、吴志明：《公共信用信息采集技术及其应用研究》，中国金融出版社2018年版。

[31] 弓永钦：《个人信息保护问题研究：基于跨境电子商务》，人民日报出版社2018年版。

[32] 杨伯峻译注：《论语译注》，中华书局2018年版。

[33] 刘金瑞：《个人信息与权利配置：个人信息自决权的反思和出路》，法律出版社2017年版。

[34] 李新庚：《社会信用体系运行机制研究》，中国社会出版社2017年版。

[35] 吴晶妹：《三维信用论》，清华大学出版社2016年版。

[36] 王建红：《信用的起源：基于复杂性及其简化理论的研究》，经济科学出版社2016年版。

[37] 刘肖原等：《我国社会信用体系建设问题研究》，知识产权出版社2016年版。

[38] 中国社会科学院语言研究所词典编辑室编：《现代汉语词典》（第7版），商务印书馆2016年版。

[39] 张才琴、齐爱民、李仪：《大数据时代个人信息开发利用法律制度研究》，法律出版社2015年版。

[40] 孙志伟：《美国消费信用探幽》，中国经济出版社2014年版。

[41] 孙志伟：《国际信用体系比较》，中国金融出版社2014年版。

[42] 王元卓、范乐君、程学旗：《隐私数据泄露行为分析：模型、工具与案例》，清华大学出版社2014年版。

[43] 白云：《个人信用信息法律保护研究》，法律出版社2013年版。

[44] 王泽鉴：《人格权法：法释义学、比较法、案例研究》，北京大学出版社2013年版。

[45] 郎庆斌、孙毅:《个人信息安全——研究与实践》,人民出版社2012年版。

[46] 郭明龙:《个人信息权利的侵权法保护》,中国法制出版社2012年版。

[47] 张觉等撰:《韩非子译注》,上海古籍出版社2012年版。

[48] 梁慧星:《法学学位论文写作方法》(第2版),法律出版社2012年版。

[49] 于海涌:《英美信托财产双重所有权在中国的本土化》,中国政法大学出版社2011年版。

[50] 冯湘君:《档案管理视角下个人信用信息有效性保障研究》,中国出版集团、世界图书出版公司2010年版。

[51] 蓝寿荣:《社会诚信的伦理与法律分析》,华东科技大学出版社2010年版。

[52] 孔令杰:《个人资料隐私的法律保护》,武汉大学出版社2009年版。

[53] 艾茜:《个人征信法律制度研究》,法律出版社2008年版。

[54] 王一兵:《信用资本问题研究》,中国金融出版社2008年版。

[55] 王丽萍、步雷等:《信息时代隐私权保护研究》,山东人民出版社2008年版。

[56] 刘莘主编:《政府诚信研究》,北京大学出版社2007年版。

[57] 张新宝:《侵权责任构成要件研究》,法律出版社2007年版。

[58] 张维迎:《信息、信任与法律》,生活·读书·新知三联书店2003年版。

[59] 张亦春:《中国社会信用问题研究》,中国金融出版社2004年版。

[60] 许文义:《个人资料保护法论》,台北,三民书局2001年版。

[61] 张民安主编:《隐私权的界定:Sumuel D. Warren, Louis D. Brandeis, William L. Prosser, Judith Jarvis Thomson 以及 W. A. Parent 等学者对隐私权作出的界定》,中山大学出版社2017年版。

(二)外文著作

[1] Bernadette Rainey, Pamela McCormick & Clare Ovey, *The European*

Convention on Human Rights, Oxford University Press, 2020.

［2］Helen Nissenbaum, *Privacy in Context: Technology, Policy, and the Integrity of Social Life*, Stanford University Press, 2010.

［3］Lee A. Bygrave & Dag Wiese Schartum, *Consent, Proportionality and Collective Power*, in Serge Gutwirth, Yves Poullet, et al. (eds.), *Reinventing Data Protection?*, Springer, 2009.

［4］James B. Rule & Graha Greenleaf, *Global Privacy Protection: The First Generation*, Edward Elgar, 2008.

［5］Fred H. Cate, *The Failure of Fair Information Practice Principles*, in Jane K. Winn (ed.), Consumer Protection in the Age of the "Information Economy", Ashgate Publishing, 2006.

［6］Robert A. Kutcher, *Breach of Fiduciary Duties*, in David A. Soley, Robert Y. Gwin & Ann E. Georgehead (eds.), *Business Torts Litigation*, American Bar Association Publishing, 2005.

［7］Margot C. Finn, *The Character of Credit: Personal Debt in English Culture*, 1740–1914, Cambridge University Press, 2003.

［8］Jeffrey Rosen, *The Unwanted Gaze: The Destruction of Privacy in America*, Vintage, 2011.

［9］Priscilla M. Regan, *Legislating Privacy: Technology, Social Values, and Public Policy*, University of North Carolina Press, 1995.

［10］Alan F. Westin, *Privacy and Freedom*, Atheneum Press, 1967.

二、译著类

［1］［英］H. L. A. 哈特:《法律、自由和道德》,钱一栋译,商务印书馆2021年版。

［2］［英］大卫·文森特:《隐私简史》,梁余音译,中信出版社2020年版。

［3］［美］安德鲁·S. 戈尔德、保罗·B. 米勒编著:《信用法的法理基础》,林少伟、赵吟译,法律出版社2020年版。

［4］［荷］玛农·奥斯特芬：《数据的边界：隐私与个人数据保护》，曹博译，上海人民出版社 2020 年版。

［5］［美］阿丽塔·L. 艾伦、理查德·C. 托克音顿：《美国隐私法：学说判例与立法》，冯建妹等译，中国民主法制出版社 2019 年版。

［6］［美］布雷特·金恩：《银行 4.0：金融常在，银行不再?》，孙一仕、周群英、林凯雄译，台湾金融研训院 2018 年版。

［7］张民安主编：《隐私权的性质和功能》，中山大学出版社 2018 年版。

［8］［法］马尔克·杜甘、克里斯托夫·拉贝：《赤裸裸的人：大数据，隐私和窥视》，杜燕译，上海科学技术出版社 2017 年版。

［9］［美］马克·罗滕伯格、茱莉亚·霍维兹、杰拉米·斯科特主编：《无处安放的互联网隐私》，苗淼译，中国人民大学出版社 2017 年版。

［10］［德］耶林：《为权利而斗争》，郑永流译，商务印书馆 2016 年版。

［11］［美］特伦斯·克雷格、玛丽·E. 卢德洛芙：《大数据与隐私：利益博弈者、监管者和利益相关者》，赵亮、武青译，东北大学出版社 2016 年版。

［12］［美］迈克尔·费蒂克、戴维·C. 汤普森：《信誉经济：大数据时代的个人信息价值与商业变革》，王臻译，中信出版社 2016 年版。

［13］［美］福山：《信任：社会美德与创造经济繁荣》，郭华译，广西师范大学出版社 2016 年版。

［14］［英］约翰·帕克：《全民监控：大数据时代的安全与隐私困境》，关立深译，金城出版社 2014 年版。

［15］［美］路易斯·D. 布兰代斯等：《隐私权》，宦盛奎译，北京大学出版社 2014 年版。

［16］［美］道格拉斯·C. 诺思：《制度、制度变迁与经济绩效》，杭行译，格致出版社、上海三联书店、上海人民出版社 2014 年版。

［17］［英］迈尔-舍恩伯格、库克耶：《大数据时代》，盛杨燕、周涛译，浙江人民出版社 2013 年版。

［18］［德］杰因茨：《金融隐私：征信制度国际比较》（第 2 版），万存知译，中国金融出版社 2009 年版。

［19］［美］凯斯·R. 桑斯坦：《信息乌托邦：众人如何生产知识》，毕竞悦译，法律出版社2008年版。

［20］［美］罗斯科·庞德：《法理学》（第3卷），廖德宇译，法律出版社2007年版。

［21］［日］芦部信喜：《宪法》（第3版），林来梵等译，北京大学出版社2006年版。

［22］［美］罗纳德·德沃金：《认真对待权利》，信春鹰、吴玉章译，中国大百科全书出版社1998年版。

［23］［美］博登海默：《法理学：法律哲学与法律方法》，邓正来译，中国政法大学出版社1998年版。

三、期刊类

（一）中文期刊

［1］虞李辉：《论被遗忘权融入社会信用体系》，载《法治研究》2022年第2期。

［2］田野、张耀文：《个人信息侵权因果关系的证明困境及其破解——以相当因果关系理论为进路》，载《中南大学学报（社会科学版）》2022年第1期。

［3］王利明：《论个人信息删除权》，载《东方法学》2022年第1期。

［4］刘学涛、李月：《大数据时代被遗忘权本土化的考量——兼以与个人信息删除权的比较为视角》，载《科技与法律》2020年第2期。

［5］顾敏康、白银：《"大信用"背景下的信息隐私保护——以信义义务的引入为视角》，载《中南大学学报（社会科学版）》2022年第1期。

［6］蒋丽华：《无过错归责原则：个人信息侵权损害赔偿的应然走向》，载《财经法学》2022年第1期。

［7］王利明、丁晓东：《论〈个人信息保护法〉的亮点、特色与适用》，载《法学家》2021年第6期。

［8］李忠夏：《数字时代隐私权的宪法建构》，载《社会科学文摘》2021年第6期。

［9］王锡锌：《国家保护视野中的个人信息权利束》，载《中国社会科学》2021年第11期。

［10］杨立新：《个人信息处理者侵害个人信息权益的民事责任》，载《国家检察官学院学报》2021年第5期。

［11］董淑芬、李志祥：《大数据时代信息共享与隐私保护的冲突与平衡》，载《南京社会科学》2021年第5期。

［12］李润生：《论个人健康信息"利用友好型"保护模式的建构》，载《行政法学研究》2021年第5期。

［13］冉克平：《论〈民法典〉视野下个人隐私信息的保护与利用》，载《社会科学辑刊》2021年第5期。

［14］张陈果：《个人信息保护救济机制的比较法分析与解释论展开》，载《苏州大学学报（法学版）》2021年第4期。

［15］林钧跃：《论信用信息的界定》，载《征信》2021年第4期。

［16］肖伟志：《"社会信用"的四种界定方式》，载《首都师范大学学报（社会科学版）》2021年第4期。

［17］谢尧雯：《基于数字信任维系的个人信息保护路径》，载《浙江学刊》2021年第4期。

［18］白银：《个人信用信息利用与隐私保护的平衡路径》，载《征信》2021年第7期。

［19］白云：《〈民法典〉视角下个人信用信息权益分析》，载《征信》2021年第4期。

［20］李怀胜：《犯罪记录对社会信用体系的耦合嵌入与功能校正》，载《法学杂志》2021年第3期。

［21］王利明：《和而不同：隐私权与个人信息的规则界分和适用》，载《法学评论》2021年第2期。

［22］门中敬：《信誉及社会责任：社会信用的概念重构》，载《东方法学》2021年第2期。

［23］吕炳斌：《个人信息保护的"同意"困境及其出路》，载《法商研究》2021年第2期。

[24] 杨帆、刘业：《个人信息保护的"公私并行"路径：我国法律实践及欧美启示》，载《国际经济法学刊》2021 年第 2 期。

[25] 王伟：《论社会信用法的立法模式选择》，载《中国法学》2021 年第 1 期。

[26] 翟相娟：《个人敏感信息法定采集范围之检视——以大数据征信为背景》，载《首都师范大学学报（社会科学版）》2021 年第 1 期。

[27] 徐磊、郭旭：《大数据时代读者个人信息保护的实践逻辑与规范路径——以图书类 App 隐私政策文本为视角》，载《图书馆建设》2021 年第 1 期。

[28] ［美］海伦·尼森鲍姆、王苑：《何为场景？——隐私场景理论中场景概念之解析》，载周汉华主编：《网络信息法学研究》2021 年第 1 期，中国社会科学出版社 2021 年版。

[29] 邢会强：《大数据时代个人金融信息的保护与利用》，载《东方法学》2021 年第 1 期。

[30] 余成峰：《信息隐私权的宪法时刻规范基础与体系重构》，载《中外法学》2021 年第 1 期。

[31] 金元浦：《大数据时代个人隐私数据泄露的调研与分析报告》，载《清华大学学报（哲学社会科学版）》2021 年第 1 期。

[32] 王伟：《社会信用法论纲——基于立法专家建议稿的观察与思考》，载《中国法律评论》2021 年第 1 期。

[33] 张洪松：《大数据时代社会信用立法的宏观思考》，载《人民论坛》2021 年 Z1 期。

[34] 孙久文、胡恒松：《社会信用体系的完善与经济发展——基于国内大循环视角的思考》，载《甘肃社会科学》2021 年第 1 期。

[35] 姜爱茹：《论个人信用权》，载《征信》2021 年第 1 期。

[36] 万方：《个人信息处理中的"同意"与"同意撤回"》，载《中国法学》2021 年第 1 期。

[37] 刘云江：《人工智能对隐私权的影响与法律应对》，载《人民论坛》2020 年第 26 期。

[38] 周雨：《社会信用立法的地方立法实践与路径选择》，载《征信》2020年第12期。

[39] 鲁冰婉：《大数据背景下域外信息隐私权的困境及应对——以个人信息控制为切入点》，载《情报杂志》2020年第12期。

[40] 徐化耿：《信义义务的一般理论及其在中国法上的展开》，载《中外法学》2020年第6期。

[41] 崔淑洁、张弘：《数据挖掘对个人信息的侵害与保护路径》，载《西安交通大学学报（社会科学版）》2020年第6期。

[42] 胡凌：《个人私密信息如何转化为公共信息》，载《探索与争鸣》2020年第11期。

[43] 王妍：《警惕网络"信息茧房"效应》，载《人民论坛》2020年第11期。

[44] 宋慧中、吴丰光：《韩国〈信用信息使用及保护法〉修订的背景、内容及对我国的启示》，载《征信》2020年第11期。

[45] 邢会强：《人脸识别的法律规制》，载《比较法研究》2020年第5期。

[46] 张新平：《智能视频监控之法律与技术的嵌合治理》，载《法制与社会发展》2020年第5期。

[47] 陈美、谭纬东：《政府开放数据的隐私风险评估与防控：新西兰的经验》，载《情报理论与实践》2020年第5期。

[48] 孟融：《国家治理体系下社会信用体系建设的内在逻辑基调》，载《法制与社会发展》2020年第4期。

[49] 阮神裕：《民法典视角下个人信息的侵权法保护——以事实不确定性及其解决为中心》，载《法学家》2020年第4期。

[50] 王鹏鹏：《论个人信用信息公开的私法规制》，载《北京理工大学学报（社会科学版）》2020年第3期。

[51] 杨曦：《互联网消费信贷中个人征信信息的法律保护》，载《河北法学》2020年第3期。

[52] 丁晓东：《个人信息权利的反思与重塑 论个人信息保护的适用前提

与法益基础》，载《中外法学》2020 年第 2 期。

［53］解正山：《数据驱动时代的数据隐私保护——从个人控制到数据控制者信义义务》，载《法商研究》2020 年第 2 期。

［54］郑佳宁：《知情同意原则在信息采集中的适用与规则构建》，载《东方法学》2020 年第 2 期。

［55］李晓安：《论信用的法权性质与权利归属》，载《法学论坛》2020 年第 2 期。

［56］齐英程：《论间接识别性个人信息规制规则的重构》，载梁慧星主编：《民商法论丛》2020 年第 2 期，社会科学文献出版社 2021 年版。

［57］蔡培如、王锡锌：《论个人信息保护中的人格保护与经济激励机制》，载《比较法研究》2020 年第 1 期。

［58］王莹莹：《信义义务的传统逻辑与现代建构》，载《法学论坛》2019 年第 6 期。

［59］孙文娜、苏跃辉：《征信机构如何破解中小企业融资信息不对称难题》，载《人民论坛》2019 年第 29 期。

［60］张涛：《侵害未成年人犯罪记录制度构建》，载《中国检察官》2019 年第 11 期。

［61］章政、张丽丽：《信用信息披露、隐私信息界定和数据权属问题研究》，载《征信》2019 年第 10 期。

［62］张晓冉：《我国征信管理机制的规范研究——基于个人信用信息安全的视角》，载《电子政务》2019 年第 7 期。

［63］张新宝：《个人信息收集：告知同意原则适用的限制》，载《比较法研究》2019 年第 6 期。

［64］蒋都都、杨解君：《大数据时代的信息公益诉讼探讨——以公众的个人信息保护为聚焦》，载《广西社会科学》2019 年第 5 期。

［65］沈岿：《社会信用体系建设的法治之道》，载《中国法学》2019 年第 5 期。

［66］刘冰：《论我国个人破产制度的构建》，载《中国法学》2019 年第 4 期。

［67］陈禹衡：《大数据时代侵犯个人征信信息的刑法规制》，载《征信》2019 年第 4 期。

［68］齐鹏飞：《论大数据视角下的隐私权保护模式》，载《华中科技大学学报（社会科学版）》2019 年第 2 期。

［69］朱圆：《论信义规则在我国成年监护法中的引入》，载《政治与法律》2019 年第 2 期。

［70］付红安、齐辉：《晚清民国时期隐私权与新闻自由的冲突与调适——从新闻法制的视角考察》，载《西南政法大学学报》2019 年第 2 期。

［71］张勇：《个人信用信息法益及刑法保护：以互联网征信为视角》，载《东方法学》2019 年第 1 期。

［72］王秀哲：《大数据时代个人信息法律保护制度之重构》，载《法学论坛》2018 年第 6 期。

［73］邹东升：《政府开放数据和个人隐私保护：加拿大的例证》，载《中国行政管理》2018 年第 6 期。

［74］胡文涛：《我国个人敏感信息界定之构想》，载《中国法学》2018 年第 5 期。

［75］梁泽宇：《个人信息保护中目的限制原则的解释与适用》，载《比较法研究》2018 年第 5 期。

［76］段卫利：《被遗忘权的概念分析——以分析法学的权利理论为工具》，载《河南大学学报（社会科学版）》2018 年第 5 期。

［77］吴标兵、许和隆：《个人信息的边界、敏感度与中心度研究——基于专家和公众认知的数据分析》，载《南京邮电大学学报（社会科学版）》2018 年第 5 期。

［78］周辉：《网络隐私和个人信息保护的实践与未来——基于欧盟、美国与中国司法实践的比较研究》，载《治理研究》2018 年第 4 期。

［79］叶名怡：《个人信息的侵权法保护》，载《法学研究》2018 年第 4 期。

［80］高富平：《个人信息保护：从个人控制到社会控制》，载《法学研究》2018 年第 3 期。

［81］刘丽丽：《两起商业银行个人征信信息泄露事件的原因分析及思考》，载《征信》2018 年第 2 期。

［82］吴泓：《信赖理念下的个人信息使用与保护》，载《华东政法大学学报》2018 年第 1 期。

［83］黄如花、刘龙：《我国政府数据开放中的个人隐私保护问题与对策》，载《图书馆》2017 年第 10 期。

［84］孔德超：《大数据征信反思——基于个人征信视角》，载《现代管理科学》2017 年第 9 期。

［85］胡凌：《商业模式视角下的"信息/数据"产权》，载《上海大学学报（社会科学版）》2017 年第 6 期。

［86］黄如花、李楠：《美国开放政府数据中的个人隐私保护研究》，载《图书馆》2017 年第 6 期。

［87］徐明：《大数据时代的隐私危机及其侵权法应对》，载《中国法学》2017 年第 1 期。

［88］楼建波、姜雪莲：《信义义务的法理研究——兼论大陆法系国家信托法与其他法律中信义义务规则的互动》，载《社会科学》2017 年第 1 期。

［89］肖中华：《大数据时代"合理隐私期待"主客观标准的适用》，载《江西社会科学》2016 年第 11 期。

［90］杨惟钦：《价值维度中的个人信息权属模式考察——以利益属性分析切入》，载《法学评论》2016 年第 4 期。

［91］王继远：《公务员信义义务的理据分析与立法设想》，载《理论探索》2016 年第 4 期。

［92］赵息、张世鹏：《基于博弈视角的国家审计风险分析》，载《审计研究》2015 年第 6 期。

［93］张新宝：《从隐私到个人信息：利益再衡量的理论与制度安排》，载《中国法学》2015 年第 3 期。

［94］王岩岩、蒋文保：《个人信用报告全程隐私保护研究》，载《征信》2015 年第 3 期。

［95］谢远扬：《信息论视角下个人信息的价值——兼对隐私权保护模式

的检讨》，载《清华法学》2015 年第 3 期。

［96］刘彩霞：《中西信用文化的比较与接点》，载《征信》2014 年第 8 期。

［97］王利明：《论人格权商品化》，载《法律科学》2013 年第 4 期。

［98］张鹏：《论敏感个人信息在个人征信中的运用》，载《苏州大学学报（哲学社会科学版）》2012 年第 6 期。

［99］范世乾：《信义义务的概念》，载《湖北大学学报（哲学社会科学版）》2012 年第 1 期。

［100］林钧跃：《社会信用体系理论的传承脉络与创新》，载《征信》2012 年第 1 期。

［101］后梦婷：《社会信用建设的模式比较》，载《重庆社会科学》2011 年第 12 期。

［102］陈健：《信用报告制度的完善及身份窃取行为的预防》，载《法律科学》2011 年第 6 期。

［103］任宏涛：《个人信用信息的权利分析》，载《征信》2011 年第 6 期。

［104］叶自强：《举证责任倒置规则的构成要素与适用》，载《河北法学》2011 年第 5 期。

［105］刘建洲：《社会信用体系建设：内涵、模式与路径选择》，载《中共中央党校学报》2011 年第 3 期。

［106］毕强、白云峰：《信用信息服务中个人信用信息主体权益保护问题研究》，载《图书情报知识》2011 年第 1 期。

［107］葛虹：《日本宪法隐私权的理论与实践》，载《政治与法律》2010 年第 8 期。

［108］曾江：《域外个人信息隐私权保护及对我国征信立法的启示》，载《法学杂志》2009 年第 4 期。

［109］王泽鉴：《人格权的具体化及其保护范围·隐私权篇》（上），载《比较法研究》2008 年第 6 期。

［110］王泽鉴：《人格权的具体化及其保护范围·隐私权篇》（中），载

《比较法研究》2009 年第 1 期。

[111] 王泽鉴：《人格权的具体化及其保护范围·隐私权篇》（下），载《比较法研究》2009 年第 2 期。

[112] 徐敬宏：《美国网络隐私权的行业自律保护及其对我国的启示》，载《情报理论与实践》2008 年第 6 期。

[113] 刘焕成、温芳芳：《美国个人信用信息管理对我国的启示》，载《图书情报知识》2008 年第 6 期。

[114] 曾言：《刍议信用权》，载《湖南师范大学社会科学学报》2008 年第 4 期。

[115] 曹险峰：《论 1804 年〈法国民法典〉中的人格与人格权——兼论我国民法典的应然做法》，载《社会科学战线》2007 年第 5 期。

[116] 周悦丽：《个人信用信息的法律保护研究》，载《法学杂志》2007 年第 4 期。

[117] 葛晨虹、赵爱玲：《中西信用思想的发展演变》，载《江西社会科学》2006 年第 8 期。

[118] 曹元芳：《发达国家社会信用体系建设经验与我国近远期模式选择》，载《现代财经》2006 年第 6 期。

[119] 张梦：《中美两国文化中的隐私观念比较》，载《河南师范大学学报（哲学社会科学版）》2006 年第 5 期。

[120] 李红玲：《论信用权的若干问题》，载《政治与法律》2006 年第 4 期。

[121] 蒋荷娟：《信息社会性的普泛化》，载《情报科学》2005 年第 8 期。

[122] 赵秋雁：《网络隐私权保护模式的构建》，载《求是学刊》2005 年第 3 期。

[123] 肖潇：《媒体侵犯人格权的损害赔偿请求权制度》，载南京大学—哥廷根大学中德法学研究所编：《中德法学论坛》第 3 辑，南京大学出版社 2005 年版。

[124] 王礼平、范南：《信用问题的制度基础分析》，载《河南社会科学》2004 年第 6 期。

[125] 徐元彪、梅术文：《信用的法律规制与信用权的法律性质探讨》，载《湖北社会科学》2004 年第 12 期。

[126] 龙西安：《个人信用信息的私有产权性质及其保护原则》，载《国际金融研究》2003 年第 8 期。

[127] 李新天、朱琼娟：《论"个人信用权"——兼谈我国个人信用法制的构建》，载《中国法学》2003 年第 5 期。

[128] 王锐、熊键、黄桂琴：《完善我国个人信用征信体系的法学思考》，载《中国法学》2002 年第 4 期。

[129] 吴汉东：《论信用权》，载《法学》2001 年第 1 期。

[130] 苏号朋、蒋笃恒、张民安：《论信用权》，载《法律科学》1995 年第 2 期。

[131] 何道宽：《简论中国人的隐私》，载《深圳大学学报（人文社会科学版）》1996 年第 4 期。

（二）英文期刊

[1] Jack M. Balkin, *The Fiduciary Model of Privacy*, 134 Harvard Law Review Forum 11 (2020).

[2] Justin Hemmings, Sreenidhi Srinivasan & Peter Swire, *Defining the Scope of "Possession, Custody, or Control" for Privacy Issues and the CLOUD Act*, 10 Journal of National Security Law and Policy 631 (2020).

[3] Sara M. Peters, *Shifting the Burden of Proof on Causation: The One Who Creates Uncertainty Should Bear Its Burden*, 13 Journal of Tort Law 237 (2020).

[4] Margot E. Kaminski, *Binary Governance: Lessons from the GDPR's Approach to Algorithmic Accountability*, 92 Southern California Law Review 1529 (2019).

[5] Zhaklin M. Sarkisyan, *Digital Business of the Industry* 4.0 *Concept in International Economic Relations*, 10 Journal of Advanced Research in Law and Economics (JARLE) 2507 (2019).

[6] Karl Manheim & Lyric Kaplan, *Artificial Intelligence: Risks to Privacy*

and Democracy, 21 Yale Journal of Law and Technology 106 (2019).

［7］Julian Holze, Differential Privacy and the GDPR, 5 European Data Protection Law Review 184 (2019).

［8］Mike Hintze, Science and Privacy: Data Protection Laws and Their Impact on Research, 14 Washington Journal of Law, Technology & Arts 103 (2019).

［9］Lina M. Khan & David E. Pozen, A Skeptical View of Information Fiduciaries, 133 Harvard Law Review 497 (2019).

［10］Thomas Klebe & Manfred Weiss, Workers' Participation 4.0 – Digital and Global, 40 Comparative Labor Law & Policy Journal 263 (2019).

［11］Steven M. Bellovin, Preetam K. Dutta & Nathan Reitinger, Privacy and Synthetic Datasets, 22 Stanford Technology Law Review 1 (2019).

［12］Robert C. Post, Data Privacy and Dignitary Privacy: Google Spain, the Right to Be Forgotten, and the Construction of the Public Sphere, 67 Duke Law Journal 981 (2018).

［13］Ariel Dobkin, Information Fiduciaries in Practice: Data Privacy and User Expectations, 33 Berkeley Technology Law Journal 1 (2018).

［14］Hillary Brill & Scott Jones, Little Things and Big Challenges: Information Privacy and the Internet of Things, 66 American University Law Review 1183 (2017).

［15］Neil Richards & Woodrow Hartzog, Privacy's Trust Gap: A Review, 126 Yale Law Journal 1180 (2017).

［16］Valerie Steeves, The Future of Privacy, 3 European Data Protection Law Review 438 (2017).

［17］Woodrow Hartzog, The Inadequate, Invaluable Fair Information Practices, 76 Maryland Law Review 952 (2017).

［18］McKay Cunningham, Privacy Law That Does Not Protect Privacy, Forgetting the Right to Be Forgotten, 65 Buffalo Law Review 495 (2017).

［19］Ignacio N. Cofone, The Dynamic Effect of Information Privacy Law,

18 Minnesota Journal of Law, Science and Technology 517 (2017).

[20] Adamantia Rachovitsa, *Engineering and Lawyering Privacy by Design*: *Understanding Online Privacy Both as a Technical and an International Human Rights Issue*, 24 International Journal of Law and Information Technology 374 (2016).

[21] Jack M. Balkin, *Information Fiduciaries and the First Amendment*, 49 U. C. Davis Law Review 1183 (2016).

[22] Omri Ben - Shahar & Adam Chilton, *Simplification of Privacy Disclosures*: *An Experimental Test*, 45 Journal of Legal Studies 41 (2016).

[23] Ari Ezra Waldman, *Privacy as Trust*: *Sharing Personal Information in a Networked World*, 69 University of Miami Law Review 559 (2015).

[24] Chen - Hung Chang, *New Technology, New Information Privacy*: *Social - Value - Oriented Information Privacy Theory*, 10 Taiwan University Law Review 127 (2015).

[25] Lauren Henry, *Information Privacy and Data Security*, 2015 Cardozo Law Review De - Novo 107 (2015).

[26] Paul M. Schwartz & Daniel J. Solove, *Reconciling Personal Information in the United States and European Union*, 102 California Law Review 877 (2014).

[27] Daniel J. Solove & Woodrow Hartzog, *The FTC and the New Common Law of Privacy*, 114 Columbia Law Review 583 (2014).

[28] Tamar Frankel, *Toward Universal Fiduciary Principles*, 39 Queen's Law Journal 391 (2014).

[29] Yianni Lagos, *Taking the Personal Out of Data*: *Making Sense of De - Identification*, 48 Indiana Law Review 187 (2014).

[30] Paul M. Schwartz, *The EU - U. S. Privacy Collision*: *A Turn to Institutions and Procedures*, 126 Harvard Law Review 1996 (2013).

[31] Omer Tene & Jules Polonetsky, *Big Data for All*: *Privacy and User Control in the Age of Analytics*, 11 Northwestern Journal of Technology and

Intellectual Property 239 (2013).

[32] Christopher Kuner & Fred H. Cate et al., *The Challenge of "Big Data" for Data Protection*, 2 International Data Privacy Law 47 (2012).

[33] Paul B. Miller, *A Theory of Fiduciary Liability*, 56 McGill Law Journal 235 (2011).

[34] Benjamin J. Goold, *Surveillance and the Political Value of Privacy*, 1 Amsterdam Law Forum 3 (2008).

[35] Thomas P. Crocker, *From Privacy to Property: The Fourth Amendment After Lawrence*, 57 UCLA Law Review 1 (2009).

[36] Paul M. Schwartz, *Property, Privacy, and Personal Data*, 117 Harvard Law Review 2056 (2004).

[37] James Q. Whitman, *The Two Western Cultures of Privacy: Dignity Versus Liberty*, 113 Yale Law Journal 1151 (2004).

[38] Danielle T. Guzick & William J. Dorman et al., *Fostering Social Interest in Schools for Long-Term and Short-Term Outcomes*, 60 The Journal of Individual Psychology 361 (2004).

[39] Giusella Finocchiaro, *European Law and Consumer Protection in the Information Age*, 12 Information & Communications Technology Law 111 (2003).

[40] Daniel J. Solove, *Conceptualizing Privacy*, 90 California Law Review 1087 (2002).

[41] Joel R. Reidenberg, *E-Commerce and Trans-Atlantic Privacy*, 38 Houston Law Review 717 (2001).

[42] Eugene Volokh, *Freedom of Speech and Information Privacy: The Troubling Implications of a Right to Stop People from Speaking About You*, 52 Stanford Law Review 1049 (2000).

[43] Paul M. Schwartz, *Privacy and Democracy in Cyberspace*, 52 Vanderbilt Law Review 1609 (1999).

[44] Richard C. Turkington, *Legacy of the Warren and Brandeis Article: The Emerging Unencumbered Constitutional Right to Informational Privacy*,

10 Northern Illinois University Law Review 479 (1990).

[45] Robert C. Post, *The Social Foundations of Privacy: Community and Self in the Common Law Tort*, 77 Yale Law School Legal Scholarship Repository 957 (1989).

[46] Lewis J. David & Andrew Weigert, *Trust as a Social Reality*, 63 Social Forces 967 (1985).

[47] Kenneth B. Davis Jr., *Judicial Review of Fiduciary Decisionmaking——Some Theoretical Perspectives*, 80 Northwestern University Law Review 1 (1985).

[48] Tamar Frankel, *Fiduciary Law*, 71 California Law Review 795 (1983).

[49] Tom Gerety, *Redefining Privacy*, 12 Harvard Civil Rights – Civil Liberties Law Review 233 (1977).

[50] William L. Prosser. *Privacy*, 48 California Law Review 383 (1960).

[51] Claude E. Shannon, *A Mathematical Theory of Communication*, 27 Bell System Technical Journal 379 (1948).

[52] Samuel D. Warren & Louis D. Brandeis, *The Right to Privacy*, 4 Harvard Law Review 193 (1890).

四、博士学位论文

[1] 陶伟腾:《信义义务的一般理论研究》,华东政法大学2020年博士学位论文。

[2] 尚国萍:《个人信用的民法调整研究》,中南财经政法大学2018年博士学位论文。

[3] 任龙龙:《大数据时代的个人信息民法保护》,对外经济贸易大学2017年博士学位论文。

[4] 李媛:《大数据时代个人信息保护研究》,西南政法大学2016年博士学位论文。

[5] 赵博:《网络环境下信用权民法保护研究》,黑龙江大学2014年博士学位论文。

[6] 杨文礼:《信用哲学引论》,中共中央党校2013年博士学位论文。

［7］曾小平：《美国社会信用体系研究》，吉林大学 2011 年博士学位论文。

［8］张慧子：《新媒体时代公民隐私的侵害与保护研究》，华中科技大学 2011 年博士学位论文。

［9］陈鹏飞：《社会信用管理法律制度研究——基于国家需要干预的视角》，西南政法大学 2009 年博士学位论文。

［10］胡大武：《侵害信用权民事责任研究》，西南政法大学 2008 年博士学位论文。

［11］刘骁：《信用信息共享模式与激励机理研究》，上海交通大学 2007 年博士学位论文。

［12］张周：《信用信息共享和中国征信模式选择研究》，复旦大学 2005 年博士学位论文。

［13］李新庚：《信用论纲——信用的道德和经济意义分析》，中共中央党校 2003 年博士学位论文。